凹
OWN
历 史，是 昨 天 的 事 实

量化经济史经典译丛　　　总主编　曾咏梅　白彩全　冯晨

［英］马克·卡森 (Mark Casson)
　　　尼格尔·哈希姆扎德 (Nigar Hashimzade)　主编

Large Databases in Economic History

白彩全　陈竹君　张妍　译

Research Methods and Case Studies

经济史中的大数据

研究方法和案例

社会科学文献出版社

凹 OWN

历史，是昨天的事实

Copyright © 2013 selection and editorial material,Mark Casson and Nigar Hashimzade;individual chapters,the contributors.

Authorized translation from the English language edition published by Routlege, a member of the Taylor & Francis Group.
本书原版由Taylor & Francis出版集团旗下Routledge出版公司出版，并经其授权翻译出版。版权所有，侵权必究。

Social Sciences Academic Press(CHINA) is authorized to publish and distribute exclusively the Chinese (Simplified Characters) language edition. This edition is authorized for sale throughout Mainland of China. No part of the publication may be reproduced or distributed by any means, or stored in a database or retrieval system, without the prior written permission of the publisher.
本书中文简体翻译版授权由社会科学文献出版社独家出版并仅限在中国大陆地区销售，未经出版者书面许可，不得以任何方式复制或发行本书的任何部分。

Copies of this book sold without a Taylor & Francis sticker on the cover are unauthorized and illegal.
本书贴有Taylor & Francis公司防伪标签，无标签者不得销售。

主编简介

马克·卡森（Mark Casson）　雷丁大学经济学教授

出版著作包括《企业与竞争力》(1990)、《商业文化经济学》(1991)、《信息与组织》(1997)、《牛津创业手册》(合著，2006)和《世界第一铁路系统》(2009)。他在一系列与本书相关的期刊上发表过文章，包括《计量经济学》、《经济研究评论》、《经济学》、《商业史》、《商业史评论》和《北欧经济史评论》。

他于2006年至2009年担任Leverhulme社会网络经济学的主要研究员，于2007年至2009年担任商业历史学家协会会长。

尼格尔·哈希姆扎德（Nigar Hashimzade）　杜伦大学经济学教授

从事计量经济学和公共经济学研究，先后在《计量经济学理论》、《时间序列分析》、《计算统计与数据分析》和《宏观经济动力学》等领先期刊上发表论文。出版著作《实证宏观经济学研究方法与应用手册》(合著，2013)。

著者简介

阿德里安·R. 贝尔（Adrian R. Bell）雷丁大学金融史教授和国际资本市场协会中心主任

他的研究集中于中世纪金融、中世纪士兵生活和职业足球经济学。他指导进行了几个大型数据库建设和使用的资助项目。他的著作有《英国羊毛市场（1230~1327）》（与 Chris Brooks 和 Paul Dryburgh 合著，2007）。目前他是由 Leverhulme 信托基金资助的中世纪外汇项目的联合首席研究员。

克里斯·布鲁克斯（Chris Brooks）雷丁大学国际资本市场协会中心金融学教授和研究主任

他的研究领域包括风险管理的统计问题、金融领域的计量经济学建模和金融市场的历史演变。曾在《经济学》、《银行与金融》和《经验金融》等期刊上发表文章多篇。担任《国际预测杂志》的副主编，是 2008 年 RAE 会计与金融小组的成员。目前他是由 Leverhulme 信托基金资助的中世纪外汇项目的联合首席研究员。

安娜·坎贝尔（Anna Campbell）雷丁大学中世纪研究中心助理

拥有牛津大学历史和教会史学位，雷丁大学博士学位，主要研究法国中世纪历史，特别是科尔比的圣科莱特。即将出版的著作包括 *A. Van Oosterwijk*（编著）、《勃艮第法庭》和 *A Companion to Colette of Corbie*（编著）。

凯瑟琳·卡森（Catherine Casson）牛津大学阿什莫尔博物馆温顿货币史研究所研究员、伯明翰大学历史与文学讲师

她是《历史上的企业家：从中世纪商人到现代商业领袖》（2013）的合著

者，也是《创业史：创新与冒险（1200~2000）》（2013）的合著者。主要研究领域为中世纪英国城镇物业租金和市民声誉。

珍妮特·卡森（Janet Casson）牛津大学哲学博士研究生

她在简·汉弗莱斯的指导下研究维多利亚时代英国女性的土地所有权。兼任企业传承信托（Business Enterprise Heritage Trust）的名誉财务主管。

约翰·哈格蒂（John Haggerty）索尔福德大学信息系统安全讲师

在《经济史探索》、《企业与社会》、《国际数字犯罪与取证》及《计算机法律与安全评论》等期刊上发表论文多篇。

谢琳·哈格蒂（Sheryllynne Haggerty）诺丁汉大学历史学副教授

专门研究18世纪贸易。著有《英国－大西洋贸易共同体，1760~1810：男人、女人和商品分配》（2006）和《仅仅为了钱？商业文化在英国大西洋，1750~1815》（2012）。在《经济史探索》、《商业史》、《大西洋研究》及《国际海事史》等期刊上发表论文多篇。

简·汉弗莱斯（Jane Humphries）牛津大学经济史教授、万灵学院研究员

著作《英国工业革命中的童年和童工》（2011）获得经济史协会的乔治·兰基奖，根据该书改编的BBC电视纪录片获得历史创造者国际奖。在《经济史评论》、《经济史》及《经济史探索》等刊物上发表论文多篇。2010~2013年担任经济史学会会长。

简·梅美德（Jane McCutchan）雷丁大学博士研究生

她在阿德里安·贝尔和马克·卡森指导下从事研究工作。持有由英国乡村生活博物馆提供的奖学金。曾任史云顿地区"蒸汽：大西部铁路博物馆"（Steam：The Museum of the Great Western Railway）的项目经理。

尼克·梅休（Nick Mayhew）牛津大学货币与货币史教授、阿什莫尔博物馆副馆长、温顿货币史研究所所长

著作包括《中世纪苏格兰价值观的变化：价格、货币、度量衡的研究》（与伊丽莎白·格米尔合著，1995）和《英镑：货币的兴衰》（1999）。主要研究领域为英国银行业政策史、货币因素对房地产价格长期波动的影响等。

托尼·K. 摩尔（Tony K. Moore）雷丁大学国际资本市场协会中心的研究员、Leverhulme信托基金资助的中世纪外汇项目联合首席研究员

曾任ESRC资助的中世纪金融和羊毛贸易项目研究员。在《英国历史评论》等期刊上发表论文多篇。

A. E. M. 萨切尔（A. E. M. Satchell）地理部门助理研究员、剑桥大学人口和社会结构历史小组成员

目前正在进行1379~1911年英国职业结构研究。职业结构、交通历史、地理信息系统和数字制图学专家。

利·肖-泰勒（Leigh Shaw-Taylor）剑桥大学经济与社会史讲师、人口与社会结构历史小组副主任

任1379~1911年英国职业结构项目主任。曾在《经济史评论》、《经济史》及《过去与现在》等主要刊物上发表论文多篇。

肯·斯奈斯（Ken Sneath）剑桥大学彼得豪斯学院经济研究所副主任

在剑桥大学教授英国经济史和地方史，其主要研究领域是消费史。兼任剑桥社区遗产项目历史顾问。

E. A. 瑞格理（E. A. Wrigley）教授、剑桥大学人口和社会结构史协会合作创始人

曾任英国科学院院长，目前是1379~1911年英国职业结构项目副主任。出版著作包括《英国人口历史：家庭重建（1580~1837）》（1997）、《贫困、进步与人口》（2004）、《能源与英国工业革命》（2010）和《早期英国人口普查》（2011）。

玛格丽特·耶茨（Margaret Yates）中世纪历史高级讲师

2011~2013年担任雷丁大学经济史中心主任。著有《西伯克郡的城镇和乡村（1327~1600）》（2007），在《经济史评论》和《农业历史评论》上发表论文多篇。参与了《维多利亚郡县历史：牛津郡》一书的编纂。

译者简介

白彩全,甘肃兰州人,山东大学经济研究院博士研究生,主要从事环境经济学、能源经济学和经济史研究。

陈竹君,江苏南京人,上海理工大学管理学院硕士研究生,主要从事能源经济学和经济史研究。

张　妍,陕西富平人,西北大学经济管理学院博士研究生,主要从事世界经济、环境经济学研究。

目 录

1 引言：大数据库研究方法 ——————————————————— *001*
　　马克·卡森　尼格尔·哈希姆扎德

2 长期价格动态：商品可替代性的测量方法 ———————————— *033*
　　马克·卡森　尼格尔·哈希姆扎德　凯瑟琳·卡森

3 历史视野中的货币数量理论 ————————————————— *083*
　　尼克·梅休

4 中世纪外汇：时间序列分析 ————————————————— *127*
　　阿德里安·R.贝尔　克里斯·布鲁克斯　托尼·K.摩尔

5 14世纪和15世纪的英格兰地方财产价值 ———————————— *165*
　　玛格丽特·耶茨　安娜·坎贝尔　马克·卡森

6 大规模行动者网络的视觉分析：1750~1810年利物浦案例研究 ——— *197*
　　约翰·哈格蒂　谢琳·哈格蒂

7 铁路和当地人口增长：1801~1891年北安普敦郡和拉特兰郡 ——— *223*
　　马克·卡森　A.E.M.萨切尔　利·肖-泰勒　E.A.瑞格理

8 19世纪英国女性的土地所有权 ———————————————— *273*
　　珍妮特·卡森

9 蒸汽技术在英国的传播：1859~1930 年的犁耕机 ——————— 305
■ 简·梅美德

10 贪婪和犯罪：18 世纪和 19 世纪中央刑事法庭盗窃记录
所揭示的消费 ————————————————————— 337
■ 萨拉·霍雷尔　简·汉弗莱斯　肯·斯奈斯

索　引 ———————————————————————————— 369

1 引言
大数据库研究方法

马克·卡森

尼格尔·哈希姆扎德

Mark Casson

Nigar Hashimzade

1.1 研究议程

近些年来，包括原始材料的数字化、联结不同数据集的合作研究以及互联网数据库的公开发布在内的三项最新发展为经济史研究提供了新的机遇。当前，对原始材料的系统性利用使得生成大量具有代表性的样本，如某个国家或地区的土地地块、综合的人口数据，抑或在任意给定时间内使用的犁耕机存量等成为可能。合作研究经费为有关价格、产出、货币供应等方面可长达 750 年（1250~2000 年）的新长期年度序列的开发提供了资金保障，同时互联网出版物的普及也提高了此类材料的可获取度。人们可以构建面板数据集，以随时间推移跟踪相同的样本，例如，人口普查数据中的教区人口或某组织成员的会议出席人数。将各种来源的数据，如铁路、地质和人口数据进行联系，也进一步扩大了可解决研究问题的范围。

新的统计方法促进了长期数据中隐藏模式的发现，包括自相关分析、均值回归、随机和确定性趋势、共同演化序列之间的协整关系以及结构性断裂。此外，面板估计技术还促进了时间序列和横截面数据的合成。在分析工作中，大数据集使渐近理论更加相关。强大的计算能力和现代软件包使借助大型数据集进行的复杂模型的估算变得非常快捷。

这些发展使人们可以分析相当长期的过程。这些过程是经济变化的重要推动力，包括技术进步、市场一体化、政治一体化和体制建设。人们可以使用结构模型以系统的方式分析它们。经济历史学家现在可以从描述性统计数据回答的简单问题，转向估计模型所回答的更复杂的问题，也可以从关于单个变量（如生活水平）的问题转向关于变量共同移动（如价格、人口和货币）的问题。运用动态模型能够更明确地考虑因果关系，进而多重因果关系以及因果关系的方向也能够得到全面的分析。

技术挑战是利用这些新开发成果提供的优势的主要挑战。对历史数据尤其是定性数据进行的数值分析，必须以适当的形式进行整理。历史数据容易丢失观测值和出现数据输入错误，因此需要格外小心，以免估计错误。选择恰当的模型并正确解释统计结果至关重要，同时要记住，结果只在某些显式或隐式假设下才有效。分析的目的应该是找到隐藏在数据中的所有模式，从而确保在某种意义上无法解释的内容是真正随机的。

本书报告了一项新的研究成果，即不依赖常规的使用不同方法进行一系列特定研究的归纳，而是根据一致标准下的证据构建单个一致性解释。

本书旨在供商业史、经济史和社会史的博士和博士后研究人员使用。此外，案例研究内容也适用于历史地理学家和应用计量经济学家，而书中解释的各项技术则可能对政府决策者有所帮助。本书演示了如何创建"大数据"，以及最重要的部分——如何充分利用它。许多历史学家只是浅薄地使用了他们收集的数据，通常没有发现这些数据中隐藏着的重要模式。本书展示了如何解锁隐藏的模式，继而从数据中获取更多的信息。

与传统的统计教材不同，本书展示了如何在实践历史研究的帮助下将原则付诸实践。在某些情况下，这一操作使人们对诸如土地市场发展、商品价格、货币不稳定性、铁路的经济影响、蒸汽技术的普及以及妇女的作用等重要问题的传统看法进行重新评估。

读者将熟悉如伍尔德里奇（Wooldridge，2006）所著的一般统计学教材，还将了解最近由格里斯雷和奥克斯利（Greasley and Oxley，2011）进行总结的"计量史学"文献。本书中的案例研究建立在先前的计量历史学研究基础之上。但是，尽管有一些相似之处，但新研究在很多重要方面仍与早期研究有所不同。

大多数计量史学都依赖单个方程模型，并很少使用联立方程模型、随机趋势和本书中介绍的其他概念。现在的研究对定性证据更加侧重。早期的计量史学研究强调定量（如使用身高作为健康和福利的指标），而现代数据库中的许多证据都是定性的。最近的研究倾向于通过使用二进制变量将定量和定性证据相结合，这对于检验经济变化的制度理论尤其有益。

本书强调了测试替代理论而非根据一种特定理论拟合模型的重要性。20世纪70年代和80年代的计量史学研究倾向于强调市场力量的普遍性和基本作用。最近的研究更加关注市场调整的速度，并指出市场调整通常是一个相当缓慢的过程，而远非一个瞬时行为。本书所讨论的研究对市场的作用没有任何意识形态立场。我们的理念只是"让数据说话"。在实践中，要运用各种模型对统计分析所揭示的模式进行解释，并比较各种模型解释的有效性。模型也因此需要考虑市场过程调整中速度的变化。

1.2 本书的结构和内容

本书的结构如下：第2章研究了1250~1914年八种在英国广泛交易的商品价格之间的协变。第3章介绍了1220~1750年的金银硬币库存量的最新年度估计。这些估计值与价格和输出数据相结合，检验了货币数量理论。第4章回顾了有关中世纪国际金融交易的证据，并说明了如何使用中世纪金融的计量经济学研究方法来确定经济行为的结构性突破。第5章根据诉讼文书协议分析了两个英格兰郡（埃塞克斯郡和沃里克郡，1300~1500年）的土地和财产价值的时间序列数据。该章展示了土地用途的变化以及各种类型的财产（包括农业用地、磨坊和庄园所有权）价值的差异运动，还强调了15世纪末小农户的减少和复杂庄园的建立。第6章介绍了如何使用可视化分析来总结复杂的社交网络结构。这一部分通过展示一个18世纪末利物浦商业网络的案例，介绍了如何利用一个大型的二进制人际关系数据集来分析历史社交网络的结构和动态。第7章使用了来源于1801~1891年英国人口普查中北安普敦郡和拉特兰郡的十年际人口数据，建立并检验了城镇和村庄之间人口均衡分布的模型。第 8 章通过对房地产市场上男性、女性和机构之间的竞争进行建模，特别是针对 19 世纪的英格兰，发展并检验了有关土地所有权中女性角色的理论。为此，该部分创建了一个包含 24000 个地块的数据库。第 9 章则呈现了 1859~1930 年英国农业中蒸汽犁耕机的生产和使用状况的数据库。它通过分析扩散的空间和时间模式来检验蒸汽犁耕机耕作量的上升和下降。第 10 章通过研究中央刑事法院的犯罪记录，调查了 18 世纪和 19 世纪伦敦消费走势的变化。这一章使用了一个优质的数据库将每个盗窃案同盗取的货物和盗窃日期联系起来，展示了盗窃方式如何反映关于时尚和消费者品位趋势的历史争论。

本书的其余部分回顾了后续章节通用的方法，提出了用于构建经济模型和经济长期发展相关假设的关键概念，并概述了可用于估计此类模型参数和检验与之相关假设的统计技术。

1.3 经济史中数据分析的基本概念

数据的观测性质

建立经济变量之间关系的基本难点是经济数据的观察性质。假设我们想知道小麦价格的变化是否对大麦价格产生影响，由于这两种商品具有相似的用途，人们通常认为这种影响是存在的。但我们不能像自然科学那样，通过故意改变小麦价格并记录大麦价格的反应来进行实验。在实践中，我们对这两者都有一组观察结果，此外，记录的价格可能已受到众多其他因素的影响。即使碰巧有了相关数据，也常常无法回避这些因素的影响。因此，必须采用统计方法，以便以最有效的方式从历史数据中提取可靠的信息。

描述性统计的使用和局限性

一种常见的用来总结经济变量的历史数据属性的方法是使用描述性统计数据，例如度量中心趋势的样本均值，度量分散性的样本方差（或标准差），或关于样本均值的观察范围。其他经常使用的统计数据是样本的范围及其最小值和最大值。尽管数据的这些特征通常是有帮助的，但在许多情况下，它们并未反映出数据中可能对研究问题来说最重要的某些模式。典型的情况是价格趋势或贸易量的季节性波动。此外，描述性统计数据的值可以完全由一个异常值驱动，因此，无法提供大量样本信息。

人们通常使用成对的皮尔逊（Pearson）相关系数来概括一组多个变量的联合属性。皮尔逊相关系数是一个可以方便直观地体现变量共同移动的指标，两个变量之间的一个足够大的（正或负）相关性值（例如小麦价格和大麦价格），可能表明该经济关系可以进一步研究。但是，该系数是对变量之间线性关系的度量，对于非线性关系（例如 U 形），则可能性很小。此外，将其与时间序列数据一起使用经常会出现问题。例如，众所周知，如果两个变量中的每一个都显示出随机趋势（随机冲击的累积），那么即使两个变量均由独立冲击产生并因此不相关，样本中的相关系数也可能很大且非常重要。要发现数据中的重要模式并探索多个变量之间的联系，就必须跳出描述性统计数据，转而采用更全面的分析方法。

使用概率论方法确定推理过程

在本章及后续章节中，我们将使用经济数据分析中普遍接受的符号和术语。在这里，我们给出一个简短的摘要，并向读者介绍标准教材，例如格林（Greene, 2012）或伍尔德里奇（Wooldridge, 2006），以提供更多的详细信息。

我们通常假定观察到的数据是由基础过程生成的，即包含一个确定性成分和一个随机性成分的所谓数据生成过程（DGP）。随机成分是一个随机变量，即在实现某个随机事件之前其值未知的变量。随机变量由其概率分布函数所描述：$F_Y(y)$ 是随机变量 Y 取小于或等于 y 的值的概率，或者写作 $F_Y(y)=Pr[Y \leq y]$，其中 Pr 表示概率。$F_Y(y)$ 有时称为累积分布函数。对于可以采用大量离散值的离散随机变量，概率分布函数具有不连续性（"跳跃性"）。Y 采取特定离散值 y_i 的概率由概率质量函数 $f_Y(y)=Pr[Y=y]$ 给出。如果分布函数是连续的，则称 Y 为连续随机变量，且它可以取连续范围内的任何数值。连续随机变量 Y 取任意特定值的概率为零，但是我们可以定义 Y 取某个范围内的值的概率：$Pr[y_1<Y\leq y_2]=F_Y(y_2)-F_Y(y_1)$。如果分布函数是连续且可微的，我们可以定义一个相应的概率密度函数，该函数是分布函数的导数：$f_Y(y)=dF_Y(y)/dy$。

两个随机变量（例如 X 和 Y）的联合分布由联合概率分布函数 $F_{X,Y}(x,y)=Pr[Y\leq y, X\leq x]$ 所描述。该函数可以推广至两个以上的变量。考虑到数据中其他变量的实现，例如 $X_1=x_1,\cdots,X_k=x_k$，我们经常对特定变量（例如 Y）的分布感兴趣。它可由条件分布：$F_{Y|X_1,\cdots,X_k}=Pr[Y\leq y|X_1=x_1,\cdots,X_k=x_k]$ 进行描述。

为了简洁起见，通常使用矢量符号。将有序数字集 $\{y_1,\cdots,y_n\}$ 表示为 $\boldsymbol{y}$，而将 $y_1,\cdots,y_n$ 称为向量 y 的元素。如果元素垂直排成一列，则为列向量；如果元素水平排成一行，则为行向量。列向量的转置就是行向量（相同的元素转为排成一行），反之亦然；通常的符号是 $\boldsymbol{y}'$。对于长度相同的行向量 $\boldsymbol{u}$ 和列向量 $\boldsymbol{v}$，将内积（或点积）定义为 $\boldsymbol{uv}=u_1v_1+\cdots+u_nv_n$。列向量及其转置的内积是该向量的元素的平方和：$\boldsymbol{u}'\boldsymbol{u}=u_1^2+\cdots+u_n^2$。长度相同的向量可以排列成矩阵。一般，$n\times m$ 矩阵包含 n 行和 m 列。矩阵的元素由行和列中的位置标记：a_{ij} 是位于第 i 行与第 j 列的交点处的矩阵 A 的元素。

方差分析

通常，对数据变化来源的讨论是研究的兴趣所在。方差分析（ANOVA）是一种统计工具，它可根据造成变化的不同因素分解给定变量中的样本方差。例如，假设我们拥有关于 k 个县中 N 块土地每英亩价值的数据，并且我们希望评估各县之间农业土地价值是否存在显著差异，那么我们可以使用同一县地块中的值来计算县均值。为了识别一般的"县效应"，我们需要找出 k 组均值之间的差异是否具有统计显著性。一种可能性是对 $k(k-1)/2$ 对分组均值中的每对均执行配对 t 检验，以使所有分组均值的原假设相同，而替代均值不同。然而，这种方法会导致发生 I 型错误的可能性很高（错误地拒绝了真实的原假设）：如果 α 是为每个配对 t 检验设置的显著性水平，则在 $k(k-1)/2$ 个独立检验下，错误拒绝一个真实的原假设的概率为 $1-(1-\alpha)^{k(k-1)/2}$。这种概率随着组数的增加而迅速增加：例如，对于 $\alpha=0.05$ 和 $k=4$，此概率为 0.265，而对于 $k=6$，则为 0.537。另外，我们可以使用 ANOVA 来检验几组数据之间均值的差异是否具有统计显著性。与成对 t 检验相比，它具有一个优点，即因为比较是同时进行的，所以不会增加出现 I 型错误的可能性。

ANOVA 检验中的原假设是所有组的均值都相等且等于总体均值，备择假设是至少一个组均值与其他均值不同。为了执行测试，使用每个组内的方差 σ_W^2（在组均值附近），和组之间的方差 σ_B^2（在大均值附近）构造 F 统计量。它们通常安排在同一个表中，如表 1.1 所示。

表 1.1　k 个独立组的 ANOVA

来源	平方和	DF	均方
组间	$S_B = \sum_{i=1}^{k}(x_i-x)^2$	$k-1$	$\sigma_B^2 = S_B/(k-1)$
组内	$S_B = \sum_{i=1}^{k}(n_i-1)\sigma_i^2$	$N-k$	$\sigma_W^2 = S_W/(N-k)$
总和	$SS_B + SS_W$	$N-1$	

原假设和替代假设可以等效地表示为：

$$H_0: \sigma_B^2 \leq \sigma_W^2; H_1: \sigma_B^2 > \sigma_W^2 \tag{1.1}$$

F 统计量是两个方差的比率，在原假设下它具有自由度为 (k-1, N-k) 的 F 分布：

$$F = \frac{\sigma_B^2}{\sigma_W^2} \sim F(k\text{-}1, N\text{-}1) \tag{1.2}$$

如果从样本中计算出的统计值超过给定显著性水平下分布的临界值，则将拒绝原假设并选择替代假设。临界值会在标准统计教科书中罗列出来；这些表也可以在网上轻松找到。当考虑到因素之间的相互作用后，该方法可以扩展到多个因素（Lind et al., 2012）。

1.4 经济理论的重要性

分析经济数据的一个好习惯是从学习相关的经济理论入手，以便在着手进行实证研究之前明白我们想要在不同情景下发现怎样的数据走势和关系。在正式的研究方法中，我们可以使用分析模型，该模型为变量的一个或一组方程式，或者我们可以通过对变量之间的关系类型进行有根据的猜测来使用直观的方法。有时候前一种方法也可以由后一种进行补充。

例如，在商品价格的研究中（参阅第 2 章），我们想确定特定商品（例如大麦、燕麦、豌豆和小麦）是互补品（普遍使用）还是替代品（竞争使用），以及是否存在一个市场层次结构，其中一种特定的商品或一组商品在影响其他商品的价格方面占主导地位。在研究开始时，首先构建一个完全竞争且相互关联市场下的基本经济模型，其中价格使所有商品的供求平衡。在均衡状态下，每种商品的价格都取决于其他商品的价格。由于市场是即时出清的，该模型实际是静态的。但是，我们可以假设生产者必须在知道价格之前做出生产决定（例如种植作物、雇用工人），并且期望价格是根据先前的价格形成的。将这种直观的假设结合到模型中会增加一种动态结构。

人们还可以考虑另一种价格形成机制：由生产者管理的价格。即在每个市场中，处于主导地位的生产者在不知道其他商品当前价格的情况下，根据先前的价格以及过去的非价格因素来设定目标价格。并且在每个阶段，价格会部分地朝着其目标值调整。这与完全竞争市场中的价格获取行为不同，这种生产者行为是由动态方程式描述的。该方程式不是从基本面推导出来的，而是基于对价格的合理假设。通过假设供求关系可以得到更多的结构，因此价格会受到持续的随机冲击的影响。

1.5 从经济模型到计量经济学模型

在确定了研究问题和变量假设、建立了适当的经济模型之后，我们可以继续进行数据收集和分析工作。经济模型、有关经济主体行为的假设以及随机干扰项的假设结构，共同构成了一个计量经济学模型。该模型包括一个方程或一个方程组，我们可以将适当的回归分析方法应用于该模型以进行估计和推论。例如，假设我们希望测试货币数量理论的一个简单版本（请参阅第3章），那么根据该理论，1%的货币存量变化会导致1%的价格水平变化（其他情况相同）。我们可以对货币存量和其他相关变量进行价格回归，并检验估计系数的显著性。为了检验数量理论，我们需要检验价格对数与货币存量对数的相关系数是否等于1。为了检验货币存量是否对价格有影响，我们还需检验这一系数是否为零。

通常，如果原假设是真实的，我们要检验假设就必须构造一个分布（精确或近似）已知的检验统计量。回归结果用于计算该检验统计量，如果从数据样本中获得的检验统计量的值落在所谓的拒绝域内，则拒绝原假设而使用备择假设。当从零值以下的分布进行随机抽取时，测试统计值位于该范围内的概率很小；这一相关概率就是测试的"显著性水平"。临界值是用来定义测试统计量为拒绝零值而必须落入的范围的，它取决于备择假设的性质，尤其取决于备择假设是"单面的"还是"双面的"（是否允许在两个方向上都与原假设有离差）。

在解释回归结果时，我们必须记住两个要点。

- 估计在其他条件保持不变的假设下进行。也就是说，任何未包括在估计式中的因素都被假设为恒定的，因此，只有当这些排除因素保持相同时，基于估计模型的预测才是有效的。此外，在其他变量保持不变的情况下，每个估计的模型参数或回归方程式中的系数，会使相关解释变量对因变量产生影响。

- 样本数据本身仅显示出变量之间的关联而不包含任何因果关系的信息。因果关系的存在和方向在经济（结构）模型中是假定的，不能直接从数据中推断出来；数据分析只能提供支持或对抗经济模型的证据。

1.6 单方程回归分析中的一些实际问题

多重共线性

在单方程回归模型中，因变量 Y 被假设为解释变量 $X_1,\cdots,X_k$ 的函数。确切的函数形式可以由经济理论得出，但通常函数形式是未知的，在许多实际应用中，为了简单起见，用线性函数来近似描述它是合理的。

$$Y=\beta_0+\beta_1X_1+\cdots+\beta_kX_k+\varepsilon \qquad (1.3)$$

其中，ε 是随机误差。随机误差可以被认为是几个因素的组合：

- 可能对 Y 有影响但不包括在模型中的变量（或者因为它们不在数据中，或者因为它们在问题中可以被忽略）；
- 测量误差；
- 真实函数形式与假设形式的离差。

经典线性回归模型的主要假设排除了与随机误差源相关的所有问题（具体而言，这些假设包括线性函数形式的正确性以及随机误差与解释变量的不相关性）。在这种情况下，回归系数可以用普通的最小二乘法（OLS）估计，且最终估计量是无偏和有效的（在相应类型的估计量中具有最小的抽样变化）。

当两个或更多的解释变量彼此高度相关时，这一过程的实际操作会出现困难。数据的这种属性就叫作多重共线性；当两个或多个解释变量之间存在精确的线性关系时，就会出现完全多重共线性。在后一种情况下，一些变量是多余的，必须从方程中删除（事实上，完全多重共线性违反了经典线性回归模型的假设之一，该模型可以简单表述为"无多余解释变量"）。

在不完全多重共线性的情况下，回归方程仍然可以通过 OLS 进行估计，但是估算系数具有很大的抽样可变性（很大的标准误差），并且失去统计上的重要性。直观地说，如果两个或更多的解释变量在样本中倾向于一起运动，那么我们很难将它们对因变量的各自影响分离开。尤其重要的是，我们要记住多重共线性与其说是估计方法上的问题，不如说是数据集的一个属性，而解决这个"问题"的唯一方法是获得更好的数据。

通常情况下，在初步检查时，因变量和解释变量的散点图可能表明它们不符合线性模式。这并不一定意味着我们就不能使用线性回归模型。事实上，这里的"线性"指的仅仅是参数（回归系数），而变量及其组合可以由非线性方式转换。

以非线性方式转换能更灵活地拟合数据以及提高解释能力。例如，在回归中使用变量及其平方作为解释变量，可以在因变量中捕获非单调响应。对变量对数的使用可以估计比例变化，而非水平变化的影响。然而，如果变量在样本中取零值或负值，对数变换就不能应用。

与被包含变量相关的遗漏变量

当被斥变量与被包含解释变量相关时，OLS 不再是有效的估计方法。从技术上讲，因为被斥变量是随机误差的一部分，所以随机误差与被包含解释变量相关联。直观地说，由于被包含变量和被斥变量之间的相关性，被包含变量的估计效果可能与被斥变量的效果混淆。这通常被称为遗漏变量偏差（omitted variable bias）。我们要记住，偏差只发生在那些与被斥变量相关的被包含变量的估计效果中；其他变量的估计影响仍然保持无偏性。

内生性

广义的内生变量是指模型中由其他变量决定其数值的变量。典型的经济模型将一组数值给定或将可以控制的外生变量与一个或多个内生变量联系起来。内生性是经济系统的一个自然特征，例如，一个内生变量，如价格或数量，是由需求和供给之间的平衡决定的，而需求和供给均受到一组外生变量的影响。在历史研究中，合适的方法是将大多数变量视为内生变量，特别是在很长一段时间内，政策和机构可能会因以前的事件而发生变化。然而这就产生了一个问题，即有许多内生变量需要解释，却少有可测量的外生变量来解释它们。这个问题通常通过即时创造来"解决"：一些内生变量被当作外生变量并被用来解释剩余的内生变量。在极端情况下，一个变量——主要是感兴趣的变量——被视为内生变量，而所有其他变量，无论外生与否都被视为外生变量。然而，将外生变量视为内生变量也会产生一个问题——这在文献中被称为"内生性问题"。

内生性问题是另一种情况，就像遗漏变量一样，它的解释变量和影响因变量的随机误差之间存在相关性。这是因为影响因变量的随机扰动也会影响一个或多个解释变量。同样地，内生性会给系数的 OLS 估计量引入偏差，这种偏差即使在非常大的样本中也不会消失。

这个问题可以通过清晰地解释内生性的来源并把要估计的方程转换成不再违反关键假设的形式来解决。当内生性来自因变量和解释变量之间的平衡关系时，使用经济理论建议的结构方程系统来模拟平衡是合适的。结构方程可以线性转换成一组简化形式的方程，其中内生变量只出现在左侧。在适当的条件下，OLS 可以分别估算出简化形式的方程。在特定条件下，通过反转线性变换，可以从简化形式的参数估计中恢复出结构参数的估计。这在第 1.9 节中有更详细的描述。

另一种方法是用基于被称作"工具"的外生变量的线性预测值（线性回归拟合值）代替内生解释变量。工具变量与内生解释变量相关，但不受因变量的影响。这使得工具变量能够与影响因变量的误差值无关，同时充当内生解释变量的可接受代理。尽管其他方法也可使用，但在时间序列分析中，经常使用内生解释变量的滞后值作为工具（见 Greasley and Oxley，2011）。

自相关

当一个变量与其过去的值相关联时，自相关就产生了。虽然这很常见，但它仍会产生问题，特别是当回归中的误差项是自相关时。在时间序列中，误差分量的回归自相关使得系数的 OLS 估计无效，但不一定有偏差。在存在自相关时，当滞后因变量被用作解释变量时，一个更严重的问题，即内生性就会出现；这与遗漏变量问题非常相似。

自相关可以从 OLS 回归残差的模式中检测出来。标准软件包中有许多将 OLS 估计一起包括在内的自相关测试。如果我们把被斥变量解释为未观察到的冲击，那么 OLS 残差中的自相关将表明冲击存在持续性。当然，人们可以争辩说，自相关本质上是模型误设的结果，在正确设定的模型中，随机误差不应该有问题。这种特殊类型的误设可以用所谓的共同因素测试来检验（见 Greene，2012）。

异方差性

异方差性，或者说不同观测值随机误差的不等方差，可以被视为回归方程函数形式的误设。有时随机误差的方差与特定变量单调相关（例如，某些消费品的支出可能变化更多，家庭收入越高），尽管非单调模式也是可能的。在异方差条件下，回归模型中系数的 OLS 估计是无偏的，但是标准误差的估计是不正确的，继而置信区间也是不正确的。不过这个问题可以通过应用广义最小二乘（GLS）估计来解决，由此模型基本上被重新设定（重新缩放）以消除误差方差中的可疑问题（Greene，2012）。

另一种错误指定了函数形式而导致异方差的情况是当一个线性函数被拟合为二次关系时。在这种情况下，更接近真实（二次）函数和假设（线性）函数交点的 OLS 残差更小，而更远离交点的残差会更大，这体现了误差方差中的对应模式。为了解决这个问题，有必要为回归模型探索更灵活的非线性函数形式。

存在具有非常大的 OLS 残差或异常值的观测值，并不一定意味着该观测值的误差方差大于样本其余部分的误差方差。首先，数据中的错误（例如小数点错位）可能会导致异常值。其次，即使所有观测值的误差方差都相同，也有可能在有限样本中观测到极值。最后，异常值可能产生于一个不同的数据生成过程——也就是说，属于一个不同的群体。这里的主要问题是异常值有时会驱动整个回归结果。同样，这可能是模型的一个误设：如果能证明有一个观测值或一组观察值被排除在"模型之外"，那么就应该将它们明确地合并到模型中去。例如，自然灾害或战争在时间序列数据中的影响可以使用虚拟变量建模，如下文 1.8 节所述。

有一个校正自相关和异方差的估计标准误差的技术程序，许多标准统计软件包里都有这个程序。然而，某些形式的自相关性和异方差性（例如自回归条件异方差性）需要进行明确建模。正确设定的模型应该包括描述关键变量之间关系的方程和描述误差方差模式的方程。

误差分布中与正态性离差

回归中误差项的正态分布假设，允许从有效统计值的有限样本中导出其精确分布（例如 t 检验或 F 检验的统计数据），并构造模型系数的 OLS 估计的精确置信区间。当正态假设被违反时，因为无限大样本中的统计分布不依赖于潜在的误差分布，所以仍有可能使用具有已知渐近分布的统计来检验各种假设。然而，渐近性在有限样本中可能是一个较差的近似值。非正态性的一个常见情况是在误差分布中存在所谓的厚尾效应（高峰度），即比正态分布造成更大（绝对值）误差的概率更高。厚尾分布的例子包括 t 分布和逻辑分布。

小样本

样本量不足可能是实施回归分析的一个操作性问题。对于"可接受的"样本量没有一个阈值;从技术上讲,我们需要的观测值至少和需要估计的模型参数一样多。大样本证明对各种检验统计数据使用渐近(正态或卡方)分布是合理的。对于许多有用的检验统计,它们在任何规模有限的样本中的精确分布是已知的,并且只要我们愿意接受推导这些精确分布的假设(典型的,误差项的正态分布的假设),样本规模的大小并不重要——当然,除了规模更大的样本可能包含更多可利用信息的可能性之外。只有当知道了某个数据集的大小时,应用某些技术的建议才能在基本假设不成立时反映出对技术稳健性的关注,而不是当假设条件成立时对技术进行任何分解。

非随机样本选择

标准回归分析中的一个重要假设是数据样本是随机的,这样才能够代表一个群体。如果数据是通过对基础总体应用一些观察到的或未观察到的标准来选择的,这些标准偏离了随机选择,那么样本就不能代表总体,从估计中得出的推论也不能推广至总体。例如,关于不动产交易的数据可能只包括价值高于某一水平的财产(截断)。样本中的选择可能与某些解释变量或因变量有关;在后一种情况下,OLS 估计是无效的。可选的估计方法包括指定一个描述选择过程的附加等式。

另一个问题可能是由记录数据的方式引起的。例如,在调查中,某一水平及以上的收入可能会被作为一个单一点报告,如"100000 英镑及以上"(截尾)。截尾样本可能仍然代表总体,但数据中的失真类型使 OLS 不再适用,并要求采用某种程度上截尾样本适用的估计方法进行替代(详见Greene,2012)。

1.7 定量和定性变量

非常广泛地说,经济史研究中的变量属于两种类型:定量变量和定性变量(也称分类变量)。定量变量有一个数据化的度量,可以在记录或经过适当的转换后直接用于数据分析。

定性变量观测无法数据化度量的特定类别。假设我们想把一个地区作为一个解释变量,并认为将之划分为西北、东北、西南和东南是适当的。在这种情况下,我们需要为每个类别定义一个二元变量(0/1),例如,如果观察值属于西北,变量 NW_i 取值 1,否则取值 0。在线性回归中,只要回归方程包含常数,就必须省略一个类别;这个省略的类别作为一个参考点或"控制变量",用于解释其他类别的估计系数。在时间序列数据中,定性变量可以表示一个时间段(例如之前和之后);这可以是一个时间点或多个连续时点。为了在数据分析中包含这样一个变量,如果观察值落入指定的时间段,我们就定义一个二元变量取值为 1,否则取值为 0(参见第 4 章)。

一旦定性变量被转换成二元变量,它们就可以和定量变量一起被包含在计量经济模型中。只要因变量是定量的,线性回归模型就可以用通常的方法来进行估计,但当因变量是定性的时候就出现了不确定性。例如,因变量可以由计数数据、是/否选择、各种排序或有序类别下的选择以及无序类别下的选择来表示(在后一种情况下,基于各个数据特点和基于可用选择属性的两类选择就会产生区别)。原则上,如果定性因变量只有两种可能的类别,我们可以将其转换为二元变量,并使用 OLS 估计线性概率模型。然而这不是一个令人满意的方法:模型预测的因变量的值具有解释概率,在线性模型中，这个数可以大于1或为负数。常用来避免这一问题的定性反应模型是 Probit 模型和 Logit 模型。这两种模型将因变量"挤压"到 0 到 1 的范围内，从而避免了预测概率值超出该范围的问题。在这里，我们提供了二元选择的形式化建模的简要概述；关于这个模型和多项式选择的更一般情况的更多细节可以在标准计量经济学文本中找到。

假设一组因子 X 被认为解释了一个离散的选择，例如 $Y=1$（是，或者在关键类别中）与 $Y=0$（否，或者不在关键类别中），它被设定为 Y 取这两个值之一的概率，以因素的实现为条件：

$$Pr[Y=1|X=x]=F(x,\theta),以及 Pr[Y=0|X=x]=1-F(x,\theta) \qquad (1.4)$$

其中，θ 是未知参数的向量，其值将被估计。任何连续概率分布函数都可以用于 $F(\cdot)$。两种常用的概率模型分别是 Probit 模型，其中 $F(x,\theta)=\Phi(x'\theta)$ 服从正态分布；和 Logit 模型，其中 $F(x,\theta)=\Lambda(x'\theta)=\exp(x'\theta)/[1+\exp(x'\theta)]$ 服从 Logistic 分布。两个分布函数都是对称的钟形分布，但 Logistic 分布具有较重的尾部（更像 t 分布）。其他对称或非对称分布（如威布尔分布、对数分布）也用于某些应用之中。事实上，线性概率模型是一种特殊的情况，其中 $F(x,\theta)=x'\theta$。

回归方程是用最大似然法估计的，这个过程被嵌入许多流行的计量经济学软件包中。我们必须小心地对估计结果进行解释。更具体地说，因变量的条件平均值由回归方程给出：

$$E[y|x]=1\times F(x'\theta)+0\times[1-F(x'\theta)]=F(x'\theta) \qquad (1.5)$$

这是一个非线性模型；因此，解释变量 $\partial E[y|x：]/\partial X$ 的边际效应与模

型参数 θ 不同。此外，边际效应并不像线性回归模型里那样恒定，而是取决于解释变量的值：$\partial E[y|x：]/\partial X=f(x'\theta)\theta$，其中 $f(u)=dF(u)/du$。

为了报告结果，边际效应可以通过对观测值的边际效应取平均值或者通过对数据样本均值的效应进行评估来计算。对于二元（虚）解释变量来说，边际效应（ME）按照所有其他解释变量的样本均值来计算（Greene，2012）：

$$ME=Pr[Y=1|x\backslash D; D=1]-Pr[Y=1|x\backslash D; D=0] \qquad (1.6)$$

1.8 时间序列中的随机和确定性趋势以及结构突变

时间序列数据的分析需要一种不同于通常应用于横截面数据的方法。有时，作为第一步，在分析变量之间的关系之前，需要以适当的方式转换数据。当数据看起来不平稳时，可能需要转换成平稳的形式。强平稳性的定义是相对技术性的（此外，在实践中几乎不可能验证这种强平稳性），但是对于许多应用来说，弱平稳性就足够了。如果一个时间序列有一个恒定的均值和一个恒定的方差，那么它就被称为弱平稳的，不同滞后项之间的协方差只取决于滞后项之间的距离，而不取决于时间。

通常，关键的变量似乎具有时间依赖性的均值，或者换句话说，它们表现出一种趋势。更一般地说，我们可以把一个变量看作三个分量的叠加：

$$Y_t=趋势+静态分量+噪声 \qquad (1.7)$$

趋势可以被定义为时间序列的永久组成部分。区分确定性趋势和随机趋势是很重要的。如果在每个周期 Y_t（或其第 d 个差值）里 $\{Y_t\}$ 的变化量是固定的，那么我们就说时间序列显示为一个确定的趋势。

$$\Delta Y_t = Y_t - Y_{t-1} = \delta \quad (1.8)$$

我们定义第一个差值为 $\Delta^1 Y_t = \Delta Y_t$，第 d 个差值为 $\Delta^d Y_t = \Delta^1(\Delta^{d-1} Y_t)$。显然，由于它的均值随时间而变化，因此具有确定性趋势的变量也是非平稳的。此外，$\{Y_t\}$ 如果在每个周期 Y_t 里（或其第 d 个差值）预计会以固定的量变化，则被认为呈现随机趋势。

$$Y_t - Y_{t-1} = \delta + \varepsilon_t \quad (1.9)$$

其中，$E[\varepsilon_t]=0$。对于随机趋势，每个冲击 ε_i, $i=1,2,\cdots$ 都对 Y_t 的条件均值有永久影响（偏移），但这些偏移是随机的。上面的等式描述了 $\delta=0$ 时的所谓随机游走。即使它有一个恒定的零均值，随机游走变量仍是不平稳的。因为它的方差不是恒定的（其方差随时间线性增长）。一个变量可以表现出总体趋势，即可以同时表现出确定性趋势和随机趋势，例如在上述 $\delta \neq 0$ 的等式中一样；这描述了带漂移项的随机游走。

通常关键的对象是时间序列中无法解释的成分。要隔离开该成分，就需要消除趋势和固定成分。后者可以通过从序列中估计和减去各个部分来实现。一旦趋势被消除，固定成分便可以被估计，例如通过使用 Box-Jenkins 方法。消除趋势的适当方法是确定性趋势的去趋势化和随机趋势的差分化。去趋势化包括估计和减去时间的确定性函数（通常是多项式），而差分化直接应用于序列。对具有随机趋势的变量进行去趋势化，并对具有确定性趋势的变量进行差分化，会导致后续分析中的错误。因此，为了进行有效的推理和假设检验以及计算预测值，正确地对趋势建模是极其重要的。为了建立平稳性，我们可以使用一些工具组合，如相关图（自相关函数和部分自相关函数）和单位根检验。然而，在小样本中，或者当存在结构变化或断裂时，该方法目前较为困难。

结构上的断裂本身就可能成为关键的目标。例如，某一年颁布的一项法律，或一场流行病，可能会暂时或永久地影响经济活动。这种结构突变一般使用一个二元或虚拟变量来建模。Y_t 发生在期间 $\hat{t}$ 内的一次性转变可由脉冲虚拟变量表示：

$$D_t^P = \begin{cases} 0, t=1,\cdots,\hat{t}\text{-}1, \hat{t}+1,\cdots, T \\ 1, t=\hat{t} \end{cases} \qquad (1.10)$$

这对包含随机趋势的 Y_t 的水平具有永久性的影响。另一方面，Y_t 发生在期间 $\hat{t}$ 内的一个永久性转变可由一个级别虚拟变量表示：

$$D_t^P = \begin{cases} 0, t=1,\cdots,\hat{t}\text{-}1, \\ 1, t=\hat{t},\hat{t}+1,\cdots, T \end{cases} \qquad (1.11)$$

从经验上看，具有永久跳跃的平稳过程很容易被误认为具有一次性跳跃的单位根（随机趋势）过程。当跳跃之前或之后的数据样本长度相对较短时，这种区分尤其困难。另一个重要问题是（潜在的）结构变化的日期：通常，我们根据历史事件来假设变化的日期，并使用数据来检验这一假设，而不是从数据分析中推断变化的日期。更多关于这一主题的信息，可见 Enders（2010）和本书第 4 章。

1.9 联立方程模型与辨识问题

当关键变量在平衡状态下同时确定时，同时性或内生性就会出现（见上文第 1.6 节）。经典的例子是可替代或互补品市场价格的确定。在本节中，我们使用一个简单的模型简要概述这个问题。该模型包含两个方程和两个变量，能够让读者参考标准文本以了解更多细节和更一般的情况。

假设经济理论提出了以下结构模型：

$$y_t = b_{10} - b_{12}z_t + \gamma_{11}y_{t-1} + \gamma_{12}z_{t-1} + \varepsilon_{yt}$$
$$z_t = b_{20} - b_{21}y_t + \gamma_{21}y_{t-1} + \gamma_{22}z_{t-1} + \varepsilon_{zt}$$
（1.12）

根据对两个市场之间相互作用的某些假设，该模型可以用于描述两种商品的价格形成。其中，y_t 是小麦的价格，z_t 是大麦的价格。这里 bs 和 γs 是未知的常数系数，εs 是未观测到的结构冲击。为简单起见，假设 $\{\varepsilon_{yt}\}$ 和 $\{\varepsilon_{zt}\}$ 是不相关的白噪声随机变量，即对于所有 t 和所有 $s \neq t$ 的情况，都有 $E[\varepsilon_{yt}] = E[\varepsilon_{zt}] = 0$，$Var(\varepsilon_{yt}) = \sigma_y^2$，$Var(\varepsilon_{zt}) = \sigma_z^2$，$Cov(\varepsilon_{yt}, \varepsilon_{ys}) = 0$，和 $Cov(\varepsilon_{yt}, \varepsilon_{zt}) = Cov(\varepsilon_{yt}, \varepsilon_{zs}) = 0$。未知数 bs、γs 和 $\sigma_{y,z}^2$ 的集合是该模型的结构参数。

这个模型中的变量 y_t 和 z_t 是内生的，因为它们是在一个方程组中被同时确定的。应用于具有内生解释变量的单个方程时，由于其产生的回归系数估计值是不一致的，普通最小二乘（OLS）是无效的。为了克服这个问题，我们可以通过求解方程组来消除右边的内生变量。因此，我们得到了一个简化模型：

$$y_t = \alpha_{10} + \alpha_{11}y_{t-1} + \alpha_{12}z_{t-1} + e_{1t}$$
$$z_t = \alpha_{20} + \alpha_{21}y_{t-1} + \alpha_{22}z_{t-1} + e_{2t}$$
（1.13）

式（1.12）中两式右侧的滞后变量是预先确定的（在左侧的内生变量之前实现），因此不会产生同时性问题。我们可以通过 OLS 估计简化形式系统的系数，从而生成一致性估计量。利用这两个方程的 OLS 残差，我们可以估计简化型冲击的方差和协方差。简化型冲击是结构冲击的线性组合，其方差和协方差由式（1.14）给出：

$$\text{Var}(e_{1t}) = \frac{(\sigma_y^2 + b_{12}^2 \sigma_z^2)}{(1 - b_{12} b_{21})^2}$$

$$\text{Var}(e_{2t}) = \frac{(\sigma_z^2 + b_{21}^2 \sigma_y^2)}{(1 - b_{12} b_{21})^2}$$

$$\text{Cov}(e_{1t}, e_{2t}) = -\frac{(b_{21} \sigma_y^2 + b_{12} \sigma_z^2)}{(1 - b_{12} b_{21})^2}$$

（1.14）

接下来，可以使用简化型参数的 OLS 估计来一致地估计结构参数。然而，总的来说，结构方程是不可识别的：与未知参数的数量相比，与"已知"估计的简化型参数和"未知"结构参数相关的方程偏少。

一般来说，为了识别包含 k 个方程的方程组所描述的模型，我们需要对结构参数施加 $(k^2-k)/2$ 个限制，且这些限制必须以经济理论为基础。例如，我们可以通过假设 y（大麦价格）的当前值受 z（小麦价格）的当前值和过去值以及它自己的过去值的影响，来强加一个特定的因果链。但 z 只受它自己的过去值和 y（小麦是一种"主导"商品）的过去值的影响。例如假设装置 $b_{21}=0$，以及系统变得递归。残差的相应分解涉及三角分解或乔莱斯基分解（Cholesky Decomposition）。从技术上讲，对于 k 个方程，可能有 $k!$（k 阶乘）个可能的排序，进而导致不同的估计参数。同时，人们必须选择经济理论支持的排序。另一种限制是假设对称响应：$b_{21}=b_{12}$。即我们可以对某个系数施加限制，比如 $b_{12}=1$，或者对方差施加限制，比如 $\sigma_y^2=1$，但经济理论通常不会对参数的大小提供太多指导。在更复杂的结构模型中，研究人员使用各种短期限制（通常以排除的形式，即 $b_{ij}=0$）和长期限制（例如在长期中，对某一冲击的累积响应为零），以及符号限制。鉴于理论可能提供了"太多"的限制，对过度识别的模型我们可以通过广义矩阵方法来进行估计（GMM）。详情可见恩德斯（Enders，2010）；格林（Greene，2012）。

1.10 部分调整和适应性预期模型

在许多经济环境中，人们可以假设关键变量有一个期望的或目标的水平，并且变量会逐渐或部分地调整到该水平：

$$Y_t^*=f(X_t;\varepsilon_t)$$
$$Y_t-Y_{t-1}=(1-\lambda)(Y_t^*-Y_{t-1}) \qquad (1.15)$$

这可以描述在不完全竞争的市场中占主导地位的生产商的定价行为。式（1.15）的第一个等式还可以改写为：

$$Y_t=(1-\lambda)Y_t^*+\lambda Y_{t-1}=f(X_t;\varepsilon_t)+\lambda Y_{t-1} \qquad (1.16)$$

为了估计模型，我们可以假设目标水平由要素的线性函数描述，因此：

$$Y_t=\alpha+\beta X_t+\lambda Y_{t-1} \qquad (1.17)$$

模型参数的解释很简单。其中，短期乘数是 β，它显示了解释变量变化的同期效应；长期效应为 $\beta/(1-\lambda)$，它表示解释变量的一次性变化对目标值的影响。

递归替换表明，部分调整方程等价于将 Y_t 表示为具有无限多个 X_t 滞后项的线性函数，且滞后权重呈几何性递减。具有无限个几何性衰减滞后项的经济计量模型的另一个功能是作为适应性预期的经济模型。假设有一个生产者，他需要基于目前对明年小麦价格的预期（$E_t[X_{t+1}]$）来决定接下来种植多少英亩的小麦（y_t）。我们可以将这种预期的形成过程塑造成先前预期价格与观察价格的相适应：

$$Y_t = \alpha + \beta E_t[X_{t+1}] + \varepsilon_t,$$
$$E_t[X_{t+1}] = \lambda E_{t-1}[X_t] + (1-\lambda)X_t \tag{1.18}$$

换句话说，如果当前的实际价格高于前一年的预期，那么对下一年价格的预期就会上调，反之亦然。参数 λ 测量先前预期的相对权重。两个极端的情况分别是期望值从未被修正且当前观测值被忽略，则 $\lambda=1$；过去的信息被忽略，则 $\lambda=0$。

期望的形成过程可以被改写成一个具有无限多个滞后的方程，

$$E_t[X_{t+1}] = (1-\lambda)(X_t + \lambda X_{t-1} + \lambda^2 X_{t-2} + \cdots) \tag{1.19}$$

相应的计量经济学模型由一个方程组描述：

$$Y_t = \alpha + \beta Z_t(\lambda) + \varepsilon_t$$
$$Z_t(\lambda) = X_t + \lambda Z_{t-1}(\lambda) \tag{1.20}$$

该模型由非线性最小二乘法估计，并假设 X_t 处于长期均衡中（这对于长数据集来说是合理的）。

1.11 缺失观察值

缺失观察值是数据分析中经常面临的一个困难，尤其是但不仅仅是在经济史研究中。这可能是由数据收集过程的性质导致的：例如，在时间序列中，不同的变量以不同的频率被记录（观察），或者在调查数据中，应答者没能回答某些问题。缺失观察值是一种概念性问题，因而区分两种缺失的情况是很重要的。在第一种情况下，原因是未知的且与其他观察结果的完整性没有关系，这种类型被称为可忽略的情况，观察结果被称为随机缺失。而在第二种情况下，原因与被模拟的情景系统性相关，这是一种自我选择的情况，观察结果被认为是设计缺失的。

在第一种情况下，存在的问题是纯技术性的，可以忽略不计。我们可以删除具有许多缺失观察值的变量，或者在横截面或面板数据集中删除具有缺失数据的横截面单位，并使用完整观测值进行估算。此外，我们还可以尝试从不完整的观察值中提取更多的信息，以便提高估计的效率，例如填补空白。因变量的缺失值可以由预测值代替。然而，这也会在估计系数中产生难以量化的偏差。有几种方法可以用于填补解释变量中的空白。首先，我们可以用样本均值（或适当子样本的平均值，这取决于数据的结构）替换缺失值。另有一种等效的方法是用零值替换缺失值，并在回归中添加一个二进制（虚拟）变量。如果相应的观测值缺失，就取值 1，否则取值 0。此外，我们还可以用解释变量的预测值替换缺失值，该预测值是通过使用可用的观测值估计解释变量对因变量的"反向"回归而获得的。然而，目前尚没有系统的证据表明这种方法比用平均值填补空白更好。

在第二种情况下，完整的观察与不完整的观察存在质上的不同。事实上，我们需要在对观测数据中的模式进行建模的同时，也对观察值不存在的原因进行建模。目前有一系列适用于各种场合的模型：截断、审查、样本选择（治疗效果）和持续时间模型（Greene，2012）。

1.12 标准计量经济软件包

市面上有大量用于计量经济学和统计分析的标准计算机软件包是可以很容易地掌握并用于经济史研究的。Renfro（2004）给出了一个对公开可用的计量经济学软件的极好概述，他确定了四种计量经济学软件类型：

- 独立的计量经济软件包，如 AUTOBOX、EasyReg、EViews、LIMDEP、MicroFit、MODLER、PcGets、PcGive、RATS、STAMP、STATA、TSP、WinSolve；
- 计量经济学程序库，如 BACC、MLE++、MODLER；
- 计量经济学和数学编程语言，如 GAUSS、OX；
- 计量经济学和数学编程语言的应用，例如，适用于 OX 的 ARFIMA 软件包，适用于 OX、G@RCH、MSVAR、TSMod 的 DPD 软件包。

有些软件不止属于一个类型。一些作者对许多软件包的当前功能、在线资源链接以及指南和其他相关出版物的参考资料都进行了综合性的阐述。

一些基本的统计工具内置于 Excel 和 Access 中，但是这些工具很快就变得不足以应对相对复杂的研究。流行的统计分析软件如 SPSS 或 STATISTICA 则更为先进，但依然不能涵盖回归分析的所有方面。现成的软件包非常受研究人员和研究生的欢迎，因为它们易于使用，而且不需要大量的统计和计量经济学理论知识。这些软件的初期应用是很简单的；大多数现代软件包都有友好的下拉菜单，因此没有必要编写复杂的计算机代码。输出可以很方便地呈现在表格中，并且数据和输出的其他可视化方式，例如各种绘图，也可轻松取得。

然而，人们必须记住这种软件的局限性。正如同任何复杂的数值计算程序一样，软件可能会有各种数值"错误"。有时候一些默认输出是不相关的，另一方面，我们需要的内容可能不会被报告。最重要的是，下拉菜单中的评估程序可能具有不适用于研究问题或所用数据的默认选项。尽管如此，只要仔细检查并适当修改选项就足够了。例如，在 EViews 中，向量自回归（VAR）模型（一个简化形式的系统）默认由运行乔莱斯基分解（Cholesky Decomposition）的选项进行估计；而后者按照将变量输入至输入窗口的先后顺序进行工作。当然，如果递归结构适合模型的上下文，那么我们就可以通过按正确的预选顺序键入变量来避免错误。但是在递归结构之外，并非所有类型的限制都是允许的，并且结构分解不再适用于向量误差校正（VEC）模型（一种允许估计短期和长期影响的 VAR 模型扩展）；在某些情况下，会施加系数的默认符号。经验丰富的研究人员意识到了这些局限性，并且通常可以通过编写专门针对研究问题和数据的计算机代码来克服这些问题；这种解决措施也可以在 EViews 和许多其他由菜单驱动的软件包中实现。因此我们可以说，对潜在的经济模型和计量经济学技术适用性的良好理解是至关重要的。

参考文献

Enders, Walter（2010）, *Applied Econometric Time Series*, 2nd edn., Chichester: Wiley.

Greasley, D. and L. Oxley（2011）, *Economics and History: Surveys in Cliometrics*, Oxford: Wiley-Blackwell.

Greene, William H.（2012）, *Econometric Analysis*, 7th edn., London: Pearson.

Lind, Douglas A., William G. Marchal and Samuel A. Wathen（2012）, *Basic Statistics for Business and Economics*, 8th edn., Maidenhead: McGraw-Hill.

Renfro, Charles G.（ed.）（2004）, "A Compendium of Existing Econometric Software Packages," *Journal of Economic and Social Measurement*, 29, 359-409.

Wooldridge, J.M.（2006）, *Introductory Econometrics: A Modern Approach, Mason*, OH: Thomson/South-Western.

2 长期价格动态
商品可替代性的测量方法

马克·卡森

尼格尔·哈希姆扎德

凯瑟琳·卡森

Mark Casson

Nigar Hashimzade

Catherine Casson

2.1 引言

价格在经济史上具有重要地位，尽管如此，对于什么可以从价格变动中推断出来，什么不能从价格变动中推断出来，却很少有方法上的研究。基本商品价格指数被广泛用于衡量实际工资和生活成本的变化（Allen，2001）。工业革命历史学家使用相对价格的变化来解释经济的结构变化（Allen，2009）；全球历史学家将商品价格的空间价格趋同与降低运输成本联系起来（Findlay and O'Rourke，2003）；金融历史学家使用资产价格来调查货币和资本市场的效率（Neal and Atack，2008），而货币历史学家则将总体价格水平与货币供应联系起来（Mayhew，1995）。更具争议的是，价格被用来分析长期周期（Fischer，1996）。

然而，大多数研究的重点是跟踪和分析单一价格（Labys，2006）。研究者对单个商品的价格要么进行单独分析（例如对小麦市场的研究），要么使用适当的权重对其进行汇总以构建一个单一的价格指数（Beveridge，1939；Lloyd，1973）。价格收敛研究分析了同一商品在不同地点的价格。相比之下，很少有人研究同一地点不同商品的相对价格。由于长期市场均衡是由不同的进程决定的，所以用于分析价格收敛的统计方法不能用于分析相对价格。同一商品的价格遵循一价定律，而不同商品的价格则不遵循；例如，由于生产率的增速不同，相对于成熟商品的价格来说，新型商品的价格往往随着时间的推移而下降。

本章着重讨论了同一地点不同商品的价格。我们思考了从涵盖相当长一段时间的不同商品的年度价格数据面板中可以推断出什么，尤其检验了商品之间的替代性和互补性。我们尝试识别互为替代的商品对和互补的商品对，并在替代商品中区分近似替代品和区别替代品。在研究过程中，也出现了一些其他问题，包括价格长期趋势的重要性，以及价格是由生产者控制还是由供求平衡所决定（历史背景见 Stone，2005；Threlfall-Holmes，2005）。

本章考虑了是否所有价格同等地影响着其他价格，或者是否存在一个商品等级，其中的一些商品价格影响其他价格却不受它们的影响。我们认为这种层次确实存在，并在本章展示了如何系统地分析它们的结构。这表明，等级制度中最高层的商品通常是许多商品的弱替代品，而等级制度中较低层的商品是较少商品的强替代品。该分析曾被应用于英国 1210~1914 年的长期年度商品价格数据。

2.2 方法

价格在历史叙事中的意义

价格数据在分析市场经济行为时显然非常重要，但历史学家特别强调价格却是出于特殊的原因。

- 价格数据随处可见，包括合同、账簿、日记、国库记录和许多类似得以保存下来的记录在内的价格数据很早就被记录下来了。因此，历史学家通常拥有一系列商品的长期年度价格数据，但没有相应的年度数量数据。

- 一个地方的价格数据可用于推断其他地方的价格；相比之下，一个地方的数量却通常不能从另一个地方的数量推断出来，因为各地的具体情况有所不同。因此，相较于全国产出，对全国价格的估计值更容易从局部证据中产生。

- 价格作为叙事证据的因果解释，在经济史写作中发挥着重要作用。因此，希望解释耕种土地数量变化的历史学家将农作物价格的变化作为一个因果要素，而那些希望解释蒸汽动力采纳情况的历史学家会将煤炭价格的变化作为一个因果要素。然而，因为它们没有解释价格最初为什么会变化，所以这类解释不可避免地是片面的。

价格变化的一个原因是其他价格发生了变化，市场经济是一个复杂而相互依赖的系统。例如，煤、焦炭、木材和泥炭都是燃料，如果不了解其他燃料的价格变化，就无法完全理解其中一种燃料的价格变化。根据亚当·斯密（1776）阐述以及阿尔弗雷德·马歇尔（1890）完善的古典市场理论，价格最终受需求和供应的影响。但是因为经济体系是相互依赖的，一种商品的价格会受到其他商品需求和供给变化的影响。为了确定一种商品（比如面包）需求变化的影响，我们有必要剔除其他商品（比如蛋糕和麦芽酒）价格变化的影响。

影响特定市场的根本变化通常难以被直接观察到。消费者口味的变化既可能是由短期风尚驱动的，也可能是由家庭生活的长期变化驱动的，因而这些变化很难量化，也很难精确到具体日期。相对价格的变化暗示了可能存在已经发生却未被观察到的变化，但重要的是，我们要知道这种推测在多大程度上是有效的。

即使上述根本变化是可以观察到的，它们也可能直到最近才被系统地记录下来，甚至这些记录都没能保存下来。例如，尽管天气状况被广泛认为是年度作物产量的一个重要决定因素，但历史学家们常常觉得从价格中推断天气状况比根据天气状况解释价格要困难得多。这导致了一些历史学家陷入循环论证，由此从高价中推断出坏天气，然后用坏天气来解释高价（Hoskins，1964，1968）。

如果没有数量型数据，且我们无法直接观察到需求和供应发生根本变化的原因，那么就产生了一个问题，即仅从价格数据中可以推断出什么。答案是惊人的。

如果两种商品是需求的替代品（例如面包和蛋糕），那么一种商品价格的上涨将导致消费者将需求转向另一种商品，从而提高其价格。因此，两种商品之间的相互替代将在它们的价格之间产生正相关。相反，当这两种商品（例如面包和黄油）互补的时候，就会出现负相关。一种商品价格的上涨会减少对另一种商品的需求，因此一种商品的价格会随着另一种商品价格的上涨而下跌。

评估哪些商品对彼此反应最大是可以操作的：反应越强，替代（相关性为正）或互补性（相关性为负）就越近。我们也可以评估这些反应在多大程度上是恒定的（即时不变的）。如果这些反应中的一些在很长一段时间内是不变的，那么它们可以被视为经济系统的常量。确定特定商品对之间的持续可替代性大大有助于解释市场经济中的长期历史变化。

价格数据也能揭示不可观测经济冲击的持久性（Nerlove，1958）。当冲击对价格的影响持续超过一年时，冲击就会持续。例如，如果谷物可以储存，那么一年内需求的意外增长可能会导致库存减少，从而需要在未来几年补充库存；因此，冲击造成的价格上涨可能会持续几年。此外，基于商品之间的替代性和互补性，我们可以将这些冲击归因于特定的商品市场。一种商品的价格可能会有所不同，这既是因为对自身市场的直接冲击，也是因为对其他市场的冲击会通过替代品的价格传递回自身。有了可替代性的知识，我们就有可能从一组商品的一组价格数据中逆转市场，而后者正是对该体系造成冲击的主要来源。

从商品价格的长期数据集可以推断出这些限制是由可以从数据中计算出的方差和协方差的数量决定的。一般来说，只要有从数据集计算出的方差和协方差，就可以测量市场系统尽可能多的参数。由于在较早或较晚的日期将一种商品的价格与另一种商品的价格（或实际上，其自身价格）相关联是可行的，因此我们可以计算对应于不同滞后长度的许多不同的协方差，并据此估计相当多的参数。

然而，有一个非常严重的问题阻碍了许多研究人员从事这种方法的研究。两种商品价格之间的任何相互作用都涉及两个参数，每个参数衡量一种价格对另一种价格的影响，但它们之间只有一个协方差。一个统计数据却有两个参数，我们就只能根据另一个反应的某些假定值来估计一个反应的值。这就是所谓的识别问题（Fisher，1966）。在由普通最小二乘法估计的传统回归中，我们假设相互作用是单边的，且因果关系从一个价格明确地延伸到另一个价格。另一种方法则是假设这两种反应是相等的，并在此基础上对它们进行估计。必要时也可以使用其他标准，但是在这一章中只考虑对称响应。更多详情见附录 A.0。

三种技术

本章将讨论三种主要的分析价格统计信息的技术。其中最复杂的技术涉及上述类型的多市场互动的结构模型。这些模型包括从基本经济原理推导出的方程。该理论决定了方程中出现的变量以及变量之间的相互关系。模型还包含了可以从数据中估计的自由参数。这些估计值是使用最大似然或最小二乘法等一般推理原则得出的。该模型作为一个整体的有效性是使用拟合优度的总体度量来测试的。

我们也可以使用多目标模型，例如可以用于各种目的的向量自回归（VAR）。只要做出一些相对严格的假设，VAR 就可以应用于价格分析。这些额外的假设代表了研究人员使用现成模型的成本。在当前背景下，关键的假设是要求价格间的相互作用只存在一个滞后项，且在同一时期不会相互影响。

最后，我们还可以使用描述性统计数据，例如均值、方差和相关系数，来分析价格变化的模式。这种方法可能包含线性趋势估计和价格的相关性研究，且不仅是跨商品的，更是跨时期的。描述性统计和先前技术的区别在于，其不涉及估计经济模型的参数。

理论上，这些技术是相互替代的，但实际上它们可以被视为彼此的补充。这是因为许多历史数据分析本质上都是探索性的。描述性统计为研究人员熟悉数据和识别潜在问题提供了一个有用的方法，潜在问题包括不同商品价格的共同趋势或市场系统中可能的不稳定性。VAR 分析是结构模型估计的一个有用的初步结果，由于估计完整结构模型的初始阶段可能涉及 VAR 估计，因此在实践中，通常有必要应用三种方法来提高复杂性，这也是下面要做的。

2.3 数据来源

本章数据来源是克拉克（Clark，2004，2013）关于 1209~1914 年英国物价和工资的数据，该数据综合了索尔德·罗杰斯（Thorold Rogers）、贝弗里奇（Beveridge）、法默（Farmer）、菲尔普斯－布朗（Phelps-Brown）和霍普金斯（Hopkins）等人之前所做的研究。它基于大型庄园、修道院、教区、大学学院、集镇和其他著名机构的记录。记录的价格通常不反映消费者支付的实际价格，而是卖方收到的批发价格；批发价格和零售价格之间的差额可能因空间和时间而异，例如繁荣时期利润率较高，衰退时期利润率较低。与中世纪时期相关的价格通常涵盖一个米迦勒节到下一个之间的时期（秋季到秋季），未注明日期的价格往往归于次年的一月。其中涉及一些聚合，并因此产生统计问题，但目前还没有简单的方法来解决它们。当不同地点的价格不同时，在适当的情况下我们会使用权重来组合来自不同地点的信息。这意味着在很少有本地观察值的年份里，测量可能不太准确。克拉克的数据对评估波动率特别有用，因为他没有插入缺失的观察数据；而线性插值恰恰会低估波动率。

克拉克的数据是名义上的，可支持英镑和国际银标准。使用消费者价格指数作为平减指数，可以将数据转换为实际值，但这造成了复杂性，因为本研究中包括的一些商品在这些指数中占有相当大的权重。

克拉克为各种各样的商品提供年度时间序列，但并非所有的序列都适合长期波动性分析。我们根据以下标准确定了八种序列。序列应包含尽可能早开始的长时间数据（如 13 世纪），且缺少的观察数据相对较少；序列不应与差别较大的数据源中的序列相关联；纳入研究的商品，按观测数量排序（见表 2.1）。

表 2.1 进行研究的商品（按观测数量排序）

商品	单位	观测数量（次）	起始年份	结束年份
小麦	蒲式耳	677	1209	1914
燕麦	蒲式耳	658	1209	1914
羊毛	磅	637	1209	1914
大麦	蒲式耳	633	1209	1914
豌豆	蒲式耳	626	1209	1902
羊脂	磅	581	1209	1869
干草	吨	568	1258	1914
奶酪	磅	562	1209	1869

这些商品不应该长时间被征收高税收或受到监管；商品应具有经济重要性，被大规模地生产和消费：这产生了内在影响的结果，并降低了交易量小的产品在价格记录中出现错误的风险；商品应属于一个定义明确的群体，在本章中该群体即代表了给定土地的替代用途的农业产品。表 2.1 显示，每个价格序列的观察次数从 677 次（大麦）到 562 次（奶酪）不等，开始日期最早的是 1209 年，最晚的是 1258 年（干草），而结束日期最晚的是 1914 年，

最早的是 1869 年（羊脂、奶酪）。

根据价格的现代计量经济学研究，分析是以价格的对数进行的。这是因为价格冲击的幅度往往与价格水平成正比，价格膨胀往往会产生指数趋势。取对数将比例变化转化为绝对变化，指数趋势转化为线性趋势，相对价格转化为价格差异。在本章的剩余部分，"价格"总是指价格的对数，除非另有说明。

2.4 描述性统计

许多历史学家按传统采用了基于描述性统计的基础方法。描述性统计的范围很广，但在历史研究中并不总是得到充分利用。本节研究了描述性统计在多大程度上可以提供令人满意的替代性和互补性的衡量标准。结构表明偏相关（相对于传统的零阶相关）可以对价格交互作用提供重要的见解，即使它们与参数值的有意义估计不相关。

下面列出的程序旨在系统地探索数据，总结如下。

（1）关联价格对，假设存在正常性，检查每对价格的重要性。为了检测可替代性，要识别价格对之间的显著正相关关系，并从负相关关系中找出互补性。最简单的相关性度量方法是皮尔逊零阶系数，即价格协方差与价格方差几何平均值之比的平方根。

（2）根据确定的趋势进行调整，将与趋势的偏差联系起来。

- 不同商品的趋势是否相同？如果是，则意味着存在一般通货膨胀或通货紧缩；
- 不同商品的趋势是否不同？如果是，则意味着存在增量式的长期结构性变化；
- 它是否降低了相关性？如果是，则表明趋势因素对所有商品都有着相似的影响。

（3）检查趋势偏差的自相关性。分别应用伴随和不伴随确定性趋势的扩展的迪克－富勒（ADF）测试。评估是否有单位根，即当前价格的期望值是否等于前一年的价格。如果是，则多市场系统可能是不稳定的，这就可能会对下面描述的评估程序产生严重影响。

（4）关联一阶差分。如果不能拒绝存在单位根的可能性，这些关联就特别有意义。

（5）对价格在滞后自价格和趋势上进行回归，并关联残差。这是对关联一阶差分的细化，适用于存在持续冲击但没有单位根的情况。如果结果不同于一阶差分的结果，则表明需要考虑持续冲击的衰减。

（6）引入偏相关系数。如果我们有八种商品，那么可以计算的最高阶偏相关是六阶的。偏相关适用于滞后自价格回归的水平、水平变化或残差，具体取决于根据以前的结果哪一种最为合适。偏相关消除了除正在考虑的两种商品之外，所有商品价格变化的影响。在多种商品的背景下，它消除了间接价格效应的复杂性，这种作用是通过价格的变化而不是考虑的两种变化来传导的。然而，不同价格对之间偏相关的假设是不同的，因此一组偏相关不能提供一个内部一致的价格行为分析。为此，我们有必要使用正式的多市场模型。尽管如此，偏自相关提供了可能是最有用的替代性总结，它并不需要诉诸正式模型。

不经任何调整就将价格关联起来，会产生许多超过 0.95 的相关性，最低值（小麦和羊毛之间）已经高达 0.827。使用由普通最小二乘（OLS）回归估计的线性时间趋势对所有序列进行去趋势化，能够显著地降低相关性：最大的相关系数降至 0.931（大麦和燕麦之间），另外一些相关性变成负的。在 1% 的水平下，所有时间趋势都是积极和显著的。大多数趋势表明通货膨胀率稳定在 2% 的水平上。只有羊毛除外，它的通货膨胀率不到 1%。这些结果表明，由货币因素驱动的总体通货膨胀和由结构变化驱动的羊毛相对价格的稳步下降之间存在相互作用。

本分析中也存在随机趋势的证据。趋势回归的残差表现出显著的自相关性。对于所有商品来说，滞后一年的去趋势价格之间的零阶相关性在 0.75~0.90。显著的正零阶自相关持续了超过 30 年，表明单位根存在的可能性。ADF 测试表明，除对羊毛外，单位根是不能被拒绝的（见表 2.2）。这种方法既可以应用包含在测试程序中的时间趋势，也可以不用；它包括会降低显著性水平的趋势，有利于拒绝单位根，但不会低于阈值水平。

表 2.2 扩展的迪克 – 富勒检验（存在一个恒量和一个线性趋势的单位根）

	大麦	奶酪	干草	燕麦	豌豆	羊脂	小麦	羊毛
显著性	0.169	0.727	0.822	0.445	0.489	0.976	0.344	0.002
自价格滞后 1 年	-0.057 （0.004）	-0.025 （0.081）	-0.037 （0.130）	-0.041 （0.023）	-0.060 （0.028）	-0.010 （0.520）	-0.049 （0.014）	-0.075 （0.000）
确定性 时间趋势	0.0012 （0.008）	0.0006 （0.085）	0.0008 （0.260）	0.0009 （0.031）	0.0012 （0.043）	0.0003 （0.361）	0.0009 （0.044）	0.0007 （0.001）
自价格滞后 1 年的变化	-0.145 （0.001）	-0.495 （0.000）	-0.543 （0.000）	-0.336 （0.000）	-0.309 （0.000）	-0.488 （0.000）	-0.095 （0.023）	-0.204 （0.002）
自价格滞后 2 年的变化	-0.407 （0.000）	-0.229 （0.000）	-0.464 （0.000）	-0.367 （0.000）	-0.371 （0.000）	-0.300 （0.000）	-0.343 （0.000）	
自价格滞后 3 年的变化	-0.253 （0.000）	-0.041 （0.320）	-0.447 （0.000）	-0.318 （0.000）	-0.362 （0.000）	-0.255 （0.000）	-0.290 （0.000）	
自价格滞后 4 年的变化	-0.145 （0.000）		-0.332 （0.000）	-0.199 （0.000）	-0.247 （0.000）	-0.164 （0.000）	-0.212 （0.00）	
自价格滞后 5 年的变化	-0.102 （0.012）		-0.299 （0.000）		-0.140 （0.001）		0.064 （0.106）	
自价格滞后 6 年的变化			-0.190 （0.000）				-0.134 （0.001）	

续表

	大麦	奶酪	干草	燕麦	豌豆	羊脂	小麦	羊毛
自价格滞后7年的变化			-0.212 （0.000）					
恒量	-0.385 （0.020）	-0.142 （0.139）	-0.225 （0.053）	-0.367 （0.047）	-0.312 （0.085）	-0.044 （0.496）	-0.174 （0.174）	0.250 （0.002）
R^2	0.204	0.217	0.294	0.211	0.224	0.218	0.193	0.087
F统计值	22.939 （0.000）	26.600 （0.000）	21.910 （0.000）	27.810 （0.000）	23.027 （0.000）	24.162 （0.000）	19.061 （0.000）	19.548 （0.000）
DW	2.001	1.842	1.955	2.039	1.996	2.006	2.017	1.961

注：在首行中报告的显著性与单位根零假设的检验有关。括号内的数字涉及的零假设为：在没有单位根的情况下，有关变量对价格变化没有影响。价格变动的滞后时间在 EViews 中进行了优化。

表2.3显示，价格变化的最高零阶相关性涉及大麦、小麦、豌豆和燕麦。在整个分析过程中，这"四大金刚"依然是主要的替代品。燕麦和豌豆之间的相关性为0.680，大麦和小麦之间的相关性为0.670，燕麦和大麦之间的相关性为0.629，大麦和豌豆之间的相关性为0.593，燕麦和小麦之间的相关性为0.581。

表2.3 价格变化的零阶皮尔逊相关

	大麦	奶酪	干草	燕麦	豌豆	羊脂	小麦	羊毛
大麦	1.000							
奶酪	0.136 （0.001） 555	1.000						
干草	0.088 （0.037） 566	0.118 （0.011） 466	1.000					
燕麦	0.629 （0.000） 656	0.160 （0.002） 553	0.141 （0.001） 562	1.000				

续表

	大麦	奶酪	干草	燕麦	豌豆	羊脂	小麦	羊毛
豌豆	0.593 (0.000) 624	0.091 (0.034) 540	0.090 (0.039) 532	0.680 (0.000) 621	1.000			
羊脂	0.072 (0.083) 576	0.170 (0.000) 528	0.021 (0.640) 496	0.074 (0.077) 572	0.110 (0.009) 558	1.000		
小麦	0.670 (0.000) 663	0.192 (0.000) 560	0.119 (0.004) 568	0.581 (0.000) 658	0.530 (0.000) 626	0.033 (0.430) 580	1.000	
羊毛	0.115 (0.006) 629	-0.058 (0.185) 528	0.022 (0.617) 536	0.087 (0.029) 625	0.076 (0.065) 592	0.005 (0.916) 549	0.093 (0.020) 634	1.000

注：每个相关系数都是使用了给定商品对的所有可得数据计算的。

价格变化以之前的价格作为衡量当前价格的基准。如果这个基准被之前自有价格的数据驱动型加权平均值所取代，那么相关性就会稍微低一些。如果价格变化被滞后自价格和时间趋势（使用最长三年的滞后）的当前价格回归的残差所替代，那么最高的几个相关性是燕麦和豌豆之间的0.619，小麦和燕麦之间的0.474，小麦和豌豆之间的0.408，大麦和豌豆之间的0.303以及大麦和燕麦之间的0.281。只有奶酪和羊毛之间一个负相关，且并不显著。

表2.4显示，当采用偏相关时，相关系数进一步下降，大麦成为主要替代品。最高的几个相关性是大麦和小麦之间的0.418，豌豆和燕麦之间的0.399，大麦和燕麦之间的0.351，大麦和豌豆之间的0.213。其余的一些负相关中也只有一个，即羊毛和羊脂在10%的水平上是显著的。

表 2.4 价格变化的局部相关

	大麦	奶酪	干草	燕麦	豌豆	羊脂	小麦	羊毛
大麦	1.000							
奶酪	-0.002 （0.976）	1.000						
干草	0.069 （0.165）	0.121 （0.014）	1.000					
燕麦	0.351 （0.000）	0.092 （0.063）	0.011 （0.820）	1.000				
豌豆	0.213 （0.000）	-0.060 （0.229）	0.016 （0.750）	0.399 （0.000）	1.000			
羊脂	0.057 （0.253）	0.134 （0.007）	-0.048 （0.338）	-0.057 （0.250）	0.097 （0.050）	1.000		
小麦	0.418 （0.000）	0.126 （0.013）	-0.003 （0.952）	0.078 （0.115）	0.106 （0.033）	-0.089 （0.073）	1.000	
羊毛	0.035 （0.478）	-0.173 （0.141）	-0.014 （0.777）	0.024 （0.633）	0.035 （0.482）	0.039 （0.436）	0.080 （0.876）	1.000

注：观测数量为 408 次。

2.5 VAR 技术：一个管制价格的简单模型

在价格的 VAR 回归中，价格反应总是存在滞后的。例如，在面包和麦芽酒中，VAR 回归允许面包价格与前一年的麦芽酒价格相对应，麦芽酒价格与前一年的面包价格相对应，但不允许当前的面包价格与当前的麦芽酒价格交互作用。由于它消除了当前阶段的所有相互作用，所以模型很可能被错误设定。这种误设将由 VAR 产生的面包价格和麦芽酒价格的残差之间的非零相关性来表示。

这一部分调查了使用 VAR 估计价格交互作用的结果，并展示了对于 VAR 残差的分析如何能为我们提供有用的见解。它还强调了价格数据方法的实际局限性。

通过假设价格只与滞后项相互作用，VAR 回归避免了上面提到的识别问题。对这种滞后现象的一个简单的经济解释是，价格由生产者管控，因此生产者在每年年初设定一个直到下一年才改变的价格。这意味着除非存在一个滞后期，否则生产者不能对其他商品的价格做出反应。每个生产商都采用一种定价规则，根据这种规则，他们将管制价格与迄今为止的价格历史联系起来。他们采用的规则体现了是否存在生产滞后，以及他们是否能够将库存从一年推迟到下一年。我们在附录 A.1 中考虑了各种可能性，其中详细说明了不同生产者行为模式对价格的影响。然而，这种分析只考虑了没有库存的模型，库存持有引发的与价格投机相关的一系列复杂问题不在本章的考虑范围内。

假设给定商品的所有生产者遵循相同的规则，那么价格的行为就只是这一规则的映射。如果当前价格总是参照以前的价格来设定，那么无论选择什么样的规则，都会通过价格行为直接反映出来。尽管市场不会处于平衡状态，但不平衡将反映在数量上，而不是价格上，即反映在短缺、过剩或库存调整上。如果规则在以前的价格中是线性的，那么无论使用什么规则，都是一般规则的特例。在一般规则中，每种商品的当前价格是所有商品滞后价格的线性函数。

规则在每个时期的应用都涉及随机冲击。在合适的条件下，一般规则的参数可以通过线性回归来估计。回归的残差将反映随机冲击的性质。如果影响不同商品的冲击是不相关的，那么残差应该是不相关的。然而，如果不同的商品受到共同冲击，那么残差就很可能是相关的。举例来说，如果一次冲击对所有商品都有相似的影响，那么残差将有彼此正相关的趋势。

2 长期价格动态：商品可替代性的测量方法

在这种情况下，一个恰当的估计过程涉及两种众所周知的技术：结构 VAR 回归，以及残差的主成分分析。主成分分析对于识别系统中是否存在一个以上的重要共同冲击特别有用。步骤如下：

（1）在一个滞后自价格、滞后的其他价格和趋势上对价格进行回归。使用附录中的表 A.1 分析交叉价格影响；

（2）检查残差之间的相关性；

（3）计算残差协方差矩阵得出的主成分。

估计结果如表 2.5 所示。这些栏目指的是其当前价格构成了分离回归中因变量的八种商品。自变量列在表格的行中，并分为四个部分：第一部分包括滞后一年的所有八种商品的价格，第二部分包括滞后两年的所有八种商品的价格，第三部分包括滞后三年的所有八种商品的价格。第四部分包括可能影响所有市场的外部变量；在本研究中，外部因素简单地用线性时间趋势来表示。

我们选择的最大滞后时间为三年是因为调查显示，只有在第四年，这些系数才变得几乎无关紧要。由于数据中分散着缺失的观测值，因此估计更长的滞后时间会降低自由度。缺失的数据不会被插值，因为所采用的插值方法可能会影响估计的价格动态。因为每个变量的当前价格总是作为因变量出现，而不是作为自变量出现，所以每个回归都可以用 OLS 进行独立估计。为了减少因观察值缺失而损失的自由度，每个回归都是作为独立个体，而非作为 VAR 包的一部分被估计的。

我们将结果以标准格式呈现，其中显著性水平被报告为每个估计系数下的概率值。表格底部报告了总体拟合优度。这些需要谨慎解释，因为它们与涉及价格水平的，而不是水平变化的回归相关。因此，其中包含了大量的变量，后者可以简单地用长期趋势的相似性来解释。

结果表明，每种价格都受到其先前价格的显著影响，并且所有先前价格作为一个整体对当前价格有着重要影响。对于每种商品，自有价格系数之和小于 1 即表明系统具有稳定性。尽管早些时候有 ADF 结果，由于标准 ADF 测试不包括当前回归中包含的广泛相关变量，因此会导致差异的出现。

结果表明，替代现象普遍存在，而互补性相对较少。考虑到所有的商品都可以归类为食品或农产品，这就不奇怪了。结果还表明价格反应存在显著的不对称。这对于滞后一年的价格尤为明显。因此，小麦价格对大麦、奶酪、干草、燕麦和豌豆的价格有显著的积极影响，但其本身只受豌豆价格的影响。另一方面，豌豆和燕麦往往受其他价格（奶酪、干草、燕麦和小麦价格）的影响，但对其他价格又没有太大影响。滞后两年的价格的影响更加对称，并且通常是负面的，而滞后三年的影响基本上是微不足道的。

就表 A.1 而言，这些结果表明，如果价格确实如模型所设想的那样被管制，那么模型 6 提供了对结果的最佳描述。滞后一年的显著正系数、滞后两年的显著负系数和滞后三年的不显著系数的组合表明存在持续的冲击，但没有生产滞后（见表 2.5）。

表 2.5 管制价格模型的估计（VAR）

	大麦	奶酪	干草	燕麦	豌豆	羊脂	小麦	羊毛
恒量	-0.002 （0.998）	-0.113 （0.812）	3.66 （0.001）	-1.812 （0.010）	-0.186 （0.844）	1.024 （0.040）	0.456 （0.626）	1.964 （0.001）
大麦滞后 1	0.344 （0.001）	-0.063 （0.214）	-0.305 （0.001）	0.048 （0.521）	0.141 （0.123）	-0.004 （0.937）	-0.121 （0.131）	0.063 （0.349）
奶酪滞后 1	0.119 （0.224）	0.432 （0.000）	0.082 （0.518）	0.235 （0.005）	0.282 （0.008）	0.048 （0.477）	0.034 （0.749）	0.142 （0.123）
干草滞后 1	0.099 （0.114）	0.054 （0.079）	0.355 （0.000）	0.122 （0.016）	0.179 （0.004）	0.006 （0.846）	0.073 （0.294）	0.021 （0.513）

续表

	大麦	奶酪	干草	燕麦	豌豆	羊脂	小麦	羊毛
燕麦滞后1	0.272 (0.009)	-0.034 (0.541)	0.243 (0.031)	0.407 (0.000)	0.248 (0.014)	0.074 (0.230)	0.075 (0.489)	0.024 (0.776)
豌豆滞后1	0.036 (0.620)	0.073 (0.108)	-0.006 (0.948)	-0.021 (0.736)	0.270 (0.004)	0.050 (0.229)	0.167 (0.036)	0.040 (0.493)
羊脂滞后1	-0.145 (0.065)	0.086 (0.083)	0.021 (0.842)	-0.056 (0.461)	-0.160 (0.072)	0.421 (0.000)	-0.193 (0.030)	0.010 (0.872)
小麦滞后1	0.362 (0.000)	0.101 (0.009)	0.170 (0.025)	0.282 (0.000)	0.310 (0.000)	0.114 (0.801)	0.864 (0.000)	-0.130 (0.008)
羊毛滞后1	0.044 (0.515)	0.133 (0.000)	0.047 (0.495)	-0.021 (0.711)	0.028 (0.685)	0.009 (0.866)	-0.061 (0.364)	0.651 (0.000)
大麦滞后2	-0.060 (0.571)	-0.012 (0.839)	0.131 (0.244)	-0.102 (0.223)	-0.152 (0.134)	-0.008 (0.889)	-0.091 (0.309)	-0.013 (0.873)
奶酪滞后2	-0.062 (0.563)	0.156 (0.028)	-0.066 (0.601)	-0.044 (0.627)	-0.098 (0.366)	0.073 (0.312)	-0.008 (0.945)	-0.014 (0.887)
干草滞后2	-0.130 (0.039)	-0.042 (0.167)	0.073 (0.300)	-0.091 (0.067)	-0.110 (0.057)	-0.067 (0.051)	-0.001 (0.983)	-0.091 (0.017)
燕麦滞后2	0.042 (0.717)	0.091 (0.111)	0.005 (0.962)	0.205 (0.040)	-0.047 (0.638)	0.054 (0.385)	0.169 (0.071)	0.074 (0.410)
豌豆滞后2	-0.187 (0.006)	-0.123 (0.015)	-0.119 (0.191)	-0.196 (0.001)	-0.068 (0.408)	-0.004 (0.925)	-0.223 (0.007)	-0.170 (0.004)
羊脂滞后2	-0.064 (0.387)	-0.040 (0.464)	0.047 (0.663)	-0.076 (0.320)	-0.167 (0.084)	0.106 (0.078)	0.051 (0.543)	-0.194 (0.006)
小麦滞后2	-0.238 (0.004)	0.023 (0.645)	0.029 (0.733)	-0.270 (0.000)	-0.210 (0.012)	0.057 (0.217)	-0.367 (0.000)	0.096 (0.134)
羊毛滞后2	0.021 (0.767)	-0.058 (0.186)	-0.020 (0.808)	0.035 (0.552)	0.040 (0.628)	0.004 (0.949)	-0.016 (0.826)	0.113 (0.256)

续表

	大麦	奶酪	干草	燕麦	豌豆	羊脂	小麦	羊毛
大麦滞后3	0.177	0.004	-0.030	0.073	0.131	0.004	-0.008	-0.005
	(0.061)	(0.947)	(0.761)	(0.337)	(0.197)	(0.930)	(0.922)	(0.937)
奶酪滞后3	-0.021	0.268	0.117	-0.015	0.014	-0.050	0.158	0.031
	(0.828)	(0.000)	(0.226)	(0.848)	(0.879)	(0.388)	(0.183)	(0.681)
干草滞后3	0.026	-0.019	0.034	0.032	-0.4	-0.008	-0.036	0.025
	(0.667)	(0.543)	(.640)	(0.514)	(0.952)	(0.832)	(0.467)	(0.340)
燕麦滞后3	0.026	0.081	0.018	0.157	-0.051	-0.046	0.033	-0.071
	(0.798)	(0.221)	(0.874)	(0.035)	(0.600)	(0.442)	(0.733)	(0.398)
豌豆滞后3	0.068	0.020	-0.062	0.042	0.076	-0.029	0.143	0.062
	(0.350)	(0.679)	(0.503)	(0.514)	(0.368)	(0.522)	(0.054)	(0.270)
羊脂滞后3	0.197	-0.0142	0.006	0.148	0.229	0.196	0.016	0.144
	(0.008)	(0.436)	(0.952)	(0.039)	(0.008)	(0.001)	(0.846)	(0.052)
小麦滞后3	0.060	-0.067	0.080	0.093	0.122	-0.013	0.157	0.085
	(0.423)	(0.117)	(0.291)	(0.109)	(0.101)	(0.779)	(0.014)	(0.126)
羊毛滞后3	-0.048	-0.012	-0.052	-0.040	-0.077	0.033	0.051	0.058
	(0.419)	(0.734)	(0.450)	(0.402)	(0.267)	(0.459)	(0.381)	(0.280)
时间	0.002	0,000	0.007	0.001	0.000	0.001	0.002	-0.001
	(0.045)	(0.421)	(0.000)	(0.324)	(0.982)	(0.038)	(0.050)	(0.220)
R^2	0.971	0.990	0.973	0.981	0.967	0.979	0.973	0.940
调整的 R^2	0.969	0.990	0.971	0.80	0.965	0.978	0.971	0.936
F 统计值	451.67	1351.1	470.79	696.11	392.84	625.01	484.46	208.02
	(0.000)	(0.000)	(0.000)	(0.000)	(0.000)	(0.000)	(0.000)	(0.000)
DW	2.003	1.902	1.870	2.022	1.976	2.080	1.941	1.939
观测数量（次）	363	353	354	363	361	357	363	357

结果也表明生产者价格预期是固定的，即它们只取决于前一年的价格，而不取决于再之前的价格。如果伴随着预期不变产生了生产滞后，那么价格就会有上涨和下跌交替出现的趋势，但目前数据中没有支持这一点的证据。

持续冲击的存在表明，价格不仅受到暂时冲击的影响，还受到存在多个时期遗留效应的变化的影响。这些变化可能包括口味、技术和制度的变化，但是结果并没有提供具体的线索来说明它们实际上可能是什么。尽管如此，我们仍需要谨慎对待生产滞后现象。在商品容易储存，从而短期价格波动通过存货的积累和出清得以消除的情况下，滞后现象似乎是不存在影响的。

表2.6显示了商品回归残差之间的高度相关性。这直观地表明了忽视模型中当期价格交互作用的后果。表中的结果说明这即是上述问题的解释。如果这不是，那么答案很可能在于共同冲击。表2.7给出了主成分分析的结果，该结果确定了一组正交冲击，这些冲击共同解释了残余协方差。每个冲击对应一个表格中的不可观察因素。仅成分1就占所有残差变化的40%以上，且所有商品都承载着正负荷。这表明，可能存在一个影响整个经济的共同冲击，如货币冲击或税收冲击。然而，在更进一步的检验中，我们可以看出大麦、燕麦、豌豆和小麦，这些之前所述的"四大金刚"的负载量很高。这表明，如果有一个共同的冲击，那么它就与一些特定的商品有关，后者倾向于生长在同种土壤和该国的类似地区里。因此，共同冲击还可能与天气有关。另外，如果没有共同冲击，那么结果就可以简单地用这样一个事实来解释，即价格不是管制的结果，而是竞争所决定的，而这四种商品恰好是彼此的密切替代品。

表 2.6 管制价格回归残值间的相关性

	大麦	奶酪	干草	燕麦	豌豆	羊脂	小麦	羊毛
大麦	1.000							
奶酪	0.209 (0.000)	1.000						
干草	0.158 (0.004)	0.118 (0.032)	1.000					
燕麦	0.704 (0.000)	0.240 (0.000)	0.182 (0.001)	1.000				
豌豆	0.536 (0.000)	0.196 (0.000)	0.139 (0.011)	0.593 (0.000)	1.000			
羊脂	0.059 (0.285)	0.211 (0.000)	0.058 (0.294)	0.098 (0.074)	0.119 (0.030)	1.000		
小麦	0.597 (0.000)	0.191 (0.001)	0.118 (0.032)	0.469 (0.000)	0.477 (0.000)	0.035 (0.529)	1.000	
羊毛	0.126 (0.022)	0.039 (0.478)	-0.056 (0.310)	0.124 (0.024)	0.078 (0.157)	0.087 (0.113)	-0.008 (0.892)	1.000

注：观测数量为 332 次。

表 2.7 管制价格回归下残值方差的主成分

	1	2	3	4	5	6	7
特征值	1.324	0.601	0.378	0.281	0.230	0.216	0.144
方差的累计占比	0.403	0.586	0.701	0.787	0.857	0.923	0.967
特征向量的负荷							
大麦	0.509	-0.118	0.024	0.258	-0.208	0.459	-0.175
奶酪	0.110	0.025	0.050	-0.063	0.380	0.220	0.875
干草	0.229	0.960	0.109	0.067	-0.027	-0.087	-0.026
燕麦	0.434	-0.066	0.111	-0.102	-0.224	0.445	0.045
豌豆	0.506	-0.123	0.039	-0.696	-0.085	-0.456	0.011
羊脂	0.054	0.019	0.179	-0.241	0.794	0.276	-0.447
小麦	0.474	-0.134	-0.370	0.531	0.352	-0.417	-0.010
羊毛	0.061	-0.161	0.895	0.299	0.007	-0.277	0.038

2.6 竞争性价格：一个具有特定商品冲击的层级市场模型

这直接导致分析的最后阶段，即评估竞争性的多市场模型。这个模型假设这八个商品市场（不一定是整个经济）每年都存在总体均衡。该模型允许所有商品的当前价格之间存在相互作用，但是对使用识别限制的可能情景的数量进行的限制（详细讨论见 Sargan，1988）。这八种商品按层级排列，其中高级商品的价格影响低级商品的价格，而低级商品的价格不影响高级商品的价格。

同一层级的商品价格交互作用，但商品只发生成对的相互作用。

我们不能仅根据数据来得出层级排名，还必须运用综合的历史知识。例如，国际贸易产品应位于层级的顶端，而本地贸易产品将位于底端。当然数据分析也有价值。价格高度相关但与其他商品只有适度相关的商品对很可能会形成相互作用的商品对。滞后性相互作用也是相关的；例如，如果一个价格的滞后值影响某个其他价格的当前值，并且该价格的滞后值影响第一价格的当前值，那么我们就可以推测两种商品的当前价格是相互作用的。与此同时，价格的相对波动也是相关的；如果一种商品的价格比另一种商品的价格波动更大，那么波动性更大的价格中的一些变化可能是受到了另一种价格的影响，这表明波动性更大的价格更有可能对波动性较小的价格存在依赖性；这也表明当两个价格的波动性相似时，相互作用是最有可能发生的。

关键步骤如下。

（1）基于先前的假设和对先前发现的反思，建立一个包含成对产品的层次结构；

（2）遵循附录中规定的评估层级模型的程序。实验结果是一组价格回归，其中价格对在一个潜在的递归结构中相互作用。除了相互作用，回归还可以用常规的方式解释。作为所用估计方法的结果，所有残差都是不相关的，因此，与管制价格回归不同，我们没有必要对它们进行分析；但是我们需要谨慎地解释拟合优度的测量，因为它们是由所选变量对之间的相互作用所决定的拟合度的净值来度量的。结果可以用表 A.1 进行分析。

图 2.1 显示了建议的层次结构。它把羊毛放在顶部。羊毛价格（第一层）影响大麦和燕麦的价格，后两者相互影响（第二层）。这三个价格会影响另一对相互作用的价格：小麦和豌豆（第三层）。这五种商品又会影响其他三种商品的价格（第四层）。这三种食物包括相互作用的奶酪和干草，以及单独的商品：羊脂。

如表 2.8 所示。结果再次指出，对于这些特定的食品和农产品来说，替代是普遍的，而且这种互补是非常少见的。通过比较不同滞后影响的系数，我们发现大多数的影响发生在本期。如果假设本期没有影响，那么一年期的滞后价格是很常见的，这表明当期没有影响的假设可能过于强烈。

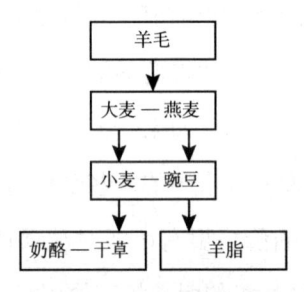

图 2.1　层级模型示意

滞后自价格的正向和显著的系数证实了我们早先关于冲击持续存在的设想。但除此之外，仍然很难区分表 A.1 中的替代模型。根据大多数模型的预测，许多跨商品滞后效应是正的，但这一问题仍需进一步研究。尽管如此，总的来说，层级模型所揭示的强有力的当前价格效应表明该模型优于 VAR 结构。因此，未来的工作应该致力于细化层次模型，而不是细化 VAR 模型。

2.7 拓展

缺乏外部变量的长期数据意味着，外生因素需要用时间趋势和结构突变来表示。时间趋势已经被包含在前面的回归中，以象征货币供应量和国内生产总值的长期变化。我们可以引入结构突变来表现已知事件的影响，例如征收商品税、关税变化、国家垄断的建立或解散、内战的爆发以及包括禁令在内的一些影响需求的法规的执行。

层级模型的残差可以用来度量特定商品随机冲击。检验残差的方差可以对影响单个商品市场的各个冲击的幅度进行比较。通过分析残差的差异而不是价格本身的差异，我们可能考虑到这样一个事实，即冲击的一些影响将传递到其他商品，而对其他商品的冲击将影响商品价格。

对商品价格回归的每一个残差求平方会产生一个瞬时年度波动的时间序列。然后，我们对残差平方的导出级数在时间序列上进行回归，以测试方差的长期变化（即异方差性），并在虚拟变量上做回归以测试波动率的结构性突变。

对管制价格回归的残差也可以进行类似的操作。使用这些残差，我们可以检验残差的协变趋势，并测试它们在时间上的恒定性。但层级模型不能用于这个目的，因为它的估计过程假定了这些协方差是常数。

2.8 结论

本章提出了一种在长期历史背景下分析价格行为的新方法论。该方法论涵盖了包含描述性统计、结构 VARs 和主要成分法在内的传统方法，以及基于结构计量经济学建模原则的新方法。在本章中，识别理论得到扩展，包含了嵌入在递归结构中的相互作用的价格，并据此构建了一个涉及市场层级的模型。我们针对英国提出了一个具体的层级制度，将羊毛解释为一种对价格的普遍影响者，尽管对其他特定的价格没有很大的影响。最重要的相互作用价格对包括大麦和燕麦，它们的行为则会影响另一个相互作用价格对，即小麦和豌豆。

下一步就是要开发一个包含数据库中所有24种商品的层级模型，并重复这个操作。

我们有充分的理由相信，尽管不同国家的可替代性程度可能有很大差异，但某些商品的可替代性是可以被视为经济体系的一个常数。许多传统的历史叙事并不涉及可替代性，因为它忽略了这样一个事实，即可替代性将源于经济体某个部分的冲击扩散到了其他的部分，因此我们很难确认谁是因、谁是果。在一些历史性解释中，一个特定的替代效应可能被认为是最重要的，但如果所选择的效应被夸大，而其他替代效应被忽略，那么这就会导致结果扭曲。

如本章开始时指出的，尽管研究人员对个别商品的价格已经进行了大量研究，但对整个价格体系的历史研究还很少。因此，我们仍然有大量机会去做更多的工作，希望本章中提出的技术方法能够鼓励其他人继续进行这一研究议程。

对于每对相互作用的价格，计算部分方差和协方差，条件是由假定的层级结构决定的所有相关变量，并计算它们的相互作用系数。对于每种商品，补偿价格的计算方法是从其价格中减去相互作用商品的价格，并用相互作用系数加权；然后对所有相关变量回归补偿价格，给出上述系数。最后介绍了相互作用系数。

归入表中，显示由计算它们的偏相关决定的显著性。表2.8中报告的拟合优度度量不考虑由交互价格解释的未补偿价格的方差分量。

2 长期价格动态：商品可替代性的测量方法

表 2.8 层级市场模型的估计

	羊毛	大麦	燕麦	小麦	豌豆	奶酪	干草	羊脂
羊毛		0.091 （0.105）	0.072 （0.059）	-0.098 （0.067）	0.013 （0.827）	0.007 （0.866）	-0.126 （0.098）	0.065 （0.164）
大麦			0.405 （0.000）	0.515 （0.00）	0.210 （0.006）	0.032 （0.555）	0.083 （0.399）	-0.035 （0.461）
燕麦		0.405 （0.000）		0.075 （0.360）	0.492 （0.000）	0.090 （0.148）	0.146 （0.202）	0.024 （0.731）
小麦					0.108 （0.000）	0.037 （0.357）	-0.009 （0.909）	-0.016 （0.733）
豌豆				0.108 （0.000）		0.029 （0.498）	0.056 （0.565）	0.058 （0.178）
奶酪							0.039 （0.083）	0.220 （0.003）
干草						0.039 （0.083）		0.021 （0.524）
羊毛 滞后1	0.651 （0.000）	-0.034 （0.610）	-0.100 （0.062）	-0.004 （0.959）	0.045 （0.476）	0.126 （0.013）	0.116 （0.197）	-0.076 （0.281）
大麦 滞后1	0.063 （0.349）	0.314 （0.003）	-0.099 （0.095）	-0.315 （0.001）	0.058 （0.501）	-0.066 （0.218）	-0.331 （0.002）	-0.002 （0.977）
燕麦 滞后1	0.024 （0.776）	0.121 （0.137）	0.307 （0.000）	-0.102 （0.217）	-0.032 （0.733）	-0.103 （0.096）	0.118 （0.278）	0.059 （0.384）
小麦 滞后1	-0.130 （0.008）	0.245 （0.000）	0.141 （0.001）	0.605 （0.000）	0.022 （0.748）	0.011 （0.829）	0.082 （0.391）	-0.045 （0.399）
豌豆 滞后1	0.040 （0.493）	0.051 （0.379）	-0.037 （0.445）	0.143 （0.023）	0.229 （0.002）	0.071 （0.110）	-0.018 （0.859）	0.033 （0.424）
奶酪 滞后1	0.142 （0.123）	-0.002 （0.976）	0.164 （0.012）	-0.099 （0.208）	0.145 （0.059）	0.389 （0.000）	-0.002 （0.990）	-0.060 （0.459）

续表

	羊毛	大麦	燕麦	小麦	豌豆	奶酪	干草	羊脂
干草滞后1	0.021 (0.513)	0.049 (0.304)	0.084 (0.008)	0.014 (0.771)	0.085 (0.150)	0.020 (0.568)	0.301 (0.000)	-0.021 (0.491)
羊脂滞后1	0.010 (0.872)	-0.119 (0.051)	0.005 (0.933)	-0.082 (0.241)	-0.084 (0.214)	0.103 (0.037)	0.092 (0.377)	0.368 (0.000)
羊毛滞后2	0.113 (0.256)	0.024 (0.700)	0.030 (0.542)	-0.083 (0.206)	0.004 (0.950)	-0.066 (0.210)	-0.023 (0.812)	0.024 (0.727)
大麦滞后2	-0.013 (0.873)	-0.026 (0.768)	-0.079 (0.227)	-0.031 (0.683)	-0.080 (0.356)	0.001 (0.980)	0.097 (0.408)	-0.010 (0.868)
燕麦滞后2	0.074 (0.410)	-0.051 (0.579)	0.182 (0.016)	0.165 (0.050)	-0.162 (0.074)	0.069 (0.269)	0.057 (0.608)	0.006 (0.930)
小麦滞后2	0.096 (0.134)	-0.129 (0.070)	-0.182 (0.000)	-0.204 (0.003)	-0.004 (0.950)	0.077 (0.134)	0.114 (0.186)	0.064 (0.177)
豌豆滞后2	-0.170 (0.004)	-0.087 (0.124)	-0.102 (0.023)	-0.145 (0.034)	0.097 (0.229)	-0.090 (0.070)	-0.081 (0.391)	0.073 (0.103)
奶酪滞后2	-0.014 (0.887)	-0.090 (0.313)	-0.036 (0.611)	0.021 (0.815)	-0.028 (0.769)	0.149 (0.045)	-0.074 (0.573)	0.021 (0.788)
干草滞后2	-0.091 (0.017)	-0.083 (0.071)	-0.032 (0.307)	0.050 (0.219)	-0.034 (0.399)	-0.027 (0.414)	0.109 (0.144)	-0.031 (0.450)
羊脂滞后2	-0.194 (0.006)	-0.006 (0.912)	-0.029 (0.624)	0.129 (0.045)	-0.129 (0.097)	0.018 (0.760)	0.053 (0.626)	0.147 (0.018)
羊毛滞后3	0.058 (0.280)	-0.037 (0.475)	-0.024 (0.543)	0.140 (0.007)	-0.054 (0.375)	0.000 (0.994)	-0.004 (0.955)	0.015 (0.754)
大麦滞后3	-0.005 (0.937)	0.144 (0.065)	0.003 (0.962)	-0.112 (0.073)	0.055 (0.483)	0.002 (0.970)	-0.094 (0.363)	0.023 (0.670)
燕麦滞后3	-0.071 (0.398)	-0.043 (0.622)	0.142 (0.010)	-0.030 (0.701)	-0.115 (0.207)	0.064 (0.368)	0.032 (0.787)	-0.050 (0.408)

续表

	羊毛	大麦	燕麦	小麦	豌豆	奶酪	干草	羊脂
小麦滞后3	0.085 （0.126）	0.019 （0.745）	0.068 0.312	0.111 （0.029）	0.045 （0.426）	-0.096 （0.022）	0.073 （0.323）	-0.016 （0.745）
豌豆滞后3	0.062 （0.270）	0.044 （0.442）	0.009 （0.857）	0.139 （0.014）	0.022 0.773	0.008 （0.865）	-0.070 （0.470）	-0.070 （0.129）
奶酪滞后3	0.031 （0.681）	0.029 （0.743）	0.019 （0.777）	0.212 （0.013）	-0.030 （0.692）	0.278 （0.000）	0.125 （0.252）	-0.091 （0.173）
干草滞后3	0.025 （0.534）	-0.036 （0.468）	0.040 （0.283）	-0.013 （0.744）	-0.015 （0.731）	-0.016 （0.581）	0.022 （0.765）	0.004 （0.911）
羊脂滞后3	0.144 （0.052）	0.135 （0.023）	0.051 （0.364）	-0.147 （0.014）	0.101 （0.120）	-0.073 （0.214）	-0.048 （0.624）	0.208 （0.001）
恒量	1.964 （0.001）	0.483 （0.618）	-1.939 （0.001）	0.866 （0.267）	0.707 （0.331）	0.124 （0.807）	4.409 （0.001）	0.686 （0.165）
时间	-0.001 （0.220）	0.002 （0.059）	-0.000 （0.881）	0.000 （0.661）	-0.001 （0.297）	-0.000 （0.752）	0.006 （0.000）	0.001 （0.097）
R^2	0.940	0.947	0.973	0.982	0.975	0.990	0.973	0.981
调整的 R^2	0.936	0.943	0.971	0.980	0.973	0.989	0.971	0.978
F 统计值	208.02 （0.000）	228.71 （0.000）	463.733 （0.000）	619.82 （0.000）	457.35 （0.000）	1013.7 （0.000）	371.36 （0.000）	470.99 （0.000）
DW	1.939	1.952	1.983	1.994	1.959	1.893	1.876	2.110
观测数量（次）	357	357	357	355	355	337	337	332

注：回归估计分为三个阶段。对于每一对相互作用的价格，计算部分方差和协方差，遵循所有相关变量由假定的层次结构决定并计算它们的相互作用系数。每一种商品的补偿价格都由其价格减去相互作用的商品的价格，再乘以相互作用系数；这个补偿价格再对所有相关变量进行回归，给出上述报告的系数；最后，将相互作用系数引入表中，通过计算相互作用系数的偏相关得到显著性。表中报告的拟合优度度量没有考虑到未补偿价格的方差的组成部分，该方差由相互作用价格解释。

附录：两种正式的多市场价格决定的模型

A.0　价格互动模型的一般观察

1. 替代的概念

替代的基本概念是，当某一商品的价格上涨时，对该商品的需求增加和/或供应减少。这是因为消费者转向更便宜的商品，而供应商将生产转移到利润更高、更昂贵的商品。因此，当商品成为替代品时，一种商品的价格上涨往往会抬高另一种商品的价格。替代通常以成比例的价格来衡量，即一种商品的价格上涨百分比是由另一种商品的价格上涨单位百分比产生的。百分比增加越多，替代性就越强。

替代通常是对等的，即如果商品1是商品2的替代品，那么商品2也是商品1的替代品。然而，替代性不一定是对称的：商品1价格对商品2价格的影响不一定与商品2价格对商品1价格的影响相同。例如，如果一种商品用途广泛，而另一种商品只有一种用途，那么专用的商品价格可能比另一种商品的价格更敏感。通用商品价格的降低可能会破坏对专用商品的整体需求，而专用商品价格的降低只影响通用商品几种用途中的一项，因此对其价格影响不大。

收入效应也会导致上述不对称性。例如，假设一种商品，譬如小麦，占消费者支出的很大比例，而另一种商品，如豌豆，只占很小的比例，那么小麦价格上涨可能会大幅降低实际的消费者收入，从而导致豌豆需求大幅下降，但如果通过降低税收可以完全弥补收入的下降，那么这种情况就不会发生。当收入效应得到补偿时，豌豆的价格可能会随着小麦价格的上涨而上升，但如果没有得到补偿，那么价格就可能会下降。

互补性与替代性相反。当商品1的价格上涨时，商品2的价格会降低，那么商品1是商品2的互补品。面包和黄油通常被称为互补品，因为黄油通常涂在面包片上。如果面包价格上涨，对黄油的需求就会下降，这反过来又会压低黄油的价格。

替代性和互补性的概念适用于既是消费的投入，也是生产的投入或生产的产出的商品对；而不适用于成对的投入和产出，因为投入的价格是产出成本的组成部分，所以它们的价格通常会一起变动。

2. 冲击的本质

价格的变化是由外生冲击驱动的，不同类型的冲击有着不同的含义。

（1）数量或价格。冲击通常通过影响数量来对价格产生影响（例如，恶劣的天气可能摧毁某些商品的年产量，继而抬高价格），但它们也可能直接影响价格（例如，导致通货膨胀的货币冲击）。

（2）供给或需求。冲击可能影响需求或供应，例如人们口味的变化通常会影响需求，而技术或劳动力供应的变化往往会影响供应。实际上，我们很难区分需求冲击和供应冲击，例如，价格上涨既可能是由于需求增加也可能是由于供应短缺。

（3）一般或特定。一次冲击可能影响某一种商品，也可能同时影响多种商品。因此，消费者口味的变化可能产生一次特定商品的数量冲击，消费税的增加可能产生一次特定商品的价格冲击。相比之下，战争可能会通过中断生产造成普遍的数量冲击，而货币贬值可能会造成普遍的价格冲击。对所有商品产生等比例影响的一般冲击有时被称为"共同冲击"。

（4）短暂的或持久的。冲击可能仅在其发生的时期影响价格，但也可能产生遗留效应，例如冲击的影响可能在随后的时期缓慢衰减。举个例子，若商品易腐，则其库存不能从一个时期保存到下一个时期，因此连续时期的过程往往相互独立；而若商品经久耐用，则多余的供应品可以储存起来在下一个时期出售，这时一个时期里需求的意外下降可能导致的价格下降不仅是在当前时期，在随后的时期也会存在。持续冲击会产生随机趋势，其中任何时期的价格都取决于先前的价格，因为先前的价格体现了在当前时期继续影响价格的冲击。如果价格形成遵循一个"单位根"过程，在这个过程中，任何时期的预期价格都等于以前的价格，那么价格冲击就会无限期地持续下去。人们普遍认为，金融资产的日价格或周价格遵循随机游走，这是一种特殊类型的单位根过程，但这并不意味着普通商品价格也遵循类似的过程。

（5）可观察的或不可观察的。当可以观察到外部冲击时，价格数据更容易解释。在历史背景下，可观察性意味着它们不仅是可测量的和可记录的，而且这些记录能够保存下来，并且可以通过档案进行访问。不幸的是，关于外部冲击的可靠数据很少。长期天气数据仅适用于大面积区域，如北半球这样局部变化相当大的区域。货币供应也很难衡量，因为在不同时期，货币供应被不同形式的货币所主导，如黄金、白银、硬币、金条、银行票据和支票账户。国民收入的长期年度测量方法才刚刚出现。因此，面对众多不同的影响价格形成过程的不可观察的冲击类型，仅凭价格数据我们很难区分它们。通常能达到的最佳效果是创建人工变量，如时间趋势变量和显示结构突变的虚拟变量。

3. 管制价格与协商价格

价格可以被管控或协商。管控价格在每个周期开始时设定，并在整个周期内保持有效。价格通常由生产者而不是消费者来管控，尤其是当消费者多而生产者少，以及生产者更加了解竞争条件时。此外，价格有时会受到法规的限制（例如标准面包的法定最高价格）。然而，对于协商价格，没有指定的价格制定者。决定价格的是市场的非个体力量，而不是主导生产者或法定监管者等个体。通过协商价格，每个交易者可以调整他们的价格配额，以反映其他人的报价。据推测，这种讨价还价的过程一直持续到所有市场达到平衡；在这一点上，合同被交换，交易发生了。因此，每个市场记录的价格就是均衡价格。

通过协商价格，冲击对任何单一市场的影响都分布在整个系统中。例如，对大麦市场的冲击不仅影响大麦的价格，也影响小麦和燕麦的价格。如果大麦、小麦和燕麦是替代品，那么大麦价格的上涨将增加其他两个市场的需求和/或减少供应（前提是供应具有弹性），导致这些市场的价格也上涨。这些由大麦价格变化引起的变化又会反馈到大麦的价格上面。价格调整在整个市场体系中像一个不断扩大的波面一样传播，如果体系稳定，波动就会以逐渐减弱的强度反射回来，直到达到总体均衡。在这种均衡状态下，大麦价格的最初冲击已经扩散到整个系统，因此所有价格都有可能受到影响。对大麦价格的影响比没有替代商品时要小，但对其他商品价格的影响比没有替代商品时要大。因此，在协商价格的情况下，替代品的价格在同一时期趋向于向同一个方向移动，而互补品的价格则相反。

现在我们假设每个市场的价格由该市场的主要生产者管控，且不需要与其他市场的价格制定者协商。在设定管制价格时，每个价格制定者都不知道自己价格之外的价格；他们只知道前几个时期为其他商品设定的价格。因此，如果两种商品是替代品，一种商品的价格总是会以一个周期的滞后反映在另一种商品的价格上；与协商价格不同，在一段时间内价格之间不会有任何反应。如果某个特定市场受到特定冲击，那么该市场的价格将做出反应，而其他价格保持不变。

尽管如此，管制价格是可以一起移动的。如果冲击是一般性的，而不是特定的，那么当前价格可能会朝着相同的方向移动。这并不是因为它们相互反应，而是由于它们对相同的一般性冲击反应相似。对管制价格起作用的一般冲击可以产生类似于协商价格应对特定冲击而表现出的价格波动。例如，倘若大麦和燕麦的价格一起波动，我们的解释既可能是替代品的协商价格受到了特定的冲击，也可能是两种价格对相同的总体冲击做出了相似的反应。

当无法观察到冲击时，我们一般很难区分不同的解释。如果不能直接观察到最初的冲击，那么就很难知道它是需求冲击还是供应冲击，是一般冲击还是特定冲击。如果这是一个特定冲击，我们甚至很难确定它来自哪个市场。唯一的解决办法是观察尽可能多的冲击。如上所述，在没有直接观察的情况下，可以引入时间趋势和虚拟变量。

A.1 一个管制价格和一般随机冲击的模型

考虑有一组商品，指数设为 $i=1,\cdots,N$，在时间 $t(t=1,\cdots,T)$ 时，第 i 种商品的价格为 p_{it}（用自然对数表示）。这些商品只是整体经济中所有商品的一小部分。

- 每个市场的价格都是由专门供应该市场的生产商设定的，他们都使用相同的定价规则。
- 价格在每个时期的初期，即在需求和供给被揭示之前被设定，并且在整个时期均保持在该水平上。
- 没有库存，因此根据市场条件，一些需求可能未得到满足，或者一些供应可能被浪费。
- 每个生产商都知道整个价格历史。
- 冲击可能会持续。金融资产的价格通常假设为遵循随机游走，且冲击是无限期持续的。然而，对于农产品和制成品来说，随着时间的推移，冲击衰减得相当快。尽管如此，它们仍可能导致价格的某种序列相关性。
- 其他商品的价格是用以前价格的加权平均值预测的。当冲击无限期持续时，最近的价格是最好的预测值，而当冲击只是暂时性时，先前价格的平均值（如均值的估计值）效果最好。当冲击的影响慢慢减弱时，生产者可能会通过使用连续价格的加权平均值进行妥协。

生产者制定一个目标价格 p^*_{it}，这个价格取决于以前的价格和前一时期发生的非价格因素的外部变化。我们设 $z_{mt}(m=1,\cdots,M)$ 来表示前一期第 m 个可观察的非价格因素的数值，该值会影响 t 期的管制价格；这些因素中的一部分可以用常数项和时间趋势来表示。我们还设 v_{nt} 为影响 t 期价格的第 $n(n=1,\cdots,N)$ 次总体冲击值；生产者观察到这种冲击，但没有进行记录，因此在模型中被视为不可观察的随机冲击。我们用参数 $g_{in}(i,n=1,\cdots,N)$ 去衡量第 N 次不可观测冲击对第 i 个商品价格的影响；由于冲击是普遍的，原则上任何冲击都会影响所有价格。

给定非价格因素，每个生产者将目标价格与其他商品的预期价格联系起来。后者设为 $P^e_{ijt}(j=1,\cdots,i-1,i+1,\cdots,N)$，并假设为过去价格的加权平均值：

$$p^*_{it}=\sum_j b_{ij} p^e_{ijt}+\sum_m d_{im} z_{mt} \quad (j=1,\cdots,N) \tag{A1-1}$$

其中，

$$p^e_{ijt}=k_i p_{jt-1}+(1-k_i)p_{jt-2} \tag{A1-2}$$

且 $b_{ij},0,0\leq k_i \leq 1$。参数 k_i 决定了第 i 个制造商给予最近价格的权重；当 $k_i=1$ 时，期望值是固定的。如果 $b_{ij}>0$，则 j 是 i 的替代品，如果 $b_{ij}<0$，则是互补品。

每期的价格部分地朝其目标值进行调整：

$$p_{it}=q_i(p^*_{it}-p_{it-1})+p_{it-1}+\sum_g g_{in}v_{nt}=q_i p^*_{it}+(1-q_i)p_{it-1}+\sum_g g_{in}v_{nt} \tag{A2}$$

其中，$0<q_i\leq 1$ 是价格调整参数；如果 $q_i=1$，则调整完成，价格被设定在了目

标水平。请注意，可观察的外部因素能够影响目标价格，而不可观察的因素只能影响当前价格。

把式（A1-1）和式（A1-2）代入（A2）可以将当前价格表示为所有价格的线性函数，其中自价格滞后一年，其他价格滞后两年：

$$p_{it}=(1-q_i)p_{it-1}+q_ik_i\sum_j b_{ij}p_{jt-1}+q_i(1-k_i)\sum_j b_{ij}p_{jt-2}+q_i\sum_m d_{im}z_{mt}+\sum_n g_{in}v_{nt} \quad （A3）$$

如果外生变量由常数项和线性时间趋势来表示，那么 $\sum_m d_{im}z_{mt}=a_i+d_it$。

假设所有的一般冲击都是持续的，它们对管制价格的影响随时间以相同的速率 $h(0 \leq h<1)$ 几何级衰减；极限情况 $h=0$ 对应于暂时冲击。冲击满足一阶线性差分方程：

$$v_{nt}=hv_{nt-1}+u_{nt} \quad (t=1,\cdots,T) \quad （A4）$$

使用权重 g_{in} 在等式（A4）的两侧取加权和，使用等式（A3）消除 v 中的项，并将剩余项进行分组，从而我们可以得到：

$$p_{it}=(1-q_i+h)p_{it-1}+q_ik_i\sum_j b_{ij}p_{jt-1}+h(1-q_i)p_{it-2}+q_i[1-(1+h)k_i]\sum_j b_{ij}p_{jt-2}+$$
$$hq_i(1-k_i)\sum_j b_{ij}p_{jt-3}+\sum_m q_id_{im}(z_{mt}-hz_{mt-1})+\sum_n g_{in}u_{nt} \quad （A5）$$

如果外生变量由常数项和线性时间趋势来表示，那么 $\sum_m q_id_{im}(z_{mt}-hz_{mt-1})=(1-h)(a_i+d_it)-hd_i$。方程（A5）是一般形式的特例。

$$p_{it}=\sum_w\sum_j c_{wij}p_{jt-w}+\sum_m(c_{4im}z_{mt}+c_{5im}z_{mt-1})+\sum_n g_{in}u_{nt} \quad （A6）$$

一般形式将每种商品的当前价格表示为所有商品价格的线性函数，滞后时间长达三个时期。一组滞后时间为一个时期的非价格外生变量，以及一组不可观察的随机冲击，后者的每个冲击都可能影响所有的当前价格。

为便于估计等式（A6）的参数，可以假设冲击 u_{nt} 具有零均值和常数方差，它们彼此不相关，同时与先前的价格和外部变量也不相关。我们设 **P**=$[p_{it}]$ 是对当前价格观察值的 (T-3)×N 的矩阵；**X**=($[p_{it-1}]$, $[p_{it-2}]$, $[p_{it-3}]$, $[z_{mt}]$, $[z_{mt-1}]$)，一个回归量的 (T-3)×(3N+M) 回归矩阵；**C**=($[c_{1ij}]$, $[c_{2ij}]$, $[c_{3ij}]$, $[c_{4ij}]$, $[c_{5ij}]$)'，一个 (3N+2M)×N 的系数矩阵；**G**=$[g_{in}]$，是一个 N×N 的冲击重量矩阵，**U**=$[u_{nt}]$ 是一个（T-3）×N 的随机冲击矩阵。这些假设意味着 $E(\mathbf{U})=0, E(\mathbf{U'X})=0, E(\mathbf{U'U})/N=\Omega$，其中 **0** 代表零向量或矩阵，**Ω** 是方差 σ_n^2 的 N×N 对角矩阵。

等式（A6）可以改写为同步等式系统的标准形式：

$$\mathbf{P}=\mathbf{XC}+\mathbf{UG} \tag{A7}$$

左乘 X 并取期望值得到：

$$\mathbf{C}=(\mathbf{X'X})^{-1}\mathbf{X'P} \tag{A8}$$

方程（A8）提供了滞后价格和非价格外生变量对当前价格影响的估计量。

设 **I** 为单位矩阵；使用方程（A8）和（A9）可以表明样本协方差矩阵 $\mathbf{V}=\mathbf{P'(I-(X'X)^{-1}X')'(I-(X'X)^{-1}X')P}$ 具有期望值：

$$E(\mathbf{V})=(\mathbf{UG})'(\mathbf{UG})/N=\mathbf{G'\Omega G} \tag{A9}$$

为了识别 **G** 的元素，我们假设一般冲击是相互正交的，即

$$G'G=I \quad (A10)$$

因此，方程 (10) 给出了 $N(N-1)/2$ 个限制，这些限制足以识别 **G** 的元素和 **Ω** 的对角元素。该解决方案包括在 N 维度空间中循环，以识别 **V** 的主成分 **G**，以及由 **Ω** 的对角元素给出的这些成分的方差。

估计程序：

①使用每种商品价格最长三年的滞后来估计 VAR。

②使用表 A.1 的第 1~8 栏解释估计系数。

③保存每个商品回归的残差，并对残差协方差矩阵进行主成分分析。

④识别与最大特征值相关的成分，并将其解释为影响商品子集的常见冲击。

A.2 具有特定商品随机冲击的层级市场模型

1. 价格反应函数的推导

假设现在价格是在完全竞争的市场中决定的，那么就有：

- 每种商品的需求和供给在价格上是线性的；它们不仅依赖于该商品的自价格，还依赖于所有其他商品的价格；
- 需求会立即对价格做出反应，它不是由习惯驱动的；
- 冲击影响的是数量而不是价格；
- 冲击针对特定商品，对不同商品的冲击是不相关的；
- 与前一种模式相反，价格不是管制的，但与前一种模式一样的是，依然没有库存；

- 与前一种模式相反，任何生产者都可以生产任何商品；
- 没有商品被用来生产任何其他的商品；
- 一旦每个市场的价格与需求匹配，交易就会发生；因此只会观察到均衡价格。

2. 案例2.1：无生产滞后

倘若我们从没有生产滞后这个假设入手，那么每个市场的供应会立即根据需求进行调整。

时间 t 时市场 i 的需求和供应分别为：

$$q_{dit}=\sum_m\alpha_{dim}z_{mt}+\sum_j\beta_{dij}p_{jt}+e_{dit} \quad (i,j=1,\cdots,N;t=1,\cdots,T) \quad （A11.1）$$

$$q_{sit}=\sum_m\alpha_{sim}z_{mt}+\sum_j\beta_{sij}p_{jt}+e_{sit} \quad (i,j=1,\cdots,N;t=1,\cdots,T) \quad （A11.2）$$

其中，α_{di}、α_{si} 衡量需求和供给对外部非价格因素 z_{mt} 的响应；β_{dij}、β_{sij} 测量对价格 p_{jt} 的响应，而 e_{dit}、e_{sit} 分别是随机需求冲击和供给冲击；它们具有零均值和方差 θ_i^2。假设 $\beta_{dij}<0,\beta_{sij}>0$。如果 $\beta_{dij}>0$，商品 j 就是商品 i 的需求替代品，如果 $\beta_{sij}<0$，商品 j 就是商品 i 的供给替代品。

在方程（A11）的左侧，q 的任何单调递增函数，如对数 q，都可以代替 q；这改变了参数的解释，但并不影响模型的行为含义，因为数量是未观察的。

市场 i 的均衡意味着 $q_{dit}=q_{sit}$，由此：

$$\sum_j\beta_{ij}p_{jt}=\sum_m\alpha_{im}z_{mt}+e_{it} \quad (i,j=1,\cdots,N) \quad （A12）$$

其中，$\alpha_{im}=\alpha_{dim}-\alpha_{sim}$ 衡量超额需求对外部非价格因素的响应，$\beta_{ij}=\beta_{ijd}-\beta_{ijs}$ 是相应的价格响应，$e_{ij}=e_{idt}-e_{ist}$ 是对超额需求的随机冲击。需注意的是，β_{ij} 是负的。

因为超额需求是自价格的递减函数。

我们接着将第 i 个方程除以 $-\beta_{ii}$ 并重新排列项,得出

$$p_{it}=\sum_m a_{im}z_{mt}+\sum_j b_{ij}p_{jt}+w_{it} \ (i,j=1,\cdots,N) \tag{A13}$$

其中 $a_{im}=\alpha_{im}/(-\beta_{ii})$;如果 $i=j$,则 $b_{ij}=0$,否则,$b_{ij}=\beta_{ij}/(-\beta_{ii})$;且有 $w_{it}=e_{it}/(-\beta_{ii})$。参数 a_{im} 衡量价格对非价格因素的响应性,b_{ij} 衡量一个价格对另一个价格的响应性;w_{it} 是随机的特定商品价格冲击,它具有零均值和方差 $\sigma_j^2=\theta_i^2/\beta_{ii}^2$。价格冲击 w_{it} 是数量冲击 e_{it} 的价格模拟;除以 $-\beta_{ij}$(一个正项)的标准化确保了超额需求的单位增长导致均衡价格的单位增长。当商品 j 是商品 i 的替代品(互补品)时,参数 b_{ij} 为正(负)。

当冲击持续时,w_{it} 满足一阶方程:

$$w_{it}=h_iw_{it-1}+u_{it} \tag{A14}$$

与管制定价模型相反,持续性因子 h_i 可能因市场而异。应用以前使用的加权差分方法,给出仅取决于 u_{it} 的一阶价格差分方程:

$$p_{it}=\sum_j b_{ij}p_{jt}-h_i\sum_j b_{ij}p_{jt-1}+h_ip_{it-1}+\sum_m a_{im}z_{mt}-h_i\sum_m a_{im}z_{mt-1}+u_{it} \tag{A15}$$

滞后价格的系数只是相应的当前价格系数的负数,它按持续性因子 h_i 等比缩小。因此,通过替代,其他商品当前价格的系数为正,其他商品滞后价格的系数较小但为负。无论是否有替代,滞后自价格的系数为正,并等于持久性因子;从而,持久性模型预测的该系数的符号与下面蛛网模型预测的符号相反。

表 A.1 的第 1~8 栏给出了从案例 2.1 中得出的预测总结。

2 长期价格动态：商品可替代性的测量方法

表 A.1 不同模型中价格响应系数的比较

	模型 1	模型 2	模型 3	模型 4	模型 5	模型 6	模型 7	模型 8	模型 9	模型 10	模型 11	模型 12	模型 13	模型 14
价格构成	管制的	管制的	管制的	管制的	管制的	管制的	管制的	管制的	协商的	协商的	协商的	协商的	协商的	协商的
调整	完全 $q_i=1$	部分 $q_i<1$	完全 $q_i=1$	部分 $q_i<1$	完全 $q_i=1$	部分 $q_i<1$	完全 $q_i=1$	部分 $q_i<1$	完全	完全	完全	完全	完全	完全
一个周期的生产滞后	NA	NA	NA	NA	NA	NA	NA	NA	NA	NA	是	是	是	是
根据平稳性和变动的均值预测	平稳的 $k_i=1$	平稳的 $k_i=1$	变动的均值 $k_i<1$	变动的均值 $k_i<1$	平稳的 $k_i=1$	平稳的 $k_i=1$	变动的均值 $k_i<1$	变动的均值 $k_i<1$	NA	NA	平稳的 $k_i=1$	均值 $k_i<1$	平稳的 $k_i=1$	变动的均值 $k_i<1$
持续	否，$h=0$	否，$h=0$	否，$h=0$	否，$h=0$	是，$h>0$	是，$h>0$	是，$h>0$	是，$h>0$	否，$h=0$	是，$h>0$	否，$h=0$	否，$h=0$	是，$h>0$	是，$h>0$
等式	(3)	(3)	(3)	(3)	(5)	(5)	(5)	(5)	(15)	(15)	(15)	(15)	(18)	(18)
自价格														
一周期滞后	0	$1-q_i$，正	0	$1-q_i$，正	h，正	$1-q_i+h$，正	h，正	$1-q_i+h$，正	0	h，正	$-b_{ij}$，负	$-k_ib_{ij}$，负	h_i-b_i	$h_i-k_ib_i$
两周期滞后	0	0	0	0	0	$-h(1-q_i)$，负	0	$-h(1-q_i)$，负	0	0	0	$(k_i-1)b_i$，正	h_ib_i，正	$-(1-h_i)k_ib_i$
三周期滞后	0	0	0	0	0	0	0	0	0	0	0	0	0	0
其他价格														
当前价格	0	0	0	0	0	0	0	0	b_{ij}，正	b_{ij}，正	b_{ij}	b_{ij}	b_{aij}	b_{aij}
一周期滞后	b_{ij}，正	q_ib_{ij}，正	k_ib_{ij}，正	$q_ik_ib_{ij}$，正	b_{ij}，正	qb_{ij}，正	qb_{ij}，正	qb_{ij}，正	0	$-hb_{ij}$，负	$-b_{ij}$，负	$-k_ib_{ij}$，负	$-(b_{sij}+hb_{aij})$	$-(b_{sij}+hb_{aij})$
两周期滞后	0	0	$q_i(1-k_i)b_{ij}$，正	$q_i(1-k_i)b_{ij}$，正	$-hb_{ij}$，负	$-q_ihb_{ij}$，负	$1-(1+h)k_i$	$q_i(1-(1+h)k_i)$	0	0	0	$(k_i-1)b_{aij}$，正	$-h_ib_{ij}$，正	$-(1-(1+h_i)k_i)b_{aij}$
三周期滞后	0	0	0	0	0	0	$h(1-k_i)b_i$，正	$q_ih(1-k_i)b_i$，正	0	0	0	0	0	$h_i(1-k_i)b_{aij}$，负

- 073 -

3. 案例2.2：一个带有两个周期加权平均期望的一周期生产滞后

假设现在有一个周期的生产滞后，例如作物需要在季节之前种植，或者在产量增加之前雇用额外的工人。因为生产决策是在价格已知之前做出的，所以价格预期必须建立在以前价格的基础上。我们假设所有生产者都以相同的方式预测价格，尽管他们在预测不同的商品时可能使用不同的权重。

对于一个周期的生产滞后，周期 t 中的供应由周期 $t-1$ 中做出的生产决策控制，这些决策必须基于价格预期 p^e_{jt}：

$$q_{sit}=\sum_m \alpha_{sim} z_{mt}+\sum_j \beta_{sij} p^e_{jt}+e_{sit} \quad (i,j=1,\cdots,N) \tag{A16.1}$$

外部因素 z_{mt} 现在反映了在 t 期运行的导致实际供应偏离计划供应的因素，或者是在 $t-1$ 期生产厂商观察到的会影响 t 期计划实现的因素。当生产厂商预测价格时，最新的可用价格信息与 $t-1$ 期相关（如在管制定价模型中）；若冲击持续存在，我们则假设生产者采用类似于等式（A1.2）的加权平均规则：

$$p^e_{jt}=k_j p_{jt-1}+(1-k_j)p_{jt-2} \tag{A16.2}$$

其中，$k_j(0 \leq k_j \leq 1)$ 是所有生产商在预测第 j 个商品价格时对最新记录价格应用的权重。

价格反应方程式变为：

$$p_{it}=\sum_m a_{im}z_{mt}+\sum_j b_{dij}p_{jt}-k_i\sum_j k_j b_{sij}p_{jt-1}-k_i b_i p_{it-1}-\sum_j(1-k_j)b_{sij}p_{jt-2}-$$
$$(1-k_i)b_i p_{it-2}+w_{it} \tag{A17}$$

其中，$a_{im}=\alpha_{im}/(-\beta_{dii})$；如果 $i=j$，则 $b_{dij}=0$，否则 $b_{dij}=\beta_{dij}/(-\beta_{dii})$；如果 $i=j$，则

$b_{sij}=0$,否则 $b_{sij}=\beta_{sij}/(-\beta_{dii})$;还有 $b_j=\beta_{sii}/(-\beta_{dii})$;$w_{it}=e_{it}/(-\beta_{dii})$。使用"加权差分"(如前)消除持久性的影响可以得到:

$$p_{it}=\sum_j b_{dij}p_{jt}-\sum_j(k_j b_{sij}+h_i b_{dij})p_{jt-1}+(h_i-k_i b_i)p_{it-1}-\sum_j(1-(1+h_i)k_j)b_{sij}p_{jt-2}-(1-(1+h_i)k_i)b_i p_{it-2}+\sum_j h_i(1-k_j)b_{sij}p_{jt-3}+h_i(1-k_i)b_i p_{it-3}+\sum_m a_{im}z_{mt}-h_i\sum_m a_{im}z_{mt-1}+u_{it} \quad (A18)$$

由于价格滞后,等式(A18)将需求的替代品与供给的替代品分开。如果商品 j 是商品 i 需求的替代品,那么斜率参数 b_{dij} 为正;而如果 j 是供应的替代品,那么斜率参数 b_{sij} 为负。因此,当商品是需求的替代品时,当前价格的系数是正的;当商品是供给的替代品时,滞后三个时期的价格系数为负。该等式还包含一个自价格的滞后值,该滞后值带有系数 b_i,后者取决于供应的自价格响应与需求的自价格响应的比率。由于我们假设该系数符号为正,因而等式(A18)显示出先前的自价格 p_{it-1} 将对当前价格产生负面影响。$h_i/k_i<b_i$,在这种情况下,将会出现蛛网式的两阶段价格波动,其中高价格刺激供应并降低下一阶段的价格,而低价格阻碍供应并提高下一阶段的价格。为了使蛛网过程稳定,与方程(18)的自价格成分相关联的辅助方程的根必须位于单位圆之外。在没有持久性的情况下,两个周期滞后的系数与一个周期滞后的系数符号相同,两个系数的比率与预测中的相对权重相关。滞后之间的相互作用会导致价格的低频正弦振荡。

4. 系统的一般均衡:简化形式方程的推导和估计

对于上面讨论的每一种情况,都存在一个一般均衡,且在这个均衡中,所有市场的价格方程都同时得到满足。对应于上述不同情况的 N 个价格方程组都是系统的特殊情况:

$$\sum_j B_{ij} p_{jt} = \sum_w \sum_j c_{wij} p_{jt-w} + \sum_m (c_{4im} z_{mt} + c_{5im} z_{mt-1}) + u_{it}$$

$(i, j=1,\cdots, N; w=1,2,3; t=4,\cdots, T)$ （A19）

需要注意的是，即使有些商品有生产滞后，有些商品没有，等式（A19）仍是有效的。

等式（A19）也可以改写为联立方程组的标准形式：

$$PB = XC + U \qquad (A20)$$

其中，数据矩阵 **P**、**X** 与之前相同，而 **C** 是具有与之前相同维数的不同系数矩阵。**B** 是满秩的 $N \times N$ 矩阵，其对角项元素等于单位值，非对角项元素为 $-b_{ij}$ 或 $-b_{dij}$。**U** 是一个随机冲击矩阵，具有与之前相同的维数和相似的性质：$E(\mathbf{U})=0$，$E(\mathbf{U'X})=0$。然而，冲击是特定的而非一般的，因此协方差矩阵是对角的：$E(\mathbf{U'U})/N=\Omega$，其中 Ω 是方差 σ_i^2 的 $N \times N$ 对角矩阵。

将等式左乘 **X'**，右乘逆矩阵 $\mathbf{B}^{-1}$ 并取期望值，我们可以得到：

$$\mathbf{CB}^{-1} = (\mathbf{X'X})^{-1}\mathbf{X'}E(\mathbf{P}|\mathbf{X}) \qquad (A21)$$

由于左侧由未知系数组成，右侧由观测值组成，原则上，等式（21）可以通过用 **P** 代替 $E(\mathbf{P}|\mathbf{X})$ 来估计。但是，由于左侧是两个矩阵的乘积，且其中一个是逆矩阵，因此我们无法识别单个参数。然而，倘若 **B** 是已知的，那么就可以计算出 **C**。原则上，这可以通过消除 **C** 实现。该行为等价于用普通最小二乘法（OLS）对当前价格在所有滞后价格上做回归，并计算残差。

我们将等式（A20）右乘 $\mathbf{B}^{-1}$ 并应用估计量 $\mathbf{CB}^{-1}$，继而得到：

$$UB^{-1}=(I-(X'X)^{-1}X')P=MP \qquad (A22)$$

其中，$M=(I-(X'X)^{-1}X')$ 是对称幂等矩阵，即满足 $M'M=M$。特 M 为商品价格冲击的协方差矩阵，$E[(B^{-1})'U'UB^{-1}]$ 可以通过对等式（22）进行转置、倍乘、取期望值得到：

$$(B^{-1})'\Omega B^{-1}=V=E((P'(I-(X'X)^{-1}X')'(I-(X'X)^{-1}X')P)|X)=E(P'MP|X) \qquad (A23)$$

OLS 估计量是通过用观测值 P 代替 $E(P|X)$ 获得的。等式（23）等同于两个对称的 $N \times N$ 矩阵：左边是 B 和 $\sigma_i^2 (i=1,\cdots,N)$ 中未知参数的矩阵，右侧是一个样本残差协方差 V 的矩阵。在协方差矩阵中有 $N(N+1)/2$ 个独立元素的情况下，原则上我们可以确定 $N(N+1)/2$ 个未知参数，其中 N 是方差。B 的对角元素通过构造被正交化为单位值，因此只有 $N(N-1)$ 个 B 元素需要确定。但该数量仍然不少。

这个问题的解决方案有好几种（比如指定方差的值），但是只有两种是可行的。其中最著名的是假设价格形成是递归的。B 是下对角矩阵，所以 B^{-1} 也是下对角矩阵。第二种是假设价格反应是对称的，即 B 是对称的。

- 如果 B 是下三角矩阵，那么就存在一个严格的市场等级。市场 1 中的价格设置是独立于所有其他商品的当前价格的；市场 2 中的价格是参照市场 2 设定的，依此类推。一般来说，每种商品的价格只受排名较高（即编号较低）的商品的影响。尽管滞后价格可能影响任何商品的当前价格，这一假设仍然是相当严格的。

- 对称性允许所有价格交互作用，但是没有任何价格能够对其他价格施加比其自身所产生影响更大的影响。这一假设的局限性在前面已经讨论过了。

当我们将这两种方法有选择地结合起来时，它们可以变得非常灵活。近似对称响应可以通过假设完全对称来分析，非对称响应则可以借助假设递归来分析。

5. 一对商品间的对称互动

鉴于对称方法并不常见，我们在这里首先讨论它。考虑一个两商品系统。**B** 是具有非对角元素 b 的 2×2 对称矩阵；对角元素被正交变换成单位值。如果 $b>0$，那么这两种商品互为替代品；如果 $b<0$，那么这两种商品互为互补品。**P** 是当前价格的 $(T-3) \times 2$ 向量，而 **X** 是包含单位向量的 $(T-3) \times 7$ 矩阵，两种商品的价格都滞后三年。与商品 1 和商品 2 相关的样本方差是 v_{11}、v_{22}，它们的协方差是 v_{12}。对式（A23）进行上述应用则可以得出有三个未知数 b、σ_1^2、σ_2^2 的三个等式：

$$v_{11}=(\sigma_1^2+b^2\sigma_2^2)/(1-b^2)^2 \qquad (\text{A24.1})$$

$$v_{22}=(b^2\sigma_1^2+\sigma_2^2)/(1-b^2)^2 \qquad (\text{A24.2})$$

$$v_{12}=b(\sigma_1^2+\sigma_2^2)/(1-b^2)^2 \qquad (\text{A24.3})$$

解决办法是：

$$b/(1+b^2)=v_{12}/(v_{11}+v_{22}) \qquad (\text{A25.1})$$

$$\sigma_1^2=[(1-b^2)/(1+b^2)](v_{11}-b^2v_{22}) \qquad (\text{A25.2})$$

$$\sigma_2^2=[(1-b^2)/(1+b^2)](v_{22}-b^2v_{11}) \qquad (\text{A25.3})$$

式（25）表明，该对替代品的价格响应参数是相关系数的非线性函数，而非皮尔逊系数。前者是用协方差除以方差的总和得到的系数，后者则是用协商差除以方差的几何均值得到的。这相当于用协方差除以方差的算术平均值。这一特性反映为系数在 -0.5 和 +0.5 之间变化，而不是像往常一样在 -1.0 和 +1.0 之间变化。求解 b 的等式（A25）可以得到：

$$b=\begin{cases} 0, & R=0 \\ [1-(1-4R^2)^{1/2}]/2R, & R \neq 0 \end{cases} \quad (A26)$$

其中 $R=V_{12}/(V_{11}+V_{22})$，$(-0.5<R<0.5)$。将式（A26）代入式（A25.2）和式（A25.3）以确定方差 σ_1^2 和 σ_2^2。

将 b 的估计值代入 **B**，然后用 **B** 右乘式（A21），可以得到 OLS 估计量。

$$\mathbf{C}=(\mathbf{X'X})^{-1}\mathbf{X'PB} \quad (A27)$$

因此，对于每种商品，表 A.1 中预测的滞后系数是由 b 确定的斜率系数的线性转换估计得来的。该斜率系数来自对当前价格在之后价格上进行的 OLS 回归。

6. 一对商品之间的递归关系

为了与上面的等式（A26）进行比较，我们给出了两种商品情况下的一些熟知结果。如果商品 1 的价格影响商品 2 的价格，但是商品 2 的价格不影响商品 1 的价格，那么 **B** 就是下对角矩阵，其中非负非对角元素等于 b。等式（23）可以得出：

$$b=v_{12}/v_{22} \quad \text{(A28.1)}$$

$$\sigma_1^2=v_{11}-(v_{12}^2/v_{22}) \quad \text{(A28.2)}$$

$$\sigma_2^2=v_{22} \quad \text{(A28.3)}$$

等式（A28）表明，b 是商品 1 价格回归的残差对商品 2 价格回归的残差的 OLS 斜率估计量。它们说明 b 可以简单地通过将商品 2 的当前价格对滞后价格和商品 1 的当前价格进行回归来估计。

除非与对称情形一样，该结果可自然地推广到 N 种商品的情况。因此，当结合这两种方法时，对称情况必须嵌入递归情况，而不是其他。

7. 评估层级模型的程序

下面描述的过程均假设商品是成对的。不成对的商品可以简单地通过将它们的现值在其他相关变量的现值和过去值上进行回归来分析。

①指定商品市场的排名。

②使用 OLS 回归，对两个最高等级商品的当前价格分别在滞后价格组（包含一个常数项）上做回归；记录斜率系数并计算残差。

③计算残差的协方差矩阵，并使用等式（25）估计价格交互系数和误差方差。

④用等式（27）回代价格交互系数，以估计滞后价格对每种商品当前价格的影响；或者，使用相关因变量的线性组合重新估计方程组，权重由相关价格交互系数确定。

⑤导出每种商品的当前价格预测值，并保留残差。

⑥对商品 3 和商品 4 重复程序 3~5，将商品 1 和商品 2 的当前价格添加到回归组中。

⑦按商品对排序每次向下移动一个，重复步骤5，直到分析完所有商品对。最后一对的回归包括除了对本身以外的所有当前价格。

⑧使用表 A.1 的第 9~14 栏解释斜率系数，分析每种商品价格的残差。

⑨进行正态性、异方差性、序列相关性和交叉商品相关性的检验。

参考文献

Allen, Robert C. (2001), The Great Divergence in European Wages and Prices from the Middle Ages to the First World War, *Explorations in Economic History*, 38, 411-447.

Allen, Robert C. (2009), *The British Industrial Revolution in Global Perspective*, Cambridge: Cambridge University Press.

Beveridge, William H. (1939), *Prices and Wages in England from the Twelfth to the Nineteenth Century*, London: Longmans and Green.

Clark, Gregory (2004), The Price History of English Agriculture, 1209-1914, *Research in Economic History*, 22, 41-123.

Clark, Gregory (2013), http://gpih.ucdavis.edu/Datafilelist.htm (accessed 1 March 2013).

Findlay, R. and K.H. O'Rourke (2003), Commodity Market Integration, 1500-2000, in M.D. Bordo, A.M. Taylor and J.G. Williamson (eds.), *Globalization in Historical Perspective*, Chicago: University of Chicago Press, pp. 13-62.

Fischer, David H. (1996), *The Great Wave: Price Revolutions and the Rhythm of History*, Oxford: Oxford University Press.

Fisher, Franklin M. (1966), *The Identification Problem in Econometrics*, New York: McGraw-Hill.

Hoskins, H.G. (1964), Harvest Fluctuations and English Economic History, 1480-1619, *Agricultural History*

Review, 12 (1), 28-46.

Hoskins, H.G. (1968), Harvest Fluctuations and English Economic History, 1620-1759, *Agricultural History Review*, 16 (1), 15-31.

Labys, Walter (2006), *Modelling and Forecasting Primary Commodity Prices*, Aldershot: Ashgate.

Lloyd, T.H. (1973), *The Movement of Wool Prices in Medieval England*, Cambridge: Cambridge University Press.

Marshall, Alfred (1890), *Principles of Economics*, London: Macmillan.

Mayhew, Nicholas (1995), Modelling Medieval Monetisation, in B.M.S. Campbell and R.H. Britnell (eds)., *A Commercialising Economy: England 1086-1300*, Manchester: Manchester University Press, pp. 55-77.

Neal, Larry and Jeremy Atack (eds.) (2008), *The Evolution of Financial Institutions and Markets from the Seventeenth to Twenty-First Century*, Cambridge: Cambridge University Press.

Nerlove, Marc (1958), *The Dynamics of Supply: Estimation of Farmers' Responses to Price*, Baltimore: MD: Johns Hopkins University Press.

Sargan, Denis (1988), *Lectures on Advanced Econometric Theory* (ed. M. Desai), Oxford: Blackwell.

Smith, Adam (1776), *An Inquiry in the Nature and Causes of the Wealth of Nations* (Glasgow edition), Oxford: Oxford University Press, 1976.

Stone, David (2005), *Decision-Making in Medieval Agriculture*, Oxford: Oxford University Press.

Threlfall-Holmes, Miranda (2005), *Monks and Markets: Durham Cathedral Priory 1460-1520*, Oxford: Oxford University Press.

3 历史视野中的货币数量理论

尼克·梅休

Nick Mayhew

3.1 引言

本文运用货币数量理论（以下简称数量论）来分析英国 1270~1750 年的价格变动。如第 2 章所述，价格在经济史中起着重要作用。价格水平是影响生活成本的关键因素。对于给定的货币工资水平，价格水平决定了工薪阶层能够购买的一篮子普通产品。价格水平是通过取商品价格的加权平均值来衡量的，使用的权重对应于一篮子代表性商品中包含的每种商品的数量。每个价格都是用货币来衡量的。以这种方式构建的价格指数衡量了实际商品，以及货币单位之间的兑换率。

货币价格水平衡量了商品相对于货币的稀缺程度。因此，它既受卖方带入市场的货物数量的影响，也受买方用来购买货物的资金数量的影响。即价格的上涨，要么是因为商品短缺，要么是因为货币供应充足。这是数量论的基本见解之一。

数量论是针对通过货币管理稳定价格的实际问题而创建的理论。数量论的先驱之一是 17 世纪的英国哲学家约翰·洛克。16 世纪经历了亨利八世对英国货币的大幅贬值；17 世纪则经历了包括英国内战在内的进一步动荡。数量论的系统阐述是在 20 世纪早期发展起来的，当时它是由美国的埃尔文·费雪（Irving Fisher）和英国的剑桥学派经济学家阿尔弗雷德·马歇尔和他的追随者制定的。约翰·梅纳德·凯恩斯在 20 世纪 30 年代对这一理论提出了挑战，因为他认为在大萧条时期，对数量论原则的严格应用导致了持续失业。凯恩斯提出了一个更灵活的理论版本，但在 20 世纪 70 年代，芝加哥学派经济学家米尔顿·弗里德曼在坚持该理论长期有效性方面颇具影响力。然而，最近弗里德曼的一些主张也受到了质疑，理由是货币和价格之间的关系并不像他声称的那样稳定。

3.2 货币数量论的假设

数量论的基本版本侧重于货币作为交换媒介的作用。货币作为一种记账单位的作用得到数量论的认可，但其价值储存的作用不如在凯恩斯理论中那么重要。

数量论包括存量和流量之间的明显区别。货币是为了支持交易流而流通的存量；事实上，作为一种交换媒介，货币的全部原理都仰仗于它的循环。卖家能接受用钱来交换商品，纯粹是因为他们打算用收到的钱购买其他商品。而在他们出售商品的时候，他们并不需要知道自己会购买哪些特定的商品。因此，货币节省了收集信息和进行前瞻性规划的环节，避免了易货带来的困难。交易流量和货币存量之间的比率就是流通速度。

数量论隐含地假设商品是易腐的。商品不断地被生产和消费。货币是一种存量，与之相反，商品则是一种流量。这种流量是通过利用劳动力、土地和机械等实物资产存量产生的。这些实际存量的规模决定了经济在充分就业时能够维持的最大产出量。货币和商品之间的存流量关系孕育出了经典的数量论方程：

$$MV=PY$$

其中，M 是货币存量，V 是流通速度，P 是价格水平，Y 是产出（通常以国内生产总值 GDP 衡量）。等式的左边衡量给定时期内可供交易的货币供应量，右边则衡量了需要货币支持的交易价值，两边相等意味着经济处于均衡状态。

政策含义可通过对数量论引入额外的假设而得出。

- 货币供应量 M 对于经济是外生的，主要由国家决定；

- 实际产出 Y 在短期内由生产力决定，并反映了过往投资决策的遗留效应；产出等于生产力，因为灵活的劳动力市场保持了充分的就业；
- 流通速度 V 是由制度因素决定的，后者只能在相当长期内改变。

这些假设意味着，在短期内，价格 P 由货币供应量 M 和产出 Y 决定的。具体而言，在其他条件相同的情况下，货币供应量增加 1%，或产出减少 1%，将导致价格上涨 1%。因此，在充分就业的经济中，价格稳定需要货币稳定；在恒定的流通速度下，货币供应的增长率必须与产出的增长率相匹配。

这些假设还意味着，如果货币供应量不变而产出增加，那么价格就会下降。因为这样会出现货币短缺，从而抬高货币价格，就相当于以货币形式压低商品价格。为了避免产出增加的通货紧缩效应，数量论政策是根据产出增加货币供应量，以保持价格稳定。

对数量论的现代研究包括估计"货币需求"。其基本观点是，存在一个货币市场，在这个市场中，我们对债券的货币利率进行调整，以平衡货币的需求和供给。这反映了现代观点，即流通速度取决于利率。利用利率数据，我们就可以估计货币需求函数，其中货币需求不仅取决于产出（作为交易实际价值的代替值）和利率，还取决于预期通货膨胀率、其他资产的回报率等。这项研究识别出了各种调整滞后现象，表明货币市场可能以短期失衡为特征。滞后之间的相互作用使货币过程的分析复杂化（Sriram，1999）。

本研究期间我们没有获得可靠的年利率数据。在这一章节中，借助利率与其他变量（特别是产出）的联系，我们所估计的模型间接地呈现了利率的作用。通过区分两种不同的数量论，我们对滞后问题进行了解决。一种是强数量论，即货币市场处于持续均衡状态，另一种是弱数量论，即货币市场处于失衡状态。更多细节可见附录。

当数量论在现代背景下被应用时，货币存量的测量因繁复的银行体系的存在而变得复杂。人们通常在持有金条等高收益货币和银行存款等低收益货币之间进行抉择。在部分储备银行中，纸币和硬币可以作为储备而不是流通媒介持有；付款行为则由支票或信用卡代替。然而在1750年之前，与现代相比，那时候的银行业还不够发达。大量的金银被铸成钱币。其余的大部分用作装饰品，如珠宝和盘子。因此，那时候的铸币和货币供应之间有着密切的联系。尽管如此，非硬币交易仍然是可行的。

3.3 统计来源

博德贝里和坎贝尔（Broadberry and Campbell）项目近几年的工作计算出了从13世纪至今英国人口和GDP的年度估计（Broadberry et al., 2009, 2011）。英国的价格数据早已具备，尽管罗伯特·艾伦（Robert Allen, 2013）和格雷戈里·克拉克（Gregory Clark, 2009）最近的研究建议对菲尔普斯·布朗和霍普金斯（Phelps Brown and Hopkins, 1962）所构建的价格指数进行修改，但所有这些工作，尤其是中间的年份，都是建立在罗杰斯（J.E. Thorold Rogers, 1866—1902）的原始研究基础上的。这位历史学家掌握了大约七个世纪的 P 与 Y 的年估计值。

在过去的二三十年里，人们已经对货币存量进行了估算，但这些估算只是针对英国历史上的个别日期。这种估计存在于中世纪（Allen, 2012）和近代早期（Mayhew, 2013）。然而，从12世纪20年代到现在，铸币账户的长期存在使得按年同比构建英国铸币产量模型成为可能，这可以作为中世纪和近代早期英国货币存量估计的年度序列基础（Challis, 1992, 附录1）。本文提出了这样一系列的年度货币估计，当我们将年度价格指数和年度GDP一同设置时，我们就可以按年度测量货币数量论中的货币存量、价格水平、产出。

一个重要的问题是，尽管计算这些估计的方法往往可以提供精确的数字，我们仍要认识到所有这些估计的近似性和临时性。无论它们是多么的近似，那些试图对这个问题中某些观测点进行这种定量研究的人之间存在广泛的一致意见，而且这些观测点之间可能发生的变化程度也实在有限。人口和GDP每年只能在一定限度内增长（或缩减）。英国主要铸币厂的有记录输出值为铸币的可能规模提供了可靠的参考，进而体现出货币存量可能的大小。简而言之，对经济规模和货币存量进行建模，可以让我们根据既定的年度价格指数设定最终的年度估计值，从而提供工业化前英国主要宏观经济因素的长期数据集。

本章将博德贝里－坎贝尔团队对人口和GDP的估计作为一个给定的条件。毫无疑问，他们将会受到很多争议和修正——不仅仅是团队本身——但是为了我们当前的目的，我已经使用了巴斯·范·列文（Bas van Leeuwen）在2011年6月慷慨提供的人口和人均实际GDP的数据。然而，由于对硬币和货币存量的估计没有得到广泛的讨论，因此在这里更细致地研究它们是合适的。

年度货币估算的构建始于现存的造币厂产出数据。对于伦敦来说，这一系列的账户几乎是完整的，对于坎特伯雷来说，在其最重要的活动期间，这一系列记录基本上也是完整的。该数据同时提供了一些关于其他区造币厂偶尔爆发的活动的孤立信息。长期以来，伦敦有着唯一运营的造币厂，记录在案的造币厂产量通常占造币厂产量的100%，但事实并非总是如此。尤其是在14世纪早期，伦敦和坎特伯雷加起来只生产了实际产量的75%左右——因为当时杜伦郡和圣埃德蒙兹伯里均在生产铸币。[1] 所以，记录在案的造币厂产量仅占整个时期硬币总产量的一部分——尽管是主要部分。根据硬币储备中各个铸币厂的记载情况，可以对未记录的硬币产量也进行估计。但本章的计算仅基于记录在案的产量。[2]

从1660年开始，造币厂的账户按照1~12月一周期运行，但我们有必要在这个日期之前转换一系列会计期间来提供年度数据。这一过程必然需要假设产出在整个会计期间内均匀分布，然而这种情况不太可能发生，因此创建12个月的期间会导致一定的不准确性。

然而，我们需要对铸币账户数据进行必要的调整，一个重要原因是，尽管它们提供了关于铸造硬币数量的优质信息，却没有告诉我们战争、外交付款或贸易中携带到境外的硬币数量。由于英国的君主们在很大程度上坚持英国铸币在王国内部的独家流通，这迫使外国商人为了在英国做生意而不得不将自己的货币兑换成英镑，铸币账户为英国收支平衡的积极方面提供了很好的指导，却没有提及在王国境外进行的硬币交易。[3]除了携带到国外的硬币之外，贵金属硬币也会被磨损。这一过程意味着偶尔的重铸对于货币重量的再标准化是必要的。

重铸整个流通媒介的过程为历史学家提供了当时货币存量规模的有效指示。事实上，在试图对关键日期（通常相隔50年左右）的货币规模进行点估计时，这种重铸是一个相对重要的因素。这些活动清楚地表明，重铸硬币的总量明显低于记录在案的上一次重铸之后的铸币产量之和。由于在战争或贸易中被带到国外，或者被熔化用于其他目的，抑或只是在普通使用中被磨损掉，之前年度铸造的许多硬币是无法被重铸的。

就本章而言，所有这些形式的损失都被称为损耗。为了估计每年货币的可能规模，我们有必要将已知产出逐年相加，但也要扣除各种估计的损耗。因此，对英国流通硬币数量的年度估计是基于估计年产量扣除每年2%或4%的损耗所得到的数值。损耗率的选择取决于对国外发生巨额支出、汇票使用增加以及点估计的认识，这种认识已被许多历史学家建议用于我们当前时代的特定日期。因此，这些"点估算"提供了一种年度估计值可以达到的理想目标。

很明显，这里所述的1270~1750年的白银和黄金铸币的年度数额，虽然建立在良好的书面证据的基础上，但在很大程度上仍是一个构造好的模型，因而只能显示铸币的近似规模。

然而，铸币本身的规模与货币存量的规模相差无几，后者需要考虑各种形式的纸币和信贷。正如许多最近的研究证明的那样，信用在中世纪和近代早期英国绝对是非常重要的（Kowaleski，1995；Britnell，1986；Muldrew，1998；Schofield and Mayhew，2002；Gray，2007；Briggs，2009）。[4]然而，信贷供应本身受到货币供应的限制。此外，我们需要理解不同形式的信贷。[5]虽然预付现金有助于流通速度，但当信贷工具开始自行流通时，它们就成为货币供应的一种附加物。[6]在缺乏中世纪和近代早期利率的可靠数据的情况下[7]，似乎很少有人会把信贷的作用量化。比如以年为基础，这样就可以把它加入人口、GDP、价格和货币存量的序列中。目前我们只能将硬币存量作为货币存量的替代值。因此，在中世纪早期，人们需要明白，劳动力租金和实物支付是如何帮助极其有限的货币供应来服务当时的经济的，以及从中世纪后期开始，票据、债券和银行是如何越来越多地发挥专业支付手段的作用的。充分认识到数据的局限性后，我们在表3.1列出了通过上述方法得出的英国银币和金币储备的年度估计量，以及按年计算的铸币厂产量的数额。

在表3.1中，列1给出了年份。接下来列2和列3分别给出了从现存文献中得出的银币和金币的年度铸币产量。接下来列4、列5和列6提供了所示年份的银币储备估计量。在列6中，1250~1278年，我们假设损耗率为每年4%，起始数字是基于1247年的重铸后，1250年白银通货规模的估计量。

1282年，在1279~1281年的重铸之后，银币储备估计为603255英镑。这为1283年新的起始数字奠定了基础，即在603255英镑加上当年记录的铸币厂产量，减去4%的估计年损耗。这一计算方法在列6中从1283年延续到1422年。

应该指出的是，1247 年和 1279 年或多或少的铸币被 14 世纪 40 年代后的部分铸币所取代，在这些铸币中，只有重量较重的旧硬币才有可能被拉进铸币厂。

在列 5 中，从 1423~1543 年，银币的损耗率定为每年 2%。这种对损耗的估计尽管有些武断，但损耗率降低的假设似乎反映出国际支付中越来越多地开始使用汇票和金币。对于 1543~1560 年的贬值时期，我们还没有进行过估算。1560 年和 1561 年的银币数量（列 4）是基于查利斯（Challis）的估计，这其中包含了许多仍在流通的贬值时期的基础货币，以及在 1552 年和 1559 年之间铸造的优质银币。由于伊丽莎白一世下令重新铸造，银矿的规模缩小了，但质量提高了。

表 3.1　货币储备的新估计值（1220~1750 年的英格兰）

1.年份	2.银币：年度铸币产量	3.金币：年度铸币产量	4.1560年起的银币	5.1423年起损耗率为2%的银币储备	6.1250年起损耗率为4%的银币储备	7.1560年起损耗率假设为2%的金币储备	8.1471年起损耗率为2%的金币储备	9.1344年以及1527年起损耗率为4%的金币储备
1220	7749.643							
1221	18599.14							
1222	17049.21							
1223								
1224								
1225	10940.5							
1226	13246.38							
1227	8816.25							
1228	8816.25							
1229	2204.063							
1230								
1231								
1232								

3 历史视野中的货币数量理论

续表

1. 年份	2. 银币：年度铸币产量	3. 金币：年度铸币产量	4.1560年起的银币	5.1423年起损耗率为2%的银币储备	6.1250年起损耗率为4%的银币储备	7.1560年起损耗率假设为2%的金币储备	8.1471年起损耗率为2%的金币储备	9.1344年以及1527年起损耗率为4%的金币储备
1233								
1234	15997.92							
1235	42091.25							
1236	50227.25							
1237	46361.15							
1238	29836.60							
1239	33448.33							
1240	48156.33							
1241	31244.33							
1242	38096.00							
1243	67580.50							
1244	52609.33							
1245	46094.93							
1246	43579.85							
1247	48335.83							
1248	114020.3							
1249	118865.1							
1250	71879.56				560000			
1251	58411.64				593675.2			
1252	65098.02				635026.2			
1253	69874.00				679499.1			
1254	69956.02				722275.2			
1255	70858.20				764242.4			
1256	69197.13				802869.8			
1257	65940.96				836696			
1258	54150.86				857379			
1259	55310.81				878394.7			

续表

1. 年份	2. 银币：年度铸币产量	3. 金币：年度铸币产量	4.1560年起的银币	5.1423年起损耗率为2%的银币储备	6.1250年起损耗率为4%的银币储备	7.1560年起损耗率假设为2%的金币储备	8.1471年起损耗率为2%的金币储备	9.1344年以及1527年起损耗率为4%的金币储备
1260	43785.75				887044.6			
1261	71816.44				923379.3			
1262	49172.17				935616.3			
1263	18106.08				916297.7			
1264	14176.50				893822.3			
1265	39032.67				897102.1			
1266	36535.18				897753.2			
1267	21958.64				883801.7			
1268	21958.64				870408.3			
1269	21958.64				857550.6			
1270	21958.64				845207.2			
1271	10121.22				821520.1			
1272	9917.20				798576.5			
1273	8507.20				775140.6			
1274	12998.93				757133.9			
1275	13325.20				740173.8			
1276	18335.40				728902.2			
1277	18335.40				718081.5			
1278	16807.45				706165.7			
1279	94491.29							
1280	223015							
1281	111466.4							
1282	57523.68							
1283	54446.61				631393.5			
1284	39061.26				645199.1			
1285	64636.19				684027.3			
1286	84378.93				741045.1			

续表

3　历史视野中的货币数量理论

1. 年份	2. 银币：年度铸币产量	3. 金币：年度铸币产量	4.1560年起的银币	5.1423年起损耗率为2%的银币储备	6.1250年起损耗率为4%的银币储备	7.1560年起损耗率假设为2%的金币储备	8.1471年起损耗率为2%的金币储备	9.1344年以及1527年起损耗率为4%的金币储备
1287	96375.6				807778.9			
1288	49647.3				825115.1			
1289	16056.6				808167.1			
1290	10763.02				786603.4			
1291	3523.667				758662.9			
1292	4673.25				732989.7			
1293	4108.25				707778.3			
1294	6279.875				685747.1			
1295	5709.50				664026.7			
1296	5978.125				643443.7			
1297	5557.615				623263.6			
1298	4011.93				602345			
1299	54311.2				632562.4			
1300	146359.3				753619.2			
1301	52670.25				776144.6			
1302	12334.75				757433.6			
1303	15416				742552.3			
1304	51366.75				764216.9			
1305	104875.3				838523.5			
1306	109610.3				914592.8			
1307	138298.5				1016308			
1308	124141				1099796			
1309	119291.5				1175096			
1310	38631				1166723			
1311	8657.75				1128712			
1312	17983.75				1101547			
1313	27638.25				1085124			

- 095 -

续表

1.年份	2.银币：年度铸币产量	3.金币：年度铸币产量	4.1560年起的银币	5.1423年起损耗率为2%的银币储备	6.1250年起损耗率为4%的银币储备	7.1560年起损耗率假设为2%的金币储备	8.1471年起损耗率为2%的金币储备	9.1344年以及1527年起损耗率为4%的金币储备
1314	58682.5				1100401			
1315	25814				1082199			
1316	8570				1047481			
1317	26077.25				1031659			
1318	33202.25				1023595			
1319	26404.25				1009055			
1320	22403.25				991096.5			
1321	12674.75				964127.4			
1322	4387.5				929949.8			
1323	2034.5				894786.3			
1324	1347				860341.8			
1325	123.25				826051.4			
1326	166.25				793175.6			
1327	217.25				761665.8			
1328	333				731532.2			
1329	781.5				703052.4			
1330	373.5				675303.8			
1331	869.3333				649161			
1332	478				623672.6			
1333	594.75				599320.4			
1334	467				575814.6			
1335	1352.5				554134.5			
1336	2797				534766.1			
1337	1363.5				514739			
1338	1587.5				495736.9			
1339	1892				477799.4			
1340	1735.5				460423			

续表

1.年份	2.银币:年度铸币产量	3.金币:年度铸币产量	4.1560年起的银币	5.1423年起损耗率为2%的银币储备	6.1250年起损耗率为4%的银币储备	7.1560年起损耗率假设为2%的金币储备	8.1471年起损耗率为2%的金币储备	9.1344年以及1527年起损耗率为4%的金币储备
1341	2189.5				444195.5			
1342	7712				434139.7			
1343	14571.75				431345.9			
1344	43784.75	41819.5			457876.8			41819.5
1345	21946	9558.75			461507.7			49323.12
1346	7124.5	15392			450171.9			62126.52
1347	5922.75	38269.5			438087.8			96380.17
1348	7772.25	35026.5			428336.5			126150.4
1349	6546.45	27660.25			417749.5			147658.2
1350	9389.467	19607.67			410429			160575.3
1351	36565.33	107498.3			429114.6			257350.7
1352	85184.75	61720			493727.3			306307.8
1353	120770.3	51802.33			589917.8			343785.8
1354	56682	142781.5			620735.8			467104.6
1355	40713	66477.5			634990.8			512238.8
1356	31350.8	9714.4			639688			501075.1
1357	18195.95	103851.4			631568.6			580729.3
1358	11842	108622.3			617674.1			661777.5
1359	9353	89218.25			601946			720956
1360	6112.25	99149			583736			787300.8
1361	8056	188687			568120.3			936948.2
1362	11410	1077923			556349.1			1002951
1363	3908	46663.75			537846.8			1007630
1364	5134	61538.75			521261.6			1026402
1365	1479	47509.25			501830.9			1030955
1366	274.25	104166.1			482021			1089716
1367	1097	79689.5			463793.3			1122629

续表

1. 年份	2. 银币：年度铸币产量	3. 金币：年度铸币产量	4.1560年起的银币	5.1423年起损耗率为2%的银币储备	6.1250年起损耗率为4%的银币储备	7.1560年起损耗率假设为2%的金币储备	8.1471年起损耗率为2%的金币储备	9.1344年以及1527年起损耗率为4%的金币储备
1368	1257.75	78.122.5			446449			1152722
1369	1740	73421.5			430261.4			1177098
1370	1505.25	62793.38			414496			1190295
1371	679.125	36495.38			398568.1			1177719
1372	313.5	53254.5			382926.4			1181735
1373	351.625	45096.88			367946.9			1177758
1374	1391.5	18852			354564.8			1148746
1375	3459.028	12201.11			343702.9			1114509
1376	1332.111	8196.444			331233.6			1077797
1377	1332.111	8196.444			319263.1			1042554
1378	1332.111	8196.444			307771.4			1008720
1379	1332.111	8196.444			296739.4			976240.2
1380	1332.111	8196.444			286148.6			945059.2
1381	1332.111	8196.444			275981.5			915125.4
1382	1332.111	8196.444			266221.1			886389
1383	1332.111	8196.444			256851			858802
1384	1275.053	11466.73			247801.1			835458
1385	1103.878	21277.59			238948.7			822466.1
1386	1103.878	21277.59			230450.5			809994
1387	1103.878	21277.59			222292.2			798020.7
1388	1103.878	21277.59			214460.2			786526.4
1389	1103.878	21277.59			206941.6			775491.8
1390	1103.878	21277.59			199723.6			764898.6
1391	1103.878	21277.59			192794.4			754729.2
1392	1029.241	21916.49			186070.7			745579.8
1393	208.2353	28944.35			178827.8			743543.2
1394	208.2353	28944.35			171.874.6			741588.1

3 历史视野中的货币数量理论

续表

1. 年份	2. 银币:年度铸币产量	3. 金币:年度铸币产量	4. 1560年起的银币	5. 1423年起损耗率为2%的银币储备	6. 1250年起损耗率为4%的银币储备	7. 1560年起损耗率假设为2%的金币储备	8. 1471年起损耗率为2%的金币储备	9. 1344年以及1527年起损耗率为4%的金币储备
1395	350.739	26081.51			165336.3			736962.8
1396	778.25	17493			159470			724277.6
1397	778.25	17493			153838.3			712099.7
1398	778.25	17493			148431.9			700409
1399	658.535	15501.29			143126.8			687273.9
1400	299.3898	9526.169			137689.1			668928.1
1401	299.3898	9526.169			132469			651316.1
1402	299.3898	9526.169			127457.6			634408.6
1403	299.3898	9526.169			122646.7			618177.3
1404	337.2924	8323.627			118064.7			601440.9
1405	363.5	4890.25			113691			582077.9
1406	95.75	4807			109235.3			563409.5
1407	62	2785.75			104925.4			543.547.5
1408	6	1632			100734.2			523372.3
1409					96704.81			502437.4
1410					92836.62			482339.9
1411	242.6667	12489.25			89356.11			475036
1412	3124.667	148950.6			88781.55			599027.1
1413	5852.313	123713.8			90848.51			693831.2
1414	7017.25	78377			93951.13			741319.9
1415	7017.25	78377			96929.64			786909
1416	7017.25	78377			99789.02			830674.6
1417	5789.271	66742.58			101355.2			861520.5
1418	2105.333	31839.33			99322.07			857625.4
1419	1596.208	30909.83			96881.55			852993.8
1420	1824.333	39336.33			94757.64			856637
1421	2217.333	6564933			9309598			885394.8

续表

1. 年份	2. 银币：年度铸币产量	3. 金币：年度铸币产量	4.1560年起的银币	5.1423年起损耗率为2%的银币储备	6.1250年起损耗率为4%的银币储备	7.1560年起损耗率假设为2%的金币储备	8.1471年起损耗率为2%的金币储备	9.1344年以及1527年起损耗率为4%的金币储备
1422	7050.233	146023.1			96140.36			990161.3
1423	8661.2	172814.4		102705.5				1116457
1424	13642.65	136772		114021.2				1203099
1425	28587	28644.78		139756.1				1182474
1426	28587	28644.78		164976.2				1162674
1427	28587	28644.78		189691.9				1143667
1428	28587	28644.78		213913.4				1125419
1429	28587	28644.78		2376503				1107901
1430	28587	28644.78		260912.6				1091084
1431	28587	28644.78		283709.6				1074940
1432	28587	28644.78		306050.7				1059441
1433	21654	24129.08		321150.6				1040227
1434	903.25	9603.167		315612.8				1007837
1435	1804.4	6704.13		3110688				973959.7
1436	2125.6	6471.95		306930.5				941214.4
1437	1169	5560.25		301937.5				908903.7
1438	2948.6	5757.8		298788.4				878075
1439	5146.4	7275.2		297856.1				849936.2
1440	3534	6317.25		295362.3				822003.3
1441	1397.034	5284.233		290824.2				794196.1
1442	328.5517	4767.724		285329.7				767005.2
1443	304.9238	4591.293		279921.9				740732.7
1444	253.25	2653		274571.6				714676
1445	296.25	4676.5		269370.5				688635.8
1446	3854.5	78377		267760.5				665579.8
1447	300.2778	1491.167		262699.6				640388.2
1448	467.5556	1517.333		257903.8				616229.3

3 历史视野中的货币数量理论

续表

1. 年份	2. 银币：年度铸币产量	3. 金币：年度铸币产量	4.1560年起的银币	5.1423年起损耗率为2%的银币储备	6.1250年起损耗率为4%的银币储备	7. 1560年起损耗率假设为2%的金币储备	8. 1471年起损耗率为2%的金币储备	9. 1344年以及1527年起损耗率为4%的金币储备
1449	2088.917	2625.75		254792.9				594100.8
1450	7912.083	5616.25		257450.8				575728.4
1451	10789.33	4612		262875.4				557126.8
1452	7298.583	4428.25		264770.5				539092.8
1453	5589.75	2639.75		264953				520063.3
1454	4656.58	1554.783		264217.4				500753.3
1455	4280.87	1300.174		263128.3				481971.4
1456	6066.717	1393.543		263811.1				464030.3
1457	6369.25	1422		264776.8				446834.2
1458	5282	1141.5		264657.6				430056.7
1459	6132.25	714.75		265374				413540.6
1460	7923	1415.25		267831.1				398357.6
1461				262474.5				382423.3
1462	2655.234	7284468		259827.1				367825.7
1463	9103.66	2497.532		263552.2				355510.3
1464	22669.59	46268.86		280497.3				385708
1465	49801.44	133811.5		323692.8				498738.7
1466	37351.08	100358.6		353823				575133.5
1467				346746.5				552128.1
1468	2777.636	8363.818		342533.7				538072.3
1469	17383.36	51810.43		352718.7				566287.4
1470	14652	42519.75		360023.3				584454.9
1471	16920.5	35785		369404.9			618591	
1472	18440.25	45777.8		380088.3			651081.1	
1473	12902.5	31144.75		385130.9			668581.3	
1474	11802.25	33353		388994.5			687895.6	
1475	11650.93	26550.11		392632.5			700156.8	

续表

1. 年份	2. 银币：年度铸币产量	3. 金币：年度铸币产量	4.1560年起的银币	5.1423年起损耗率为2%的银币储备	6.1250年起损耗率为4%的银币储备	7.1560年起损耗率假设为2%的金币储备	8.1471年起损耗率为2%的金币储备	9.1344年以及1527年起损耗率为4%的金币储备
1476	5776.807	24891.97		390441.2			710547.8	
1477	5161.765	27774.18		387690.9			723555.6	
1478	4216	24809.75		384068.7			733398	
1479	4733.25	25480.75		381025.9			743701.2	
1480	3200.25	27882.75		376541.7			756152.2	
1481	2174.5	17718.75		371141.9			758393.6	
1482	3907.75	15584.5		367548.6			758498.5	
1483	7837	12008.25		367877.9			755096.6	
1484	11155.75	14589.5		371453			754292.4	
1485	5404.75	9211.75		369320.6			748234.1	
1486	6660.5	9908.75		368461.4			742980	
1487	3915.25	8092.75		364929.2			736051.3	
1488	5006	8151.75		362536.5			729318.9	
1489	3831	4020.75		359040.1			718672.9	
1490				51859			704299.4	
1491				344822.1			690231.5	
1492				337925.7			676409.2	
1493				331167.2			662881	
1494	2306.75	5941		326804.4			655455.6	
1495	8002.75	21121		328111			663035.2	
1496	5362	14196.75		326803.6			663687.3	
1497	9955.75	17791.75		330024.1			667489.5	
1498	17.101	20174.5		340182.6			674263.5	
1499	23756.75	21100.375		356660.6			681456.5	
1500	20058	19825.75		369184.2			687256.6	
1501	20162.5	26115.5		381559.8			699104.7	
1502	17637.25	29333		391213.1			713868.9	

续表

1. 年份	2. 银币：年度铸币产量	3. 金币：年度铸币产量	4.1560年起的银币	5.1423年起损耗率为2%的银币储备	6.1250年起损耗率为4%的银币储备	7.1560年起损耗率假设为2%的金币储备	8.1471年起损耗率为2%的金币储备	9.1344年以及1527年起损耗率为4%的金币储备
1503	17405.5	30537		400446.2			729517.8	
1504	30709.75	39092.25		422532.9			753237.8	
1505	43489.5	59530.5		456701.9			796513	
1506	36461	93066.75		483299.7			871788.1	
1507	28723.25	94879		501782.5			94733.8	
1508	20300.75	121831.8		511641.5			1047782	
1509	7729	106726.5		508983.1			1131419	
1510	2679.75	64486.75		501429.6			1171987	
1511	3457.5	44597.5		494789.4			1192253	
1512	11178	38481.25		495848			1206120	
1513	11527.75	62845.25		497228.3			1243586	
1514	4322.5	34452		491519.7			1252477	
1515	813.25	44873.25		482486.3			1271403	
1516	135.75	40146.75		472969.6			1285319	
1517	250.5	11473.5		463755.7			1270356	
1518	865	48153		455328.3			1292629	
1519	356.75	50267.25		446571.4			1316039	
1520	420.25	33978.75		438051.8			1323017	
1521	4674	23980.25		433871.3			1320057	
1522	15068.75	13300.5		439961.2			1306691	
1523	13170.75	6855.75		444069.3			1227275	
1524				43588			1261530	
1525				426484.2			1236299	
1526	5138.667	30509		422990.4			1241472	
1527	51964.57	99259.5		465455.9				826210.5
1528	73097.14	26546.5		527782				818646.7
1529	73097.14	12524.75		588861.5				797924.6

续表

1.年份	2.银币：年度铸币产量	3.金币：年度铸币产量	4.1560年起的银币	5.1423年起损耗率为2%的银币储备	6.1250年起损耗率为4%的银币储备	7.1560年起损耗率假设为2%的金币储备	8.1471年起损耗率为2%的金币储备	9.1344年以及1527年起损耗率为4%的金币储备
1530	49741.29	9444.75		625830.8				775074.6
1531	33058.55	6034.5		645711.5				749864.7
1532	33058.55			665194.7				719870.2
1533	28536.26	13655.5		679856.3				704184.6
1534	23026.5	13655.5		688825.1				689126.5
1535				675048.6				661561.5
1536	10629.75	6563		671964.8				641399.5
1537	37465.8	27258.48		695242				641911.7
1538	33374.6	30277.94		714044.3				645302
1539	38908.75	30277.94		737894				648556.7
1540	25939.17	15527.81		748556.5				637521.2
1541	29181.56	8736		762183.3				620406.9
1542	22133.3	3990.571		768630.3				599421.6
1543	36654.86	15952.29		789179.4		113867.3		590768.5
1544	98735.91	103549.2						
1545	374945.9	328.913.6						
1546	450265.3	290418.5						
1547	297494.5	325110						
1548	340624.3	148200.8						
1549	531668.8	60949						
1550	370243.2	5080.65						
1551	222629.3	3743.1						
1552	20820	1798.5						
1553	0	0						
1554	79199	22068						
1555	76349	36900						
1556	0	0						

续表

1. 年份	2. 银币：年度铸币产量	3. 金币：年度铸币产量	4.1560年起的银币	5.1423年起损耗率为2%的银币储备	6.1250年起损耗率为4%的银币储备	7. 1560年起损耗率假设为2%的金币储备	8. 1471年起损耗率为2%的金币储备	9. 1344年以及1527年起损耗率为4%的金币储备
1557	0	0						
1558	0	0						
1559	19.776	16191.16						
1560	101196.7	10378.57	1580000			121761		
1561	707163.9	21973.77	1350000			140860.1		
1562	178236.7	63182.5	1497672			199961.7		
1563	35815.88	13999.88	1502818			209682.4		
1564	35815.88	13999.88	1507861			219208.6		
1565	40713.25	5650.25	1517603			239961.7		
1566	85486.67	29981.89	1571028			264544.7		
1567	103717.7	32663.11	1641251			291263.6		
1568	101672.7	48210	1708065			332684.2		
1569	116394.9	251188	1787971			350646.9		
1570	74499.64	13410.3	1825221			356776.1		
1571	64648.36	13377.71	1852072			362750.7		
1572	74234.22	9343.111	1887780			364651.9		
1573	110888.8	12097.56	1958695			369214.5		
1574	31445.14	7891.429	1950338			369563.8		
1575	53725.96	3557.143	1963982			365658.5		
1576	53725.96	3557.143	1977354			361831.4		
1577	53725.96	3557.143	1990459			358080.7		
1578	57472.09	5114.15	2006972			355931		
1579	104527.8	12156.6	2069270			360725.8		
1580	96419.46	17413.62	2122375			370576.7		
1581	7564.316	21168.63	2087341			383910.4		
1582	63226.4	1272	2107556			377478.7		
1583	188589.1	45613.73	2250222			414630.6		

- 105 -

续表

1. 年份	2. 银币：年度铸币产量	3. 金币：年度铸币产量	4.1560年起的银币	5.1423年起损耗率为2%的银币储备	6.1250年起损耗率为4%的银币储备	7.1560年起损耗率假设为2%的金币储备	8.1471年起损耗率为2%的金币储备	9.1344年以及1527年起损耗率为4%的金币储备
1584	207470.5	37930.42	2408539			443509.8		
1585	168806.8	33821.17	2525799			467784.4		
1586	69608.25	21536.83	2543499			479534.8		
1587	46096	32395.17	2537803			501691.3		
1588	35381.5	23545.67	2521721			514732.3		
1589	40225.25	17430.33	2510707			521519.3		
1590	60659.42	12994	2519939			523823.1		
1591	98176	26835.67	2565753			539645.6		
1592	180693.9	15894.83	2691518			544429.6		
1593	187900.4	14783	2821830			548028.3		
1594	187900.4	14783	2949536			551555.1		
1595	187900.4	14783	3074687			555011.4		
1596	187900.4	14783	3197336			558398.5		
1597	35425.02	8586.448	3168106			555645.2		
1598	21563.63	8023.125	3125876			552395		
1599	20710.76	11604.57	3083655			552719.6		
1600	18152.18	18794.11	3039771			563567.1		
1601	60103.52	13817.4	3037877			570714		
1602	118835.4	15875.46	3093578			572840.8		
1603	220900.2	57023.02	3248189			576941.9		
1604	318698.8	193375.1	3495550			621285.6		
1605	259199.7	163163.5	3679655			798367.5		
1606	249049.6	144416.1	3850130			942300.3		
1607	177073.9	131125.3	3946660			1064982		
1608	94110.25	90329.25	3959955			1172185		
1609	35661.5	48345.5	3915704			1237264		
1610	21372.75	64797.25	3858335			1259897		

3　历史视野中的货币数量理论

续表

1. 年份	2. 银币：年度铸币产量	3. 金币：年度铸币产量	4.1560年起的银币	5.1423年起损耗率为2%的银币储备	6.1250年起损耗率为4%的银币储备	7. 1560年起损耗率假设为2%的金币储备	8. 1471年起损耗率为2%的金币储备	9. 1344年以及1527年起损耗率为4%的金币储备
1611	20308.75	245064.3	3801071			1298201		
1612	9843.5	320344.8	3734696			1512400		
1613	13123.5	208265.8	3672863			1796090		
1614	5190	231762.3	3604492			1964268		
1615	9691.75	260825.5	3541900			2152110		
1616	4179.25	21536.83	3475158			2364677		
1617	528.25	181091	3406173			2494852		
1618	406.5	150370.5	3338448			2592318		
1619	117.5	139840	3271794			2677515		
1620	266.4	156756.3	3206619			2777586		
1621	16336.31	142433.6	3158496			2861619		
1622	24801.09	137429.1	3119631			2939067		
1623	49061.45	250369.3	3105319			3125648		
1624	95371.88	786136.5	3136677			3833549		
1625	80117.5	686145.5	3152459			4429300		
1626	57347	492842.3	3145609			4823700		
1627	20531.75	290384.5	3102818			5011803		
1628	6106.5	162531.5	3046746			5070847		
1629	3931	183216.3	2989664			5148982		
1630	4695	302497.3	2934472			5342450		
1631	51921.25	193738.8	2926665			5425465		
1632	132384	115442.3	2997868			5430089		
1633	180764.5	91160	3115060			5410824		
1634	252229.5	86816.75	3299944			5387688		
1635	166890.5	94198.25	3397497			5372249		
1636	334133	97305	3656998			5360162		
1637	494245.5	79918	4068218			5331279		

续表

1. 年份	2. 银币：年度铸币产量	3. 金币：年度铸币产量	4. 1560年起的银币	5. 1423年起损耗率为2%的银币储备	6. 1250年起损耗率为4%的银币储备	7. 1560年起损耗率假设为2%的金币储备	8. 1471年起损耗率为2%的金币储备	9. 1344年以及1527年起损耗率为4%的金币储备
1638	409009.3	72894	4387683			5296089		
1639	405739.8	47551.47	4697554			5236768		
1640	477520.5	55482.25	5071573			5186405		
1641	863460.9	63444.5	5816334			5144853		
1642	976030.1	58935.25	6656517			5099712		
1643	872475.2	54126	7378412			5050762		
1644	872475.2	54126	8085869			5002790		
1645	891339.2	43146	8797664			4945017		
1646	788525.3	42053.25	9394466			4887329		
1647	222833.2	31006.99	9424953			4819969		
1648	46740.96	26836.32	9282260			4749869		
1649	23727.42	17849.96	9119868			4672365		
1650	12220.65	13356.77	8949447			4592007		
1651	12220.65	13356.77	8782434			4513257		
1652	12220.65	13356.77	8618762			4436081		
1653	175194.9	18660.2	8618077			4365647		
1654	83732.25	5777.75	8527774			4283996		
1655	83732.25	5777.75	8439276			4203978		
1656	83732.25	5777.75	8352548			4125561		
1657	77344.97	5332.18	8261295			4048275		
1658	7084.909	430.9091	8103012			3967732		
1659	13090.81	710.18	7953781			3889073		
1660	15318.08	6975.8	7809717			3818128		
1661	23201	4138	7676260			3745821		
1662	496678	31186	8009479			3701467		
1663	305078	1231	8148266			3628644		
1664	44333	53011	8028747			3608022		

续表

1.年份	2.银币：年度铸币产量	3.金币：年度铸币产量	4.1560年起的银币	5.1423年起损耗率为2%的银币储备	6.1250年起损耗率为4%的银币储备	7.1560年起损耗率假设为2%的金币储备	8.1471年起损耗率为2%的金币储备	9.1344年以及1527年起损耗率为4%的金币储备
1665	61722	87452	7928659			3621564		
1666	37144	65218	7806487			3613046		
1667	53107	125685	7702402			3663957		
1668	124940	198022	7670796			3784739		
1669	44305	116588	7560799			3823301		
1670	143043	121833	7549765			3866231		
1671	119800	171502	7516173			3956978		
1672	268689	83661	7629165			3959827		
1673	313300	119852	7783616			3998085		
1674	31888	82101	7659194			3998582		
1675	5754	51741	7511649			3969317		
1676	315695	233612	7670797			4118870		
1677	452706	228551	7961033			4260473		
1678	22835	136856	7824191			4309382		
1679	27067	534409	7932964			4746915		
1680	180433	572046	7951129			5212582		
1681	95427	299119	7885625			5401467		
1682	39553	183535	7766675			5473302		
1683	216538	369317	7823548			5725767		
1684	53660	284488	7719664			5890050		
1685	94773	537338	7658149			6298840		
1686	59814	617411	7563603			6777926		
1687	250630	401301	7657949			7035642		
1688	76231	561309	7579496			7445012		
1689	96573	128442	7522548			7421985		
1690	1995	48722	7374052			7321293		
1691	3731	54497	7230227			7228274		

续表

1.年份	2.银币：年度铸币产量	3.金币：年度铸币产量	4.1560年起的银币	5.1423年起损耗率为2%的银币储备	6.1250年起损耗率为4%的银币储备	7.1560年起损耗率假设为2%的金币储备	8.1471年起损耗率为2%的金币储备	9.1344年以及1527年起损耗率为4%的金币储备
1692	4160	114499	7089699			7195918		
1693	9277	55968	6956997			7106848		
1694	160	57246	6818014			7020812		
1695	62	717218	6681714			7583270		
1696	2717086	138618	2717086			7567450		
1697	3660408	120447	6249944			7534139		
1698	463226	471567	6578907			7845592		
1699	60444	141377	6506564			7827299		
1700	14898	120212	6391032			7788493		
1701	116179	1190019	6377067			8798941		
1702	355	162069	6249874			8781790		
1703	2226	1520	6127058			8607644		
1704	12422		6016690			8435491		
1705	1332	4628	5897662			8271317		
1706	2889	23897	5782540			8129309		
1707	3639	27012	5670455			7993195		
1708	11628	44945	5568442			7877377		
1709	78811	109826	5534307			7827459		
1710	2533	165362	5426104			7832965		
1711	76781	414918	5392827			8082925		
1712	5532	127048	5290392			8045774		
1713	7232	1313907	5191671			8457763		
1714	4855	1739505	5092596			9576237		
1715	5093	1057543	4995735			11089427		
1716	5115	675777	4900833			11904031		
1717	2939	140642	4805697			12328211		
1718	7115	688960	4716555			12219476		

3　历史视野中的货币数量理论

续表

1. 年份	2. 银币：年度铸币产量	3. 金币：年度铸币产量	4.1560年起的银币	5.1423年起损耗率为2%的银币储备	6.1250年起损耗率为4%的银币储备	7.1560年起损耗率假设为2%的金币储备	8.1471年起损耗率为2%的金币储备	9.1344年以及1527年起损耗率为4%的金币储备
1719	5444	885859	4627559			12650268		
1720	24279	272500	4558802			13265404		
1721	7170	594716	4474652			13267146		
1722	6147	388098	4391183			13584625		
1723	149107	273809	4449484			13693268		
1724	5121	58360	4365513			13687736		
1725	7735	872963	4285783			13471174		
1726	2592	292779	4202608			14057254		
1727	2049	53874	4120564			14063032		
1728	2644	4628	4040743			13834568		
1729	6371		3966172			13557877		
1730	3478	91628	3890257			13376515		
1731	2182	305768	3814590			13408637		
1732	2620	373473	3740866			13506468		
1733	3581	833948	3669558			14053608		
1734	4929	487108	3600998			14249901		
1735	3460	107234	3532368			14069993		
1736	5310	330579	3466925			14112560		
1737	3720	67284	3401232			13896247		
1738		269837	3333207			13882763		
1739	10528	283854	3276861			13883284		
1740		196245	3211323			13797939		
1741	9486	25232	3156393			13546707		
1742			3093265			13275773		
1743	7440	9812	3038691			13010258		
1744	7837	292966	2985598			12759668		
1745	1860	474492	2927708			12791582		

- 111 -

续表

1.年份	2.银币：年度铸币产量	3.金币：年度铸币产量	4.1560年起的银币	5.1423年起损耗率为2%的银币储备	6.1250年起损耗率为4%的银币储备	7.1560年起损耗率假设为2%的金币储备	8.1471年起损耗率为2%的金币储备	9.1344年以及1527年起损耗率为4%的金币储备
1746	136431	37146	3002857			13000752		
1747	4650	338523	2947357			12777140		
1748		710687	2888409			12853350		
1749		558597	2830641			13292756		
1750		9812	2774028			13574326		

注释：列4将直到1750年的累计白银铸币厂产量的损耗率设为2%。列9显示了1344~1470年以及1527~1543年的金币储备的估计量，列8显示了1471~1526年的估计量，列7则显示了1560~1750年的估计量。

值得我们仔细观察的是，由此得出的银币储备的估计值与现存的货币规模的"点估计值"有多匹配。我们需要了解，目前的估计量基于记录在案的铸币厂的产量，因此可能低估了实际银币储备的规模，其中还包括特别是杜伦和伯里圣埃德蒙兹铸币厂的未记录在案的铸币产量，以及爱尔兰和苏格兰铸币厂对英国银币储备总量的贡献。

都铎王朝时期最佳的"点估计"数据由克里斯托弗·查利斯（Christopher Challis，1978，1992）提供；对于内战时期，爱德华·贝斯利（Edward Besly，1987）为我们提供了货币可能规模的最佳指引；对于17世纪末和18世纪的货币规模，朗多·卡梅伦（Rondo Cameron，1967）的估计仍然是最好的。总的来说，这些估计量与表3.1中给出的年度数据大致相符。这种匹配并不精确，但是两种方法所给出的一般结论是相似的。17世纪上半叶，黄金有一个明显的不协调，这期间银入和金出的双金属流动可能意味着黄金在这一时期每年2%的损耗率是过低的。然而总的来说，两种数据足够程度上的一一对应说明了我们所提出的模型可以生成可信的英格兰银币和金币储备的年度数据。

尽管如此，我们必须强调，该模型没有提供任何程度的精度。这是一个非常宽泛的方法。鉴于这些数据的保存水平，回归分析本质上必须是实验性的。但是，如果我们继续假设该模型提供了实际发生情况的合理近似值，那么价格水平对人口、GDP 以及金银货币储备的变化会有多大的反应呢？

数量论为货币存量可能影响价格的机制提供了一个解释。然而，数量论并不是历史学家对价格变化的唯一解释。有人认为人口变化也很重要。然而，他们提出的论点却很不可信。他们提出，人口增长增加了商品需求，从而推高了价格。但这忽略了一个事实，即人口也会增加劳动力，因此也有可能增加供给。事实上根据数量论，如果提高了货币供应必须服务的业务量，人口增长可能会产生通货紧缩的影响。博德贝里和坎贝尔团队的工作表明，就整个时期而言，产出的增长快于人口的增长，因此，需求不太可能像人口理论说的那样超过供给（Mayhew，2013）。

传统的人口统计学对价格变动的解释并不令人信服，并且我们的结果也表明价格和人口之间的正相关在统计上并不显著。总的来说，价格、人口、GDP 和货币存量之间的相互作用（短期和长期）似乎比以前想象的更为复杂和微妙。

3.4 回归分析

我们使用回归分析来检验货币数量论。本章研究了数量论的两个版本：强版本和弱版本，如上所述。强版本意味着价格几乎会随着货币供应量的变化而瞬间调整，而弱版本则意味着调整是一个相对缓慢的过程。我们所定义的货币供应包括纸币和硬币，但不包含银行存款。

因变量是价格水平。这反映了数量论的假设，即价格是内生的，而货币供给和产出是外生的。我们可以对数据进行"一阶差异"以使年通货膨胀率成为因变量，但这在当前情况下是不必要的。价格是主要的解释变量，用对数来表示。通过使用对数，水平差异可以反映比例变化，指数趋势可以转换成线性趋势。对数在分析数量论时尤其有用，因为它能将数量方程两侧的乘法关系转换成加法关系，从而简化统计研究。

表3.2给出了结果。我们在这里呈现了两个版本：A列显示全部结果，B列显示消除两个次要虚拟变量后的结果。两组结果大致相似，表明研究结果是可靠的。在每个单元格中，估计系数显示在顶行，概率值（显著性水平）显示在下面的括号中。表中显示了三个显著水平：1%（***）、5%（**）和10%（*）。

解释变量列在表格的左侧。主要解释变量——货币供应量和人均GDP——的滞后值，以及价格的滞后值均包括在内。这些减少了残差的序列相关性，能够更集中在当前冲击的影响上，而不是以往冲击的遗留问题上。

数量论的强版本意味着滞后项不再重要，而弱版本意味着滞后项至关重要。这里包括三年及以内的滞后期；反复试验表明，较长时间滞后的影响相对来说是不重要的。为了简化对结果的解释，滞后值的影响按照滞后一年水平的影响来报告：当前和上一年之间的水平变化；一年前和两年前的水平变化；以及两年前到三年前的水平变化。这不会改变基本结果，因为无论使用何种级别和变化的组合，这都包含了四年的时间跨度（当年和前三年）。长期动态由滞后水平上的系数捕获，短期动态则由水平变化上的系数捕获。

表 3.2　1273~1750 年英国价格回归估计

变量	A	B
常数	-0.422*** (0.000)	-0.409*** (0.000)
价格水平滞后一年	0.735*** (0.000)	0.741*** (0.000)

3 历史视野中的货币数量理论

续表

变量	A	B
通货膨胀率滞后一年	0.059 (0.308)	0.055 (0.336)
通货膨胀率滞后两年	-0.121*** (0.008)	-0.124*** (0.006)
英国 GDP 滞后一年	0.013 (0.876)	0.023 (0.733)
GDP 的变化	-0.540*** (0.000)	-0.544*** (0.000)
GDP 的变化滞后一年	-0.187** (0.038)	-0.181** (0.034)
GDP 的变化滞后两年	-0.072 (0.374)	-0.069 (0.398)
英国人口滞后一年	0.111** (0.040)	0.112*** (0.004)
银币储备滞后一年	0.011** (0.044)	0.011** (0.013)
银币储备的变化	0.019 (0.272)	0.014 (0.398)
银币储备的变化滞后一年	-0.035* (0.065)	-0.038** (0.037)
银币储备的变化滞后两年	-0.014 (0.420)	-0.016 (0.360)
金币储备滞后一年	0.017*** (0.000)	0.017*** (0.000)
金币储备的变化	-0.023*** (0.001)	-0.024*** (0.001)
金币储备的变化滞后一年	-0.007 (0.512)	-0.007 (0.535)
金币储备的变化滞后两年	-0.016** (0.014)	0.017*** (0.009)
年,从 1270 年开始计算	-0.000* (0.076)	-0.000*** (0.001)

- 115 -

续表

变量	A	B
1344 年前未记载黄金的虚拟变量	0.180*** (0.000)	0.173*** (0.000)
1422 年银币储备估计值变化的虚拟变量	-0.007 (0.565)	-
1558 年金币储备的变化	0.038** (0.020)	0.040** (0.011)
1696 年货币重铸的虚拟变量	-0.008 (0.417)	-
R^2	0.962	0.961
调整的 R^2	0.960	0.960
F 统计值	501.08 (0.000)	555.153 (0.000)
DW	1.983	1.984
观测数量（次）	443	443

滞后的价格水平非常重要且其系数约为 0.75；系数为正说明价格冲击持续存在，系数小于 1 则说明它们会随着时间的推移而衰减。这表明价格水平并不遵循纯粹的随机游走或其他"单位根"过程。两年前通货膨胀率的显著负系数也可以用持续的冲击来解释（见本章附录）。

如果流通速度与 GDP 无关，那么根据数量论，GDP 增长 1% 将导致价格水平下降 1%，而滞后的 GDP 表明，它根本没有发生显著变化。从长期来看，GDP 增长的通货紧缩效应似乎被中和它的通货膨胀效应所抵消。然而，GDP 变化的结果表明情况略有不同。在控制了 GDP 的水平之后，当期 GDP 的增长使价格下降了 1.22%，这种结果更符合数量论。如果再考虑到滞后变化的影响，那么价格下降幅度将增加到 1.76% 左右。[11]

人口对价格水平的正面影响微不足道。然而，中世纪的人口数据的确存在问题，无法准确衡量每年的变化；[12]因此，人口的年度变化没有包括在回归中。

人口增长没有产生通货膨胀的影响，意味着当货币在更多人口之间流通时，流通速度不会增加。人口变化对价格的影响似乎完全由人口变化对 GDP 的影响来解释。[13]

主要结果与货币存量有关。它们表明，金币和银币储备对价格水平都有显著的积极影响。金币的影响略大于银币，也更为显著；滞后的金币储备增加 1% 将导致价格水平上升 0.048%，而银币储备的类似增长仅使价格上升 0.024%。尽管如此，这两种效应都相对较小。然而在短期动态中，我们可以看见一个完全不同的图景，金币储备的变化产生了非常显著的积极影响。总的来说，货币储备的结论支持数量论的弱版本，而不是强版本。[14]

有一个显著的负价格趋势，但非常小——每年只有 0.02%。如上所述，除了与 GDP 变动相关的变化之外，几乎没有证据表明长期制度变化会影响流通速度。[15]

我们控制了四个虚拟变量来防止潜在的结构性断裂，但只有两个是至关重要的。1344 年之前未记录的金币储备的虚拟变量是正的且非常显著，这表明在国家黄金货币发行之前，外国金币就已经在流通了，此后很大一部分都留在了这个国家。在 16 世纪 50 年代货币存量发生变化后，流通速度似乎有了显著加快。

该回归的总体拟合优度非常高——能够解释 96% 以上的价格变动。然而，大部分解释来自滞后的价格效应；如果使用通胀率作为因变量重新进行回归，那么模型解释的方差比例下降到大约 33%。F 统计表明，回归整体来说是非常显著的。

3.5 结论

统计分析为我们的结论提供了一个可靠的客观基础，但重要的是我们要记住所有对金币和银币储备的估计量只是估计得到的。因此，应该对其进行审查，且改进这些估计量应该是今后工作的一个重要目标。在这里我抵制住了对数字进行调整的诱惑，因为我想探究一下一个基于记载产出和长期固定损耗率假设的模型会让我们走多远。然而，事实无疑是不同的：一些铸币厂的产量没有留下书面记载，损耗率也可能每年都有很大的变化，我们也不能忘记上面讨论的硬币存量和货币存量之间的区别。

未来工作的另一个领域可能是尝试对硬币储备的表现进行更细致的理解。历史学家有时会意识到国王（尤其是亨利七世）或贵族个人拥有非常大的宝藏。此外，可用货币存量的不平等分配也会影响囤积和流通速度。

尽管如此，这些初步结果提供了一个能够支持进一步工作的足够可信的模型。在 1750 年以后采取这种方法会很有意思，那时可能会更精确地探索金本位制下硬币、金条储备和钞票之间的关系。这使我们可以更准确地评估货币存量。

但就目前而言，注意到这一分析为中世纪和近代早期货币数量论的弱版本所提供的支持似乎就足够了。这一版本的数量论认识到了滞后的重要性，以及早期价格对当前价格的"黏性"影响，并允许 GDP 发挥作用，后者在这一时期里与人口密切相关。经过数个世纪货币供应量、GDP 和人口的增长之间的关系清晰地显现出来。

附录

回归设定的推导

1. 基本概念

令时间 t 的货币供应总量为 M_{st}，它是英国货币中银币储备 M_{1t} 和金币储备 M_{2t} 的几何平均值：

$$M_{st}=M_{1t}^{b}M_{2t}^{1-b} \quad (t=1,\cdots,T; 0 \leq b \leq 1) \tag{1}$$

如果 $b=0$，那么货币供应只计黄金；如果 $b=1$，则只计白银；如果 $b=1/2$，则二者权重相等。

令时间 t 的货币需求为 M_{dt}，它与价格 P_t 和产出 Y_t 成正比。

$$M_{dt}=(1/v_t)P_t Y_t \quad (t=1,\cdots,T) \tag{2}$$

其中，v_t 是流通速度。

令流通速度相对于产量增加。这是一种"凯恩斯"效应：产出的提高增加了交易对货币的需求，对于给定的价格水平，这将推高利率，从而提高了持有货币的机会成本，并鼓励了货币更快流通：

$$v_t=v_0 Y_t^a \quad (t=1,\cdots,T; 0<a<1) \tag{3}$$

假设货币供给和产出是外生的，价格是内生的。

2. 强数量理论（SQT）

货币的供求处于持续均衡：

$$M_{dt}=M_{st} \tag{4}$$

将(3)代入(2),然后将(1)和(2)代入(4)得出

$$P_t = v_0 Y_t^{-(1-a)} M_{1t}^{b} M_{2t}^{1-b} \qquad (5)$$

等式两边取对数得到一个线性价格方程:

$$\log P_t = \log v_0 - (1-a)\log Y_t + b \log M_{1t} + (1-b)\log M_{2t} \qquad (6)$$

3. 弱数量理论(WQT)

强数量理论是基于一个纠错机制。货币的供求通常是不均衡的,但有一种长期均衡的趋势:货币供应过剩时价格上涨,需求过剩时价格下跌。调整的速度与供求之间的差异成正比。

货币供应量的相对过剩是:

$$m_t = M_{st}/M_{dt} \quad (t=1,\cdots,T) \qquad (7)$$

在长期均衡中,$m=1$。在任何时期 t,价格的比例变化相对于前一时期货币供应量的相对过剩持续增加:

$$P_t/P_{t-1} = m_{t-1}^{k} \quad (t=1,\cdots,T; 0<k\leq 1) \qquad (8)$$

当货币供应量超过需求时,就会消耗过多的货币余额,继而推高价格水平,而当货币需求量超过供应量时,货币囤积会减少支出,继而导致价格下跌。当调整参数 k 值较低时,非均衡状态最有可能持续。

将(1)、(3)和(7)代入(8)得到:

$$P_t = v_0^k P_{t-1}^{1-k} Y_{t-1}^{-k(1-a)} M_{1t-1}^{bk} M_{2t-1}^{(1-b)k} \tag{9}$$

等式两边取对数得到：

$$\log P_t = k \log v_0 + (1-k)\log P_{t-1} - k(1-a)\log Y_{t-1} + bk \log M_{1t-1} + (1-b)k \log M_{2t-1} \tag{10}$$

在极限情况，即 $k=1$ 时，等式（10）与强数量理论中等式（6）相似，只不过出现在等式右边的是货币供应量的滞后值而非当前值。

4. 细化改进

我们有多种方法可以改进这些模型。

①在价格等式中纳入时间趋势，将等式（3）替换成：

$$v_t = v_0 exp(gt) Y_t^a \quad (t=1,\cdots,T; 0<g<1) \tag{11}$$

增长率为 g 的指数级增长刺激了由制度变化所引起的流通速度的持续变化。价格的对数呈现斜率为 g 的线性趋势。

②在等式（11）中纳入随机项 w_t 作为价格的未解释变量。建造一个包含 SQY 和 WQT 二者的包容模型作为特例。它具有一般形式：

$$\log P_t = a + b_1 \log P_{t-1} + b_2 \log Y_t + b_3 \log Y_{t-1} + b_4 \log M_{1t} + b_5 \log M_{1t-1} +$$
$$b_6 \log M_{2t} + b_7 \log M_{2t-1} + b_8 t + w_t \tag{12}$$

其中，当适用强数量理论时，$b_1=b_3=b_5=b_7=0$，适用弱数量理论时，$b_2=b_4=b_6=b_8=0$。

③考虑到持续的价格冲击。在分析货币行为时，我们通常会在估计的残差中发现正的序列相关性，这表示价格冲击可能会产生持续的影响。假设冲击的

影响持续存在，但以年速率 $h(0 \leq h<1)$ 衰减；这意味着 w_t 是由一阶自回归过程产生的，该过程涉及连续不相关的冲击 u_t；

$$w_t=hw_{t-1}+u_t \quad (t=1,\cdots,T; 0<h<1) \tag{13}$$

如果 $h=0$，那么 w_t 也是序列不相关的。将等式（12）代入等式（13）的左侧和右侧，并重新排列各项，可以得到：

$$\log P_t = a+h(1-a)+b_1 \log P_{t-1}+b_2 \log Y_t+(b_3-hb_2)\log Y_{t-1}+b_4 \log M_{1t}+(b_5-hb_4)\log M_{1t-1}+b_6 \log M_{2t}+(b_7-hb_6)\log M_{2t-1}-hb_3 \log Y_{t-2}-hb_5 \log M_{1t-2}-hb_7 \log M_{2t-1}+b_8 t+u_t \tag{14}$$

④可以对等式（14）进行调整，以允许遗漏变量引入设定误差。遗漏变量包括：

- 人口变量，以考虑人均收入变化、黑死病的影响等导致的行为变化；
- 附加滞后项，以考虑更复杂动态；
- 虚拟变量，用于测试引入金币、重铸、其他基础货币的根本变化所造成的结构性断裂。

这些调整一起生成了文章中的估计方程。

注 释

1. 马丁·艾伦（Martin Allen）指出，除了地方性铸币，苏格兰和爱尔兰硬币也对英国货币有贡献（Allen，2012）。

2. 对未记载的输出进行估算仍然是未来工作的一个选择。在这个阶段，由于人们对未记载的输出规模有不同的意见，它似乎更倾向于只使用确凿的手稿资料。然而，我们应该始终记住，有记载的输出只是一个最小的数字。

3. 中世纪的国王禁止出口银币，并有组织地搜查商人的货物以执行禁令，但是一些银币仍然被带到国外，被发现于法国北部、德国、低地国家和斯堪的纳维亚半岛。在那里，它因重量和纯度好而被人们接受。越来越多地使用汇票将有助于减少出口货币，14世纪后银币在国外的发现要少得多。

4. 大部分内容都在波斯坦的成果中得到预示（Postan，1973）。

5. 我们尤其见证到了南丁格尔（Nightingale，1990）的工作，其基础是现存的中世纪大法官法庭的债务证书。

6. 关于这一点，见梅休的研究（Mayhew，1995）。尽管克尔里奇（Kerridge，1988）收集了许多有价值的证据，但对16世纪票据使用的量化尝试并不完全令人满意。

7. 关于16世纪和17世纪英国合法权益运动的一个简单的概述，见梅休的研究（Mayhew，2000）。

8. 现有的货币"点估价"被收集在梅休的作品中（Mayhew，2013）。

9. 艾伦首先指出了这一重要考虑（Allen，2000）。内容见艾伦的作品（Allen，2012）。艾伦往往同时给出一堆较大和较小的数字，我通常倾向于他的较低估计。

10. 请注意，我们的货币供应数据仅基于我们对银币和金币储备的估计，因为目前无法估计使用的货币数量。

11. 实际上，从长期来看，1273~1750年 M 总体呈增长趋势，从而使得GDP（名义上和实际上）和物价都在上涨。

12. 虽然可以认为，对年度货币存量、价格和GDP的估计也应做出类似的保留，但对 16 世纪中期以前的人口估计尤其受到争议。

13. 对工业化前 GDP 和人口的估计很可能进一步提高。我曾在其他地方指出，上升的 M 可能会增加 P，利润膨胀可能会刺激企业和经济增长，进而使得人口增长（Mayhew，2013）。

14. 关于金银相对影响的这一发现并不支持我最近的一个看法，即银本位货币可能比同等价值的金本位货币更容易发生通货膨胀。有这样看法的原因是，我观察到 15 世纪和 18 世纪的价格运动极其缓慢，且黄金在这两个时期都占据了货币的主导地位。从硬币的发现来看，金币的流通比银币少，磨损得也较小。也许这些区别没有在数量论中体现出来，后者则反映了货币存量全部面值的年周转率。1 英镑面值的黄金可以用 3 个每个价值 6.8 便士的黄金，或者用 240 个银币来表示。与在各种场合花费 80 便士相比，黄金的主人可能会更小心地花钱。这些心理因素回避了数量论。

15. 当然，事实上在很长一段时间内，尽管 GDP 和人口都在增加，但货币存量还是显著增加，使得流通速度下降。见梅休作品（Mayhew，2013），引用自卡梅伦作品（Cameron，1967），波尔多和琼恩作品（Cameron，Bordo and Jonung，1987）。

参考文献

Allen, Martin, (2000), The Volume and Composition of the English Silver Currency, 1279-1351, *British Numismatic Journal*, 70, 38-44.

Allen, Martin (2012), *Mints and Money in Medieval England*, Cambridge: Cambridge University Press.

Allen, Robert C. (2013), Consumer Price Index for London is Available at www.nuff.ox.ac.uk/People/sites/

Allen/Shared%20Documents/Forms/AllItems.aspx. The London CPI appears in the excel database "labweb" (accessed 15 April 2013).

Besly, E. (1987), *English Civil War Coin Hoards*, London: British Museum Occasional Paper 5.

Bordo, Michael D. and Lars Jonung (1987), *The Long- Run Behaviour of the Velocity of Circulation: The International Evidence*, Cambridge: Cambridge University Press.

Briggs, Christopher (2009), *Credit and Village Society in Fourteenth - Century England*, Oxford: Oxford University Press.

Britnell, R.H. (1986), *The Growth and Decline of Colchester, 1300-1525*, Cambridge: Cambridge University Press.

Broadberry, Stephen, Bruce M.S. Campbell, Alexander Klein, Mark Overton and Bas van Leeuwen (2009, 2011), British Economic Growth, 1270-1870: An Output- Based Approach (18 December 2011), at www2.lse.ac.uk/economicHistory/pdf/Broadberry/ BritishGDPLongrun16a.pdf (accessed 15 April 2013).

Cameron, Rondo (1967), England 1750-1844, in Cameron, R. (ed.), *Banking in the Early Stages of Industrialization: A Study in Comparative Economic History*, Oxford: Oxford University Press, pp. 15-67.

Challis, C.E. (1978), *The Tudor Coinage*, Manchester: Manchester University Press.

Challis, C.E. (ed.) (1992), *A New History of the Royal Mint*, Cambridge: Cambridge University Press.

Clark, Gregory (2009), The Macroeconomic Aggregates for England, 1209-2008. Working papers, University of California, Department of Economics, no. 09-19, revised October 2009. www.ideas.repec.org/p/cda/wpaper/09-19.html (accessed 15 April 2013).

Gray, Hazel (2007), Money Lending in Twelfth-Century England. King's College, London PhD Thesis.

Kerridge, Eric (1998), *Trade and Banking in Early Modern England*, Manchester: Manchester University Press.

Kowaleski, Maryanne (1995), *Local Markets and Regional Trade in Medieval Exeter*, Cambridge: Cambridge

University Press.

Mayhew, N.J. (1995), Population, Money Supply, and the Velocity of Circulation in England, 1300-1700, *Economic History Review*, 48, 238-257.

Mayhew, Nicholas J. (2000), *Sterling: The History of a Currency*, Harmondsworth: Penguin.

Mayhew, Nicholas J. (2013), Prices in England, 1170-1750, *Past and Present*, May.

Muldrew, Craig (1998), *The Economy of Obligation: The Culture of Credit and Social Relations in Early Modern England*, Basingstoke: Macmillan.

Nightingale, Pamela (1990), Monetary Contraction and Mercantile Credit in Later Medieval England, *Economic History Review*, 43, 560-576.

Phelps Brown, E. Henry and Sheila V. Hopkins (1962), Seven Centuries of the Prices of Consumables, Compared with Builders' Wage-rates, in E.M. Carus-Wilson (ed.), *Essays in Economic History*, London: Edward Arnold, pp. 179-196.

Postan, M.M. (1973), *Medieval Trade and Finance*, Cambridge: Cambridge University Press.

Schofield, P.R. and N.J. Mayhew (eds) (2002), *Credit and Debt in Medieval England*, c.1180-c.1350, Oxford: Oxford University Press.

Sriram, Subramanian S. (1999), Survey of Literature on Demand for Money: Theoretical and Empirical Work with Special Reference to Error-correction Models, Washington DC, IMF Working Paper WP/99/64.

Thorold Rogers, James E. (1866-1902), *A History of Agriculture and Prices in England, 1259-1793*, 7 vols., Oxford: Oxford University Press.

4 中世纪外汇
时间序列分析

阿德里安·R. 贝尔

克里斯·布鲁克斯

托尼·K. 摩尔

Adrian R. Bell

Chris Brooks

Tony K. Moore

4.1 引言

本章将展示计量经济学检验的一些潜在历史应用，重点是中世纪外汇汇率的时间序列分析。这项工作是一个更广泛的研究项目，"1300~1500年中世纪外汇研究"的一部分。该项目由Leverhulme信托基金按照RPG193进行赠款资助。该项目目前正在收集一个新的中世纪汇率数据库，下文的分析是基于现有数据集的探索性研究，旨在说明相关的分析形式。本章的第一部分将简要讨论保存下来的中世纪汇率的相关证据。至少以中世纪的标准来看，这项内容是相对广泛的，但其中仍然有一些重要的警示需要我们仔细考虑。尽管如此，汇率数据还是为我们提供了一些将计量经济学分析应用于中世纪经济研究的机会。最近的一些研究主要着眼于波动性（Booth and Gurun, 2008），市场整合（Volckart and Wolf, 2006; Chilosi and Volckart, 2011; Kugler, 2011）和隐含利率（Booth, 2011）。然而，除了海曼·萨迪（Hyman Sardy）的一些早期著作外（de Roover, 1968），经济史学家们并没有真正使用现代时间序列分析来研究中世纪的汇率。本章的第二部分将使用这些技术来检验季节性、非平稳性和结构突变。最后，我们将把这些检验的结果与现代汇率以及中世纪商人手册中的证据进行比较。

4.2 历史背景下的资料

包括关键的经济指标在内的可靠的中世纪经济定量数据很难找到。例如，很少有直接关于利率（Bell et al., 2009）或贸易和资金流动的证据。其他信息则更容易获得——例如，农产品价格和工资可以从庄园账户中提取（见第2章），而最终契约（final concords）（罚金）则提供关于财产价值的数据，这部分将在第5章讨论。另一个例外是汇率（Einzig, 1970），这可归因于三个因素的影响。第一个是"13世纪商业革命"后的长途贸易的总体增长（Spufford，1991）。第二个是在整个欧洲同时建立的独立主权国家。铸造硬币既是主权的一个关键属性，也是收入的一个来源，因此统治者总是寻求在其境内强制使用本国货币（Munro，1979），从而进行长途贸易的商人需要从事外汇交易。第三个是记录的保存越发复杂。尤其是准确记录和计算汇率对于商家保持账目平衡至关重要（de Roover，1944a）。尽管这些记录中的绝大多数已经丢失，但仍有足够多的记录留存了下来，足以帮助我们揭示中世纪的汇率。

不幸的是，幸存的外汇信息分散在各种不同的地方。最全面的中世纪汇率数据集是斯布福德（Spufford, 1986）在20世纪70年代和80年代根据与欧洲学者的通信汇编的。《中世纪交易手册》（以下简称《手册》）涵盖了从1106年到1510年的时期，其中大部分数据集中在14世纪和15世纪。它包括了从528个不同来源中提取的696种不同货币对的13197次汇率观察。[1] 与《1590~1914年世界汇率手册》（Denzel，2010）不同，斯布福德没有计算每种货币的年平均数额，相反，他根据资料来源提出了一种个别原始汇率。

《手册》的目的是提供关于不同货币相对价值的指示性信息，历史学家在进行国家间的比较分析时可以使用这些信息。这意味着斯布福德试图在尽可能长的时间内覆盖尽可能多的货币对。这种包容性的方法必然会导致所用证据的性质发生很大变化。与此同时，《手册》以印刷书籍的形式呈现也意味着它的局限性。斯布福德没有列出所有货币之间的所有交叉汇兑，而是集中列出了每种货币对主要国际货币的汇率；首先是佛罗伦萨的弗罗林，接着是15世纪的威尼斯的达克特。这种货币的地位类似于今天的美元。此外，即使有更丰富的数据，斯布福德每个月也只选择一个汇率的最大值进行计算。

因此，《手册》给以定量分析为目的的研究带来了一定的问题，尽管这些问题也可以被视为其优势的另一面。其中一个突出问题是，鉴于幸存的原始材料的分散性，《手册》对数据收集采取的包容性方法是必要的，因而这些数据并不总是严格可比的。斯布福德本人也强调了这一事实。而《手册》的最大优势之一其实是它提供了关于交易类型、交易地点的信息，以及这些至关重要的原始来源的参考资料，从而方便人们检查汇率。

最明显的是，《手册》包括了从各种不同类型出处获取的汇率，并与不同类型的外汇交易相关联（Spufford，1986）。例如，一种硬币对另一种硬币的即期外汇并不涉及时间因素，而汇票则涉及。账户中使用的汇率也可能变成过时的僵化汇率，或者可能通过隐藏利息费用等方式被操纵，而政府公布的官方汇率可能是理想的，而非有效的。因此，不同类型交易所涉及的汇率可能存在很大差异，难以进行有效的比较。

影响中世纪汇率的另一个重要因素，也是与当代环境的一个主要区别，即交易的地点。在某种程度上，它反映了中世纪通信速度的减慢。贸易模式在不同地方对货币的需求和供应有不同的影响，就会对汇率产生作用。更重要的是，汇票，这一种典型的外汇工具，不仅包含了外汇交易，而且必然涉及信用的扩展问题。因为汇票的买方通常先以当地货币支付卖方，而后才会用外币付款。不同金融中心之间的汇票有不同的到期日（称为远期），大多到期日是随着地理距离的增加而增加的。因此，不同金融中心报价的汇率包含了一个价差，以体现货币的时间价值。这套系统的操作流程已经被德鲁沃尔（de Roover，1944b）证明，并由 Blomquist（1990）推广至 13 世纪后期。有些人认为，汇票的主要意义在于，它使商人能够避开那些禁止高利贷收取利息的规定（Koyama，2010；Rubin，2010）。其他历史学家则认为，这夸大了汇票在信用方面的作用，却淡化了它在促进国际贸易方面的价值（Leone，1983）。对于我们目前的研究来说最关键的部分则是，汇率总是因交易的地点（或方向）而异，因此不同地方的汇率无法直接比较。

此外，当汇率取自个人交易记录时，可能会有特殊因素影响特定情况下的报价。举个例子，在 1305 年 5 月和 6 月，Gallerani of Siena 的伦敦分行出售了 7 张汇票给想从英国汇钱给教皇教廷的客户（Bigwood and Grunzweig, 1962）。Gallerani 报出的汇率从 5 月 21 日的每马克银币换 5.75 弗罗林到 6 月 7 日的每马克银币换 4.5 弗罗林不等，在两周多一点的时间里下降了 21.7%。然而，截至 6 月 14 日，汇率又回升至每马克银币换 5.75 弗罗林，一周内上升了 27.8%。市场汇率是不太可能如此剧烈波动的，因此更合理的解释是，Gallerani 向不同的客户提供了不同的汇率。例如，三个获得最优惠利率的买家都与教皇有关，而最差利率由一名英国职员获得。

另一个基本挑战是现存证据的时间频率和分布。即使是记录情况最好的货币对，《手册》平均每年也只记录了 1~2 次观察。这意味着影响单个汇率的因素可能会对长期走势造成扭曲。此外，如下文所述，汇率也有很大幅度的季节性变化。由于汇率在一年内的变化通常大于年际更替的变化，如果一些年的数据用了季节性峰值的汇率，而另一些年用了季节性低点的汇率，那么长期发展走势就会变得模糊不清。由于时间序列中存在频繁的间隙，这就产生了插值问题。最后，不同时期对数据进行观察的频率差别也很大，这使得我们很难进行多种类型的统计分析。

在本章中，我们采用不同的方法来构建中世纪汇率数据集。比起一味地寻求覆盖更长的时间跨度，我们选择了拥有丰富数据的相对较短的时段。我们的方法不是遵循包容性的数据收集政策，而是更具排他性，只收集一种特定来源下的汇率信息，即商业对应。一位在其他银行中心拥有更好、更及时的汇率信息的商人，会比不了解情况的同行享有优势。出于这个原因，商人们经常在他们的商业信函末尾列出当前的市场汇率。这些利率可能是从在每个城市安排各项交易的证券经纪人那里收集的（de Roover, 1968）。它们可以被看作从 16 世纪开始对汇率流动的记录（McCuster and Gravesteijn, 1991），并最终发展成为现代金融媒体。使用商业信函中的汇率有两个主要优势。首先，尽管历史学家应该记住穆勒（Mueller，1997）对"拜物教"的警告，后者认为实际交易中使用的汇率可能因双方的"契约杠杆"而有所不同，但市场汇率的确别除了一些可能影响特定交易中所使用汇率的特殊因素，这使得数据更能服从于目的。其次，商人们经常写信给他们的通讯员（每周甚至每天），并且经常与几个不同的城市通信，这保证了可以为他们提供更好和更频繁的数据。

本章特别引用了一位商人的档案，即意大利佛罗伦萨附近普拉托的弗朗西斯科·迪·马尔科·达蒂尼（Francesco di Marco Datini）。达蒂尼是一位极其成功的商人，在1380~1410年，他的分支机构和通信网络覆盖了西欧的大部分地区（Origo，1963；Nigro，2010）。相关内容可以在梅利斯（Melis，1962）的描述和许多可在线查阅的数字化信息中获取。[2] 人们已经认识到了达蒂尼档案的巨大潜力，其中的商业信函也被挖掘出来用于获取汇率数据；德鲁沃尔（1968）提取了巴塞罗那和布鲁日信件中涉及的汇率，穆勒（1997）则对威尼斯的信件做了相同的工作。[3] "中世纪外汇"这一项目目前正在将这一数据集扩展到佛罗伦萨和热那亚，这两个地区是中世纪意大利的另外两个主要银行中心。然而，扩大后的数据集尚未最终成形，因此以下统计分析仍是基于德鲁沃尔和穆勒收集的数据。

4.3 描述性统计

时间序列分析是计量经济学的基石，而对一个序列的属性进行单独评估应该是任何坚实的多变量研究的先导。我们首先会描述数据，特别侧重描述该序列的统计特征；其次，继续讨论汇率的季节性走势，并整合出一个框架，以确定该序列是描述为平稳过程还是非平稳过程；最后，使用两种不同的方法详细讨论该序列是否存在结构性断裂。

如上所述，以下分析引用了 1385~1410 年巴塞罗那、布鲁日和威尼斯三地的商人信函中涉及的汇率。基本来源见表 4.1。前两列列出了货币对和地理位置。这有效地表明了汇率的方向（例如，巴塞罗那－布鲁日是巴塞罗那货币和布鲁日埃居之间在巴塞罗那的汇率，而布鲁日－巴塞罗那是同一对货币在布鲁日的汇率）。第三列描述了汇率的意义。以下分析基于汇率的月度百分比变化而非原始水平，但报价方法对于理解下文讨论的汇率增长率的重要性仍然非常关键。例如，布鲁日给巴塞罗那和伦敦带来了确定性；也就是说，汇率被报价为不确定数量的巴塞罗那货币或英镑每 1 单位布鲁日埃居。因此，汇率的上升反映了埃居价值的上升。然而，布鲁日给热那亚、比萨、巴黎和威尼斯带来了不确定性，这意味着汇率是以每单位外币可兑换的可变数量的布鲁日埃居来报价的。因此，这些汇率的上升实际上意味着埃居的价值正在下降。

第四和第五列分别显示了可供分析的数据点总数和我们观察的主要日期范围。我们选取了当月所有可用数据点的月平均值。很明显，除了样本非常少的巴塞罗那－威尼斯、布鲁日－比萨和威尼斯－罗马之外，对于大多数序列，我们至少有 20 年的月度数据，和 200~300 次的观察。不幸的是，中世纪数据源中有几个月的数据不可避免地丢失了。为了不至于丢失太多数据点，我们在这种情况下通过滚动至前一个月的可用值来进行插值。表 4.1 的最后一列显示了每个序列的插值数量。可以看出，这种缺失值的数量不多，往往不会超过总样本的 10%。我们会确保数据点不会连续向前滚动超过三个月——如果有超过三个月的观察值缺失，我们就会截断该点的样本。

我们主要研究汇率的增长率，因为我们知道，即使原始汇率包含单位根，这种分析在计量上也是有效的。我们先介绍表 4.2。该表提供了 25 个序列的月度百分比变化的汇总情况，我们考察了巴塞罗那、布鲁日和威尼斯三个主要地点。

很明显，威尼斯的均值大都是正的（除了威尼斯－巴黎，在那里威尼斯带给了巴黎不确定性），表明了达克特在这一时期的地位。特别是，达克特对罗马弗罗林的汇率每月上升约 0.2%（每年 2.4%），对英镑的汇率每月上升 0.14%（每年 1.6%）。这反映了达克特的含金量保持不变，并且开始取代当时仍是主要国际贸易货币的佛罗伦萨弗罗林的地位（Spufford，1991，第 321 页）。

表 4.2 中方差估值与现代数值大致相似。方差有时在金融中被视为序列的波动，衡量它随着时间的推移而波动的程度。因此，它显示了观测值围绕平均值的分布。然而，我们可以注意到整个序列的波动性差异很大，从巴塞罗那－马略卡岛的 0.8% 到布鲁日－威尼斯的 9.5% 和巴塞罗那－布鲁日的 13%。前者可能反映了巴塞罗那和马略卡岛都是阿拉贡王国的一部分；后者则几乎肯定是由百分比变化序列中的异常值所导致的，这种异常则是布鲁日货币升值的结果（Munro，2012）。

表 4.1 货币对的定义及其可用样本

序列	报价地点	意义	总观测量	主要时间范围	插值数量
巴塞罗那－阿维尼翁	巴塞罗那	每法国法郎巴塞罗那币	229	1386.11~1405.11	25
巴塞罗那－布鲁日	巴塞罗那	每 22 燕麦价值埃居的巴塞罗那币	224	1387.01~1405.11	20
巴塞罗那－佛罗伦萨	巴塞罗那	每佛罗伦萨弗罗林的巴塞罗那币	102	1394.10~1405.11	6
巴塞罗那－热那亚	巴塞罗那	每热那亚弗罗林的巴塞罗那币	229	1386.11~1405.11	19
巴塞罗那－马略卡岛	巴塞罗那	每马略卡岛币的巴塞罗那币	132	1390.02~1405.09	19
巴塞罗那－蒙彼利埃	巴塞罗那	每法国法郎巴塞罗那币	218	1387.01~1405.11	15

续表

序列	报价地点	意义	总观测量	主要时间范围	插值数量
巴塞罗那－比萨	巴塞罗那	每法国法郎巴塞罗那币	192	1387.01~1405.08	6
巴塞罗那－威尼斯	巴塞罗那	每威尼斯达克特的巴塞罗那币	80	1399.02~1405.11	1
布鲁日－巴塞罗那	布鲁日	每22燕麦价值埃居的巴塞罗那币	194	1392.01~1410.09	5
布鲁日－热那亚	布鲁日	每热那亚弗罗林的弗兰德燕麦	196	1389.03~1410.09	12
布鲁日－伦敦	布鲁日	每24燕麦价值埃居的英镑	190	1389.03~1410.09	12
布鲁日－巴黎	布鲁日	每法国法郎的弗兰德燕麦	195	1389.03~1410.08	10
布鲁日－比萨	布鲁日	每比萨弗罗林的弗兰德燕麦	39	1395.03~1397.08	3
布鲁日－威尼斯	布鲁日	每威尼斯达克特的弗兰德燕麦	196	1389.03~1410.09	14
威尼斯－巴塞罗那	威尼斯	每威尼斯达克特的巴塞罗那币	139	1399.03~1410.09	1
威尼斯－博洛尼亚	威尼斯	每威尼斯达克特的博洛尼亚弗罗林	269	1384.05~1410.09	14
威尼斯－布鲁日	威尼斯	每威尼斯达克特的弗兰德燕麦	251	1384.03~1410.09	2
威尼斯－佛罗伦萨	威尼斯	每威尼斯达克特的佛罗伦萨便士	320	1384.02~1410.09	10
威尼斯－热那亚	威尼斯	每威尼斯达克特的热那亚弗罗林	319	1384.03~1410.09	16
威尼斯－伦敦	威尼斯	每威尼斯达克特的英镑	65	1403.10~1410.09	7
威尼斯－卢卡	威尼斯	每威尼斯达克特的卢卡弗罗林	135	1399.04~1410.06	10
威尼斯－米兰	威尼斯	每威尼斯达克特的米兰达克特	136	1384.03~1404.03	6
威尼斯－巴黎	威尼斯	每法国法郎的威尼斯Grossi d'oro	177	1388.08~1410.09	7
威尼斯－比萨	威尼斯	每威尼斯达克特的比萨弗罗林	266	1384.03~1410.05	14
威尼斯－罗马	威尼斯	每威尼斯达克特的罗马弗罗林	99	1394.06~1407.08	1

表 4.2　汇率回报的汇总数据（百分比变化）

序列	均值（%）	方差（%）	偏斜度	峰度(超额)	最小值(%)	最大值(%)
巴塞罗那 – 阿维尼翁	-0.01	1.96	0.20	1.54	-4.45	4.94
巴塞罗那 – 布鲁日	0.09	13.02	9.35	119.04	-6.45	46.15
巴塞罗那 – 佛罗伦萨	0.00	2.60	0.54	2.82	-3.92	6.80
巴塞罗那 – 热那亚	0.01	3.48	-0.53	2.12	-8.42	5.94
巴塞罗那 – 马略卡岛	0.05	0.78	-0.45	3.52	-3.95	2.84
巴塞罗那 – 蒙彼利埃	0.00	2.18	0.33	2.41	-4.57	6.11
巴塞罗那 – 比萨	0.02	3.39	-0.10	3.10	-7.03	8.50
巴塞罗那 – 威尼斯	0.02	1.90	-0.12	0.29	-3.24	3.94
布鲁日 – 巴塞罗那	-0.05	2.28	0.01	1.35	-4.99	4.53
布鲁日 – 热那亚	0.00	2.50	-0.28	1.00	-5.64	4.49
布鲁日 – 伦敦	-0.04	1.43	0.44	1.54	-4.08	3.85
布鲁日 – 巴黎	0.06	0.81	-0.23	2.42	-3.4	3.41
布鲁日 – 比萨	0.12	1.47	-0.44	1.20	-3.47	2.50
布鲁日 – 威尼斯	0.12	9.49	2.68	62.85	23.08	30.3
威尼斯 – 巴塞罗那	0.02	1.99	-0.11	1.50	-5.00	4.35
威尼斯 – 博洛尼亚	0.00	0.57	0.02	3.63	-2.97	3.51
威尼斯 – 布鲁日	0.04	2.22	-0.23	2.22	-6.77	4.83
威尼斯 – 佛罗伦萨	0.01	1.07	-0.08	2.78	-3.96	5.19
威尼斯 – 热那亚	0.07	1.48	-0.08	1.34	-3.96	3.98
威尼斯 – 伦敦	0.14	1.76	0.48	1.50	-2.67	4.44
威尼斯 – 卢卡	0.01	0.94	0.10	4.98	-4.32	3.93
威尼斯 – 米兰	0.10	5.97	-5.27	48.98	21.85	7.42
威尼斯 – 巴黎	-0.03	1.86	-0.13	0.60	-4.08	4.34
威尼斯 – 比萨	0.02	1.10	0.29	4.09	-3.88	5.40
威尼斯 – 罗马	0.20	2.26	1.03	3.81	-3.04	7.03

就其对称性或其他方面而言，有些序列是左偏的，有些则是右偏的；所有的数列都呈尖峰态分布，这意味着比起具有相同的均值和方差的正态分布序列，它们的形态看起来尾部更胖，肩部更窄。同样，这一特征与当代标准的资产回报序列非常相似。从风险管理的角度来看，这种峰度是金融时间序列的一个关键特征，因为它意味着极端波动（即非常大的波动）比正态分布下的情况更有可能发生。巴塞罗那-布鲁日这一序列是最不均衡的，峰度也最高，尤其是 1390 年 10 月至 11 月上升了近 50%。这反映了 1389 年弗兰德货币升值带来的奇怪延迟影响。巴塞罗那的意大利商人一直以旧货币的形式对布鲁日的汇率进行报价，直到 1390 年 11 月，他们开始使用新货币（de Roover，1968）。

4.4 汇率的季节性走势

由于汇票既用于在贸易中转移资金，也用于借款或放贷，因此汇率与货币市场密切相关。16 世纪的商人贝尔纳多·达万扎蒂用手收紧或放松对金钱的控制来解释这种关系（Mueller，1997）。在现金需求高的时候，这只手会收紧，除非价格变得更高，否则不会释放任何资金，从而汇率将会上升。也就是说，汇票的卖方（借入方）将不得不承诺用更多的外币获得一个单位的本币。在这种情况下，商人把钱描述为"昂贵的"或"紧张的"。相反，当货币供应量超过需求时，货币就会变得"宽松"或"充裕"，随着汇票购买者（贷方）准备接受每单位本币下较少的外币，汇率就会下降。根据乔瓦尼·迪·安东尼奥·达·乌扎诺（Giovanni di Antonio da Uzzano）的说法，"进行交换的良好准则"即是主动预测汇率的变化，而非被动地对它们做出反应（Pagnini，1766）。因此，了解中世纪汇率中是否存在可预测的季节性走势就显得非常重要。

我们有很多方法可以检验时间序列数据的季节性。第一种方法是可以使用三角函数或在频域内工作。然而，在这种情况下，量化的复杂性是以牺牲解释性为代价的。我们在这里应用一个更为简单的方法，即使用一个包括月虚拟变量的线性回归：

$$y_t = \alpha_1 D1_t + \alpha_2 D2_t + \alpha_3 D3_t + \alpha_4 D4_t + \alpha_5 D5_t + \alpha_6 D6_t + \alpha_7 D7_t +$$
$$\alpha_8 D8_t + \alpha_9 D9_t + \alpha_{10} D10_t + \alpha_{11} D11_t + \alpha_{12} D12_t + u_t \tag{4.1}$$

其中，y_t 是汇率百分比变化序列，$D1_t, D2_t, \cdots, D12_t$ 是1月、2月……12月的月虚拟变量，u_t 是一个误差项，假设符合具有零均值和恒定方差的正态分布。这些虚拟变量在对应的月份取值1，否则取值0，例如，$D1_t$ 在每个1月取值1，在其他月取值0。这样，虚拟变量有效地"抽离"出了它们所对应月份的观察结果，并将其他一切设置为0。因此，附加在虚拟变量上的每个参数都可以解释为当月外汇汇率的平均变化率。

请注意，鉴于我们已经指定该回归包含了12个月虚拟变量的完整集合，所以该回归不得包含截距项，以避免"虚拟变量陷阱"。当给定所用数据的频率时，如果所有可能的季节性虚拟变量都与截距项一起包含在模型中，那么就会出现上述情况（例如，每月12个、每季度4个等），从而最终结果就会由于多重共线性的存在，而无法运行回归（见第1章）。

巴塞罗那报价的季节性结果见表4.3，布鲁日报价的季节性结果见表4.4，威尼斯报价的季节性结果见表4.5。总的来说，这些表格显示了非常清晰的走势。这一定量证据可以用来检验当时商人对货币市场状况的定性描述。在这种情况下，我们将使用乔瓦尼·迪·安东尼奥·达·乌扎诺的《德拉·梅尔图拉实践》(*Practica Della Mercatura*)（Pagnini，1766）。读者需要了解的是，乌扎诺所写的是公元1442年的情况，这大约是在达蒂尼信件提供的数据的

50年之后，这就可能为我们的统计重建和乌扎诺的经验之间存在的一些差异进行解释。

巴塞罗那引用的外汇汇率在12月上升，在1月上升最为显著，这种走势一直以较温和的速度持续到4月左右，随后在6月至10月出现大幅逆转，最明显的下跌发生在秋季。在所有情况下，汇率以一定数量的外国货币可兑换多少巴塞罗那货币来衡量。因此，在巴塞罗那汇率的上升意味着里拉贬值，反映了货币市场的放松；相反，汇率下跌则表明里拉价值上升，货币市场在收紧。这与乌扎诺叙述中的第一部分一致：

> 在巴塞罗那，从6月初到8月底，由于阿拉贡和周围山谷对羊毛的投资，以及巴伦西亚对"谷物"（染料）的购买，货币变得很昂贵；10月，在18日的圣路加节之后，因为藏红花的投资，货币市场进一步收紧，而且持续到来年1月；再以后，货币每天都在贬值，汇率逐渐回到原来的水平，除非发生意想不到的事情，否则贬值会持续到羊毛收获季节。
>
> （Pagnini, 1766；译自de Roover, 1968）

表4.3 季节性变化——巴塞罗那

月份	阿维尼翁	布鲁日	佛罗伦萨	热那亚	马略卡岛	蒙彼利埃	巴黎	威尼斯
1	0.87*** (0.30)	1.68** (0.81)	1.63*** (0.53)	1.85*** (0.39)	0.84*** (0.24)	0.94*** (0.33)	2.17*** (0.42)	0.85 (0.53)
2	0.39 (0.30)	1.06 (0.81)	0.75 (0.53)	0.86** (0.39)	0.61*** (0.23)	0.52 (0.32)	0.50 (0.42)	0.81 (0.49)
3	-0.02 (0.30)	0.16 (0.83)	-0.35 (0.53)	0.14 (0.39)	0.12 (0.25)	-0.02 (0.33)	0.54 (0.44)	0.39 (0.49)
4	0.22 (0.30)	0.29 (0.83)	0.59 (0.53)	0.31 (0.39)	0.22 (0.24)	0.22 (0.33)	0.38 (0.42)	0.86* (0.49)

4 中世纪外汇：时间序列分析

续表

月份	阿维尼翁	布鲁日	佛罗伦萨	热那亚	马略卡岛	蒙彼利埃	巴黎	威尼斯
5	0.23 (0.30)	0.04 (0.83)	-1.16** (0.53)	-0.90** (0.39)	0.45* (0.25)	0.24 (0.32)	-0.29 (0.41)	-0.91* (0.49)
6	0.34 (0.30)	-0.21 (0.81)	-0.55 (0.53)	-0.71* (0.39)	-0.02 (0.24)	0.26 (0.32)	-0.47 (0.41)	-0.23 (0.49)
7	-0.43 (0.30)	-0.77 (0.81)	-0.13 (0.50)	-0.68* (0.39)	-0.25 (0.24)	-0.24 (0.33)	-0.80* (0.41)	-0.54 (0.49)
8	-0.53* (0.30)	-0.94 (0.81)	-0.48 (0.50)	-0.47 (0.39)	-0.14 (0.24)	-0.84** (0.33)	-0.36 (0.42)	-0.75 (0.49)
9	-1.17*** (0.30)	-1.8** (0.81)	-1.20** (0.50)	-0.72* (0.39)	-0.16 (0.23)	-1.18*** (0.33)	-1.04* (0.44)	-1.12** (0.53)
10	-0.84*** (0.30)	-1.1 (0.81)	0.20 (0.47)	-0.65* (0.39)	-0.81*** (0.22)	-0.67* (0.33)	-0.65 (0.42)	0.1 (0.53)
11	0.07 (0.29)	2.17*** (0.81)	0.04 (0.50)	-0.15 (0.38)	-0.31 (0.25)	0.08 (0.33)	-0.09 (0.42)	0.42 (0.49)
12	0.71** (0.30)	0.54 (0.83)	0.77 (0.53)	1.28*** (0.39)	0.19 (-0.25)	0.67** (0.34)	0.46 (0.44)	0.38 (0.53)
R^2	0.18	0.10	0.24	0.21	0.25	0.17	0.20	0.24

注：括号内的标准误差；*、** 和 *** 分别表示在10%、5% 和 1% 的水平上显著；临界值根据每个系列的观察次数而变化。所有的汇率都被报价为每单位外币可兑换多少巴塞罗那货币。

表 4.4　季节性变化——布鲁日

月份	巴塞罗那	热内亚	伦敦	巴黎	比萨	威尼斯
1	-0.23 (0.37)	1.09*** (0.36)	-0.57** (0.28)	0.39* (0.22)	1.16* (0.66)	0.82 (0.76)
2	-0.65* (0.36)	0.56 (0.35)	-0.58** (0.28)	0.11 (0.21)	0.25 (0.57)	0.49 (0.73)
3	-0.58 (0.36)	0.33 (0.34)	-0.49* (0.28)	0.42** (0.21)	0.51 (0.51)	0.60 (0.71)
4	0.41 (0.36)	-0.92*** (0.34)	-0.53** (0.27)	-0.25 (0.21)	-0.15 (0.51)	-0.82 (0.71)

续表

月份	巴塞罗那	热内亚	伦敦	巴黎	比萨	威尼斯
5	0.3 (0.36)	-0.51 (0.35)	-0.55* (0.28)	0.01 (0.21)	-0.02 (0.57)	-0.25 (0.73)
6	0.08 (0.36)	-1.38*** (0.35)	0.14 (0.28)	-0.04 (0.21)	-1.23** (0.57)	-0.40 (0.73)
7	0.11 (0.37)	-0.48 (0.36)	0.12 (0.28)	-0.58*** (0.22)	-0.78 (0.66)	-0.68 (0.76)
8	-0.4 (0.37)	0.41 (0.36)	0.03 (0.28)	0.12 (0.22)	0.38 (0.66)	-1.52** (0.76)
9	-0.56 (0.37)	0.08 (0.36)	0.96*** (0.28)	0.36 (0.23)	1.15 (0.81)	2.12*** (0.76)
10	0.21 (0.38)	0.40 (0.38)	0.84*** (0.29)	0.17 (0.23)	1.49* (0.81)	0.21 (0.78)
11	0.95** (0.38)	-0.12 (0.38)	0.37 (0.29)	-0.14 (0.23)	-0.16 (0.81)	-0.01 (0.78)
12	-0.11 (0.38)	0.80** (0.38)	-0.15 (0.29)	0.18 (0.23)	-0.15 (0.81)	1.09 (0.78)
R^2	0.09	0.20	0.19	0.10	0.37	0.09

注：热那亚、巴黎、比萨和威尼斯的汇率按每单位外国货币可兑换多少弗兰德燕麦报价，而巴塞罗那和伦敦的汇率按每单位埃居（分别为22和24燕麦）可兑换多少外国货币来报价。

达蒂尼数据认为市场在夏季和秋季（6~10月）紧张，在冬季似乎有所缓解，而乌扎诺则认为市场在冬季应该继续收紧并达到峰值。西班牙藏红花贸易在达蒂尼时期可能不如后来重要，尽管达蒂尼本人也交易藏红花（Origo，1963）。

对于布鲁日报价的外汇汇率而言，这种走势不太清晰，大多数变化在统计上并不显著。总的来说，我们看到布鲁日－巴塞罗那和布鲁日－伦敦的汇率在12月至次年3月的冬季月份下降（伦敦为5月），在4月（伦敦为6月）至11月上升；而其他汇率在夏季下降，在冬季和春季上升。在这里，重要的一点是，我们得记得布鲁日对巴塞罗那和伦敦都"给予了肯定"，因此这两个地方的汇率上升反映了弗兰德价值的上升,并导致货币市场收紧。相反,汇率的下降则反映了市场有所缓和。

表 4.5　季节性变化——威尼斯

月份	巴塞罗那	博洛尼亚	布鲁日	佛罗伦萨	热那亚	伦敦	卢卡	米兰	巴黎	比萨	罗马
1	0.05 (0.40)	-0.15 (0.15)	0.11 (0.35)	-0.19 (0.18)	-0.33 (0.22)	-0.64 (0.59)	0.14 (0.27)	0.74 (0.68)	0.38 (0.32)	-0.19 (0.20)	-0.01 (0.57)
2	-0.46 (0.40)	-0.09 (0.15)	-1.03*** (0.36)	-0.45** (0.18)	-0.33 (0.22)	-0.51 (0.59)	-0.40 (0.27)	-0.70 (0.68)	0.80** (0.33)	-0.46** (0.20)	-0.05 (0.57)
3	-0.68* (0.38)	0.04 (0.15)	0.11 (0.34)	0.18 (0.18)	0.10 (0.22)	-0.24 (0.59)	0.12 (0.27)	-0.66 (0.68)	0.20 (0.33)	0.10 (0.19)	-0.13 (0.53)
4	-0.29 (0.38)	0.01 (0.15)	0.04 (0.34)	-0.04 (0.18)	0.20 (0.22)	-0.45 (0.54)	0.29 (0.26)	0.40 (0.78)	-0.32 (0.34)	0.01 (0.19)	0.09 (0.57)
5	0.01 (0.38)	-0.18 (0.15)	0.01 (0.35)	0.13 (0.18)	0.64*** (0.22)	1.14** (0.54)	0.09 (0.26)	0.16 (0.78)	0.04 (0.34)	0.01 (0.19)	0.16 (0.50)
6	0.86** (0.38)	0.02 (0.15)	1.37*** (0.33)	0.56*** (0.18)	0.62*** (0.22)	0.57 (0.54)	0.60** (0.26)	1.02 (0.74)	-1.01*** (0.33)	0.71*** (0.20)	0.29 (0.45)
7	0.77** (0.38)	0.39** (0.15)	0.60* (0.34)	0.58*** (0.18)	0.57*** (0.22)	0.55 (0.54)	0.67** (0.27)	0.46 (0.74)	-0.89*** (0.33)	0.91*** (0.20)	1.11** (0.47)
8	0.33 (0.38)	0.20 (0.15)	-0.04 (0.33)	-0.24 (0.18)	0.17 (0.22)	0.56 (0.54)	-0.71*** (0.27)	-0.10 (0.74)	-0.46 (0.32)	-0.16 (0.19)	0.81* (0.45)
9	-1.27*** (0.38)	-0.64*** (0.15)	-0.81** (0.33)	-1.29*** (0.18)	-1.11*** (0.22)	-0.30 (0.59)	-0.83*** (0.27)	-1.02 (0.74)	0.81** (0.33)	-1.35*** (0.20)	-0.76 (0.53)
10	0.42 (0.40)	0.01 (0.15)	0.66* (0.34)	0.51*** (0.18)	0.39* (0.22)	0.24 (0.59)	0.28 (0.27)	0.38 (0.78)	-0.39 (0.34)	0.39* (0.20)	0.61 (0.57)
11	-0.28 (0.40)	0.17 (0.15)	0.07 (0.34)	0.32* (0.18)	-0.03 (0.22)	0.68 (0.59)	-0.20 (0.27)	-0.04 (0.78)	0.57* (0.34)	0.16 (0.20)	-0.43 (0.57)
12	0.78* (0.40)	0.17 (0.15)	-0.10 (0.34)	0.08 (0.18)	-0.14 (0.22)	-0.22 (0.59)	-0.01 (0.27)	0.69 (0.68)	-0.09 (0.34)	0.02 (0.20)	0.07 (0.57)
R^2	0.20	0.11	0.14	0.24	0.16	0.18	0.21	0.07	0.19	0.27	0.13

注:除了威尼斯－巴黎之外,所有汇率都是以每单元威尼斯达克特可兑换多少外国货币来报价的。

达蒂尼的信件证据表明，布鲁日货币市场夏季收紧，冬季放缓。有趣的是，这恰恰不同于乌扎诺对 1442 年布鲁日货币市场的季节性走势描述：

> 在布鲁日，12 月和次年 1 月的钱很贵，因为此时有许多船只装载商品并被派遣出去，而在 8 月和 9 月，钱会因为正在举行的交易会而膨胀，这些交易会吸引商人前来购买并带来现金。
>
> （Pagnini, 1766；译自 de Roover, 1968）

这种差异将有助于我们对中世纪季节性趋势进行进一步的调查。特别是，我们可以研究 14 世纪后期到 15 世纪早期，即达蒂尼的信件同期，与 15 世纪中期，即乌扎诺写《手册》同期，这两个时期之间是否存在导致上述差异的重要变化。

威尼斯的报价中，9 月和次年 2 月的跌幅最大，但 6 月和 7 月有所上升。由于威尼斯对大多数其他货币"给予肯定"，这意味着市场在夏季收紧，在 9 月之后放松。我们可能会注意到威尼斯-巴黎似乎表现出相反的模式，因为这里威尼斯给巴黎"赋予了不确定性"，但事实上它有着相同的潜在走势。这也支持了乌扎诺对威尼斯货币市场的描述：

> 在威尼斯，从 5 月到 9 月 8 日，由于 7 月、8 月和 9 月会有开往国外的帆船，因此这期间的钱都很贵。它变得更贵的原因是每个人都开始做安排，他们想在那里汇更多的钱；这一较高的成本是由帆船所携带的现金数量导致的。因为帆船时代有大量商品在那里出售，而当你有很多需求时，就必须为这些商品支付货币——大量现金从银行流出，所以那里的现金总是比平时贵 1%。所有地方的货币价格都很高，且有各种到期日。从 7 月 8 日开始，货币价格高抬，直到 8 月 1 日到期日

才停下来，当月货币价格将上涨0.5%到1%。从8月1日开始，货币又开始波动，并且一直到9月8日都很昂贵；8日之后，所有的到期日都结束了，所有的帆船都离开了，所以市场不再有需求——银行很快就会增加供应，从而资金开始低价流通。

[Pagnini, 1766;
海伦·布莱德利（Helen Bradley）博士翻译]

穆勒（1997）补充了一些细节。在7月中旬，帆船离开了威尼斯去往罗马尼亚，而在8月中旬和8月末到9月初，帆船分别驶往贝鲁特和亚历山大港。由于对东方的贸易逆差，商人不得不出口银条来购买商品从而再进口。这导致夏季对货币的巨大需求推高了汇率。随后，在最后一艘帆船离开后，对货币的需求会减少，因此汇率也在9月暴跌。乌扎诺还提到了在12月和次年1月货币市场的紧缩，这与帆船离开加泰罗尼亚有关（Pagnini, 1766）。这与表4.5所示的12月威尼斯－巴塞罗那汇率的急剧上升非常吻合。

另一个重要的问题是，我们是分析序列水平的季节性走势，还是分析它们的百分比变化。如果一个序列在水平上几乎没有潜在的走势，这可能不会有什么不同。例如，我们在表4.5中得出的威尼斯－佛罗伦萨的结果与穆勒（Mueller, 1997）得出的走势非常相似，后者选择的时期也与我们十分接近。表4.2表明，随着时间的推移，汇率的平均变化仅为每月0.01%。另外，我们观察到巴塞罗那－布鲁日的走势却与海曼·萨迪（de Roover, 1968）描述的结果大不相同，这可能是由他对序列使用的增长水平所导致的——平均每月的汇率增长率为0.09%，几乎是威尼斯－佛罗伦萨的10倍。当一个序列随着时间的推移呈大幅上升或下降走势时，任何使用这些水平的统计分析都不会给研究者以想要的结果。在存在一个趋势向上的序列的情况下，对季节走势的分析将过分夸大最后的观察结果，根据定义，这些观察结果的值将远远大于初始阶段的观察结果。因此，我们建议历史学家在这种情况下使用百分比变化而不是水平值。

这些回归中的 R^2 衡量了季节性走势能够解释的每个序列整体变化的程度。在早先对布鲁日和巴塞罗那的相同数据的分析中，海曼·萨迪发现"该序列中大约 10% 的波动可归因于季节性因素"（de Roover，1968）。我们的研究也表明季节性起了更大的作用，占大多数序列变化的 20% 左右。布鲁日－比萨（尽管基于最小的样本，但解释了 37% 的差异）和威尼斯－比萨（解释了 27%）的最高。这表明比萨尤其受到季节性贸易或金融流动的影响。布鲁日－巴黎（10%）和威尼斯－博洛尼亚（11%）的季节性影响不太明显。乌诺扎解释说，这些地方的汇率与其他一些地方的汇率之间有着特别密切的联系（Pagnini，1766）。针对这种密切的联系，穆勒将这些地方描述为"配对城市"，因为它们地理上的接近意味着信息可以在 1~2 天内在两个地方之间传递，从而允许一个地方的商人对其他地方的变化做出快速反应（Mueller，1997）。

4.5　检验汇率中的单位根

在分析时间序列时，早期的一个关键问题是：样本中的每个变量是否可以被认为是固定的，或者它是否包含单位根。之所以叫单位根，是因为这种过程的特征方程的根是统一的。对于给定的滞后，平稳序列具有恒定的均值、方差和自方差结构——换句话说，时间序列的当前值与其先前值之间的关系保持恒定。这可能是一个序列中最重要的特征，因为它对其性质以及使用哪种类型的分析最合适有着最为重要的影响。还有一个问题是，如果一个序列包含一个单位根，标准计量经济学方法就不能应用于原始的水平形式的数据，否则将导致"伪回归"，即完全独立的单位根过程在标准计量经济学方法下是具有较强相关性的。因此，在这种情况下，该序列必须转换成百分比变化（增长率）形式。

然而，原始水平形式的汇率序列是否不平稳仍然是一个悬而未决的问题，支持和反对的实验证据都有很多。在"现代金融"文献中，即使我们特别只关注汇率这一方面，仍然有许多研究案例。许多作者对月度或季度频率的数据使用了下面描述的扩充的迪克－富勒检验（ADF）（Dickey and Fuller，1979）。例如，米斯和辛格尔顿（Meese and Singleton，1982），检验自20世纪70年代以来若干周以美元计价的汇率的对数是否存在单位根。他们不能拒绝水平值的对数中有单位根的零假设，但是发现了百分比的变化是非常平稳的，这一结果后来在科尔巴和欧利里斯（Corbae and Ouliaris，1988）对每月统计数据的检验中得到了回应。

最近，惠特（Whitt，1992）将实际美元汇率的单位根检验结果与其他一些使用ADF方法和西姆斯（Sims）的贝叶斯检验的结果进行了比较。ADF检验不能拒绝非平稳零假设，但贝叶斯检验却可以强烈拒绝它。泰勒（1990）也发现了实际汇率稳定的一些证据。在一项比较研究中，肖特曼和范迪克（Schotman and van Dijk，1991）使用了ADF和Sargan-Bhargava检验，以及贝叶斯后验概率方法。ADF和Sargan-Bhargava检验显示，对于他们检验的所有汇率，结果都是不被拒绝，而贝叶斯方法却没有提供结论性的结果。

最后，古德哈特等（Goodhart et al.，1993）在从逐笔到每日的抽样频率下，对若干美元汇率进行了ADF和Phillips-Perron检验。Phillips-Perron检验的程序与下文描述的ADF检验非常相似，唯一不同之处在于它对检验回归中的自相关残值施加了自动校正。他们的主要发现是每日和每小时序列有一个单位根，而大多数每分钟和每笔序列有一个具有趋势的单位根。他们的结论是，时间的聚合保持了汇率的非平稳性，因此无论是每小时、每分钟还是交

-147-

易发生时，序列都是非平稳的。

如果一个序列 y_t 最初是非平稳的，但在差分 d 次后变得平稳，那么它就包含了 d 个单位根，并被称为 d 阶的积分。我们通过从当前值中减去该序列的前一个值来进行"一阶差分"。然后，通过对已经差分一次的序列再次应用相同的过程，可以对序列进行二次差分。单位根只是非平稳性的一种可能形式，爆炸根（explosive root）是另一种形式，不过后者很少被考虑进去，因为我们很难从经济理论的角度来解释它。许多经济序列在转换成对数时都包含一个精确的单位根（Banerjeeet et al., 1993）。因此，如果我们发现原始数据包含一个单位根，但是百分比变化是固定的，这就为在后续分析中使用百分比变化提供了一个事后证明。

接下来将简要阐述在时间序列中检验单位根的迪克-富勒方法。他们在这个主题上进行了早期的开创性工作，尽管从那以后检验理论又有了许多进步，但是他们的技术仍然是单元根检验的主要工具——参见 Dickey and Fuller（1979）和 Fuller（1976）。本章中使用的迪克-富勒（DF）检验是基于检验回归的 t 比率。在回归检验中，可以包括常数或确定性走势，或者两者都包括，或者两者都不包括。与数据的预期特征一致，我们选择采用包含截距但不包含走势的模型。我们进行检验的零假设（H_0）和备择假设（H_1）模型如下：

$$H_0: y_t = y_{t-1} + u_t \tag{4.2}$$

$$H_1: y_t = \varphi y_{t-1} + \mu + u_t, \varphi < 1 \tag{4.3}$$

这是针对一阶平稳自回归模型 AR（1）的随机游走检验，该模型带有漂移项。我们可以这样写：

$$\Delta y_t = u_t \tag{4.4}$$

在零假设下，$\Delta y_t = y_t - y_{t-1}$，也可以表示为：

$$\Delta y_t = \Psi y_{t-1} + \mu + u_t \tag{4.5}$$

序列之中是否含有单位根的检验是基于估计回归 y_{t-1} 期的 t 比率进行的，因此检验统计被定义为：

$$单位根检验统计量 = \frac{\hat{\Psi}}{SE(\hat{\Psi})} \tag{4.6}$$

在零假设下，检验统计量并不遵循通常的分布，因为零假设是一个非平稳的假设，遵循非平稳的分布。临界值来自富勒等人的蒙特卡洛实验。如果检验统计值比临界值更为负向，那么在每种支持平稳性选择的情况下，单位根的原假设都被拒绝。

该检验也可以通过在估计方程中增加因变量的 p 个滞后来进行"增强"，这被称为增强的迪克－富勒检验。它允许回归中残差具有自相关性。如果这种结构存在于检验回归的残差中却没有进行说明，则单位根检验将不能很好地执行。在这种情况下，可选择的模型可以写成：

$$\Delta y_t = \mu + \Psi y_{t-1} + \sum_{i=1}^{p} \alpha_i \Delta y_{t-i} + u_t \tag{4.7}$$

这里出现了一个问题，即我们如何确定要添加到估计方程中的因变量的"最佳"滞后项数，以充分考虑自相关性而不过度拟合。确定滞后项数的一种方法是使用数据的频率作为决策规则（例如，4 个滞后项用于季度数据，12

个滞后项用于月度数据，等等），但这可能会导致我们在月度数据的情况下过度拟合。除此之外，滞后项的数量也可以根据使用某种信息准则来确定，例如，AIC 准则（Akaike's Information Criteria）或施瓦兹－贝叶斯准则（Schwarz's Bayesian Criteria）。但是，考虑到我们可支配的数据点数量有限，并且为了保证跨序列的一致性和可比性，我们对所有被调查的货币对采用任意的零项滞后和三项滞后。我们发现滞后长度的选择并不影响结论的质量。

4.6 汇率的结构性突变

当一个序列的特性在行为上经历了巨大的变化，以至于先前描述变量之间关系的模型被打破时，就会发生结构性断裂。尽管这个术语在现代应用计量经济学文献中经常使用得有些松散，但它可能有助于区分结构性断裂和异常值。当一个序列的行为或与其他序列的关系在长期上发生了改变时，如前所述，就出现了结构性断裂。而在一个序列的属性很快恢复至原来行为之前，在它发生了改变的一个或者几个时期里，异常值就出现了。在中世纪的汇率环境下，结构性断裂可能是由战争、金融危机、货币短缺、贬值或再铸币、歉收等原因造成的。

就计量经济学而言，早期的结构性突变检验是在基于平稳时间序列的回归背景下进行的——例如 Chow（1960）和 Quandt（1960）进行的似然比检验。然而，一些最近的方法则是在单位根检验的背景下进行的，因为研究者发现，不管是对序列进行截距还是斜度回归，当序列中存在一个或多个单位根时，如上所述的标准迪克－富勒检验表现得并不好。具体来说，在这种情况下检验的作用很小。此外，由于在 Δy_t 对 y_{t-1} 的回归中，非参数化的结构性断裂使得斜率参数倾向于统一，因此当单位根零假设不正确时，它们不能拒绝原假设。一般来说，断裂越大，样本越少，检验的作用也就越小。正如 Leybourne 等（1998）所说，在结构性断裂的情况下，单位根检验是过大的，因此当零假设正确时，它们也经常被拒绝。

佩伦（Perron，1989）第一个系统地解决了在结构性断裂情况下检验单位根的问题。这项工作被认为是至关重要的，因为它能够证明，如果我们考虑到检验框架中的结构性断裂，那么尼尔森和普洛瑟（Nelson and Plosser，1982）认定为非平稳的一整个宏观经济序列就可能变成平稳的。佩伦认为，大多数经济时间序列的最大特征是断裂趋势下的平稳过程，其中数据生成过程是一个确定性的趋势，但在1929年前后出现结构性断裂，并永久改变了序列的水平（截距）。

佩伦（1989）提出了三个不同的取决于断裂类型的检验方程。第一个被称为崩溃模型（crash model），它允许序列的水平（截距）有所断裂；第二个是增长率模型（changing growth model），它允许序列增长率（即斜率）的断裂；第三个模型则允许两种类型的断裂同时发生，从而改变趋势的截距和斜率。如果我们在数据 T_b 中定义断裂点，那么虚拟变量 D_t 就可以定义为：

$$D_t = \begin{cases} 0, & \text{如果 } t < T_b \\ 1, & \text{如果 } t \geq T_b \end{cases} \tag{4.8}$$

佩伦提出的检验大部分类型的通用方程是：

$$\Delta y_t = \mu + \Psi y_{t-1} + \beta_1 D_t + \beta_2 (t-T_b) D_t + \lambda t + \sum_{i=1}^{p} \alpha_i \Delta y_{t-i} + u_t \tag{4.9}$$

对于崩溃模型，设定 $\beta_2=0$，而对于"不断变化的增长"模型，设定 $\beta_1=0$。在三种情况下，零假设下都有一个在 T_b 处属于结构性断裂的单位根，和一个在

- 151 -

其他选项下具有断裂性的平稳序列。

尽管佩伦（1989）发表了一个关于如何在结构性断裂情况下检验单位根的新文献，但是他的方法中一个重要的限制是他假设了断裂日期是预先知道的，并且检验是利用这个信息而构建的。然而实际上，这个日期可能是未知的而且必须从数据中确定。更严重的是，克里斯蒂亚诺（Christiano）认为，该检验使用的临界值假定断裂日期是由外部选择的，但大多数研究人员是基于对数据的检查而选择的断裂点，因此渐近理论将不再适用。

因此，班纳吉等（Banerjeeet et al.，1992）和齐沃特和安德鲁斯（Zivot and Andrews，1992）引入了一种能够在存在结构变化的情况下检验单位根的方法，能够使断裂日期进行内生性的选择。他们的方法以递归、滚动和等式检验为基础。对于递归和滚动检验，班纳吉等人提出了4个步骤。第一步，对所有样本进行标准的迪克-富勒检验，他们称之为 $\hat{t}_{DF}$；第二步，在次级样本上重复进行 ADF 检验，得到最小的 DF 统计量 $\hat{t}_{DF}^{\min}$；第三步，从次级样本中获得最大的 DF 统计量 $\hat{t}_{DF}^{\max}$；第四步，取最大值和最小值的差值，$\hat{t}_{DF}^{\text{diff}}=\hat{t}_{DF}^{\max}-\hat{t}_{DF}^{\min}$。对于顺序检验，每次运行以下回归时，都会使用整个样本：

$$\Delta y_t = \mu + \psi y_{t-1} + \alpha \tau_t(t_{used}) + \lambda t + \sum_{i=1}^{p} \alpha_i \Delta y_{t-i} + u_t \qquad (4.10)$$

其中，$t_{used}=T_b/T$。检验针对尽可能多的数据（修剪样本）中 T_b 的不同值重复运行，排除了前几个和最后几个观察值（因为那里的断裂无法可靠地检查到）。很明显，是 $\tau_t(t_{used})$ 导致了断裂，这既可以在水平值中发生 [如果 $t>t_{used}, \tau_t(t_{used})=1$，否则 $=0$]，也可以在确定性的趋势中发生 [如果 $t>t_{used}, \tau_t(t_{used})=t-t_{used}$，否则 $=0$]。

最近关于汇率是否包含单位根的工作更多的是在面板背景下进行的。在面板背景下，将序列组合在一起所产生的额外信息可以带来相当大的效率增益和作用深化。相关研究包括乔里安和斯威尼的工作（Jorion and Sweeney，1996），他们拒绝了10种美元计价货币和7种德国马克计价货币的单位根零假设。吴（1996）用18个月的实际汇率序列得出结论——美元实际汇率不是单位根过程；麦克唐纳（MacDonald，1996）和欧（Oh，1996）使用更长的年度数据样本观察到了类似的结果。正如吴等（2004）所提出的那样，在面板单位根过程的背景下，也有可能存在结构性断裂。吴拒绝一组东南亚实际汇率的单位根零假设。然而，我们数据的性质包含了序列长度的巨大差异，且所覆盖的样本时期也意味着我们不能使用面板方法。

通过使用一个序贯方法，佩伦（1997）曾对他的原始方法提出扩展，使用序贯方法对检测统计量进行估计，这些统计量允许在样本中的任何点上出现数据断裂。这种技术类似于齐沃特和安德鲁斯的方法，只是佩伦的方法更为灵活，更为可取。因为佩伦的方法允许在两种情况下都存在断裂，而根据齐沃坦和安德鲁斯的模型，断裂只能在替代选项下出现。鉴于这种方法明显优于以前的方法，我们在此采用了佩伦（1997）检验，结果见表4.6。

表4.6 单位根和结构性断裂检验

序列	DF t-检验（0滞后）	ADF t-检验（3滞后）	佩伦断裂检验t统计值	断裂日期
巴塞罗那－阿维尼翁	-4.69***	-4.81***	-0.46	1388.08
巴塞罗那－布鲁日	-2.06	-2.40	-0.82	1389.02
巴塞罗那－佛罗伦萨	-2.31	-2.46	-0.45	1398.04
巴塞罗那－热那亚	-3.95***	-5.01***	0.08	1388.08
巴塞罗那－马略卡岛	-4.25***	-5.68***	-1.43	1393.01
巴塞罗那－蒙彼利埃	-4.81***	-4.85***	-1.29	1389.10
巴塞罗那－比萨	-2.78*	-3.11**	-1.20	1393.07
巴塞罗那－威尼斯	-1.55	-2.21	-0.86	1399.08

续表

序列	DF t-检验（0 滞后）	ADF t-检验（3 滞后）	佩伦断裂检验 t 统计值	断裂日期
布鲁日-巴塞罗那	-3.10***	-2.39	-0.60	1396.07
布鲁日-热那亚	-3.12**	-3.09**	-0.34	1396.07
布鲁日-伦敦	-2.33	-2.29	-3.95***	1396.09
布鲁日-巴黎	-2.23	-1.33	0.62	1396.07
布鲁日-比萨	-0.98	-1.27	-0.83	1395.04
布鲁日-威尼斯	-4.50***	-2.71*	-0.45	1396.07
威尼斯-巴塞罗那	-1.87	-1.64	-0.60	1400.03
威尼斯-博洛尼亚	-6.12***	-3.85***	0.11	1392.11
威尼斯-布鲁日	-1.49	-1.30	-0.82	1399.10
威尼斯-佛罗伦萨	-6.05***	-3.98***	0.01	1386.09
威尼斯-热那亚	-1.18	-0.78	1.04	1386.09
威尼斯-伦敦	-0.77	-0.48	-3.10**	1406.08
威尼斯-卢卡	-4.17***	-3.02**	-1.06	1400.04
威尼斯-米兰	-2.4	-2.12	-0.88	1395.04
威尼斯-巴黎	-1.46	-1.44	-1.25	1400.02
威尼斯-比萨	-6.30***	-5.34**	-1.16	1386.03
威尼斯-罗马	-2.81*	-2.60	-1.17	1399.09

注：所有 DF 和 ADF 回归检验中都包含一个常数，但没有趋势；累积性异常值模型用于佩伦检验。

这些是针对序列在其水平（而非百分比变化）上是否"平稳"所进行的检验——也就是说，问题在于它们是否包含随机趋势，也就是所谓的单位根。零假设认为它们包含单位根，而星号表示这个假设被拒绝的情况。表 4.6 给出了纯单位根测试（DF 和 ADF 测试）和允许单个内生结构性断裂的检验（佩伦检验）的结果。

如表 4.6 中的结果所示，包含任意 3 个滞后的检验和不包含滞后的纯迪克 - 富勒（DF）检验之间有相当程度的一致性。尽管这里的结果复杂得多，但现代外汇序列的证据更有力地表明了它们都是非平稳的。这里几乎一半的序列看起来是平稳的，包括大部分的巴塞罗那序列和一半的威尼斯序列。

我们采用的佩伦检验针对断裂日期未知情况下的单位根和结构性断裂。在每种情况下，零假设都是一个具有对抗平稳性选择的断裂点的单位根，这一结果与 DF 检验非常不同。由于结构性断裂，在它们的水平上只有两个序列是平稳的，这可能比我们预期的结果更富争议。

对于基于威尼斯的序列，似乎有一个数字在 1386 年 9 月和 1399 年 9 月至 1400 年 4 月有间断。有几个巴塞罗那序列在 1388 年 8 月出现断裂，但这里的走势并不清楚。布鲁日的汇率报价中，最常见的日期在 1396 年 4 月至 7 月。由于它与弗兰德货币的频繁贬值和升值不一致，因此这一现象是很有趣的（芒罗，2012）。德鲁沃尔认为布鲁日 - 威尼斯比率的上升可能与尼科 - 波利斯战役中奥斯曼人俘虏了勃艮第公爵（佛兰德郡是其一部分）的继承人约翰·德·内韦尔（John de Nevers）有关。约翰的赎金后来定为 200000 达克特，这需要将货币从布鲁日和巴黎大量转移到威尼斯，再从那里转移到东方，继而就导致了达克特价格的升高（德鲁弗，1968）。

佩伦（1997）方法的一个重要限制是它只能用来估计（最多）一个结构断裂，而这可能是存在问题的。不仅是因为当数据中存在其他断点却无法被检测到，更严重的是，如果有多个断点，那么假设最多有一个断点的模型就是错误的，这可能会导致推断发生错误。这个问题就和存在一个断点，我们却没有考虑到一样严重。因此，进一步的扩展将能考虑到该序列中一个以上的结构性断裂——例如，Lumsdaine 和 Papell（1997）加强了齐沃特和安德鲁斯（1992）的方法以允许两个结构性断裂的检验。而使用恩格尔 - 格兰杰（Engle-Granger）方法的第一步进行扩展，也有可能考虑到序列之间协整关系的结构性断裂——见 Gregory 和 Hansen（1996）。

最近，在一系列论文中，白和佩伦（Bai and Perron，1998，2003a，2003b）开发了另一种检验结构性变化的技术，且可以考虑到不止一次的断裂。然而，这种方法不是在单位根检验的问题上进行的，而是应用于一个使用了平稳数据的模型。在本文中，外生因素中数据的缺失会影响到汇率，结构性断裂的检验是建立在汇率百分比变化的一阶[AR（1）]样本自回归模型上的。本质上，通过对一系列考虑到 $1,2,\cdots,m$ 个结构性断裂的模型进行估计，并选择能够最小化贝叶斯信息准则（Bayesian Information Criterion，BIC）的断裂个数，我们的检验得以运行。我们也可以使用 F 检验来验证零假设，即对 $m-1$ 个选择存在给定数量的 m 个断裂。模型如下：

$$y_t=x'_t\beta+z'_t\delta_1+u_t, t=1,\cdots,T_1$$
$$y_t=x'_t\beta+z'_t\delta_2+u_t, t=T_1+1,\cdots,T_2$$
$$\vdots$$
$$y_t=x'_t\beta+z'_t\delta_{m+1}+u_t, t=T_m+1,\cdots,T \qquad (4.11)$$

其中，y_t 是因变量，x_t 是 $p\times 1$ 的矢量，其中的各个变量与 y 的关系是变化的，因为一系列结构性断裂分别发生在时间点 $T_1,T_2,\cdots,T_m$。矢量 $\beta,\delta_1,\cdots,\delta_{m+1}$ 代表一系列未知的参数值。我们进行的检验最多允许 5 次断裂，断裂之间的最短距离为 3 个月。

表 4.7 给出了应用该检验的结果。在大约一半的序列中，没有检测到结构性断裂。有趣的是，巴塞罗那序列大都没有断裂，除了布鲁日-巴塞罗那序列；所有布鲁日序列都只有一次断裂；威尼斯的结果更加复杂，偶尔会有多次断裂。因此总的来说，多次断裂的可能性似乎不需要在这里引起很大的关注。很明显，在断裂发生的地方，不同序列之间在发生时间上的一致性，

要比上面给出的单位根结构性断裂所具有的一致性少得多。

一个有趣的案例是威尼斯 – 米兰。表 4.6 中报告的佩伦试验识别了 1395 年 4 月的结构性断裂，而表 4.7 中报告的 Bai-Perron 断裂检验结果发现了 1400 年 3 月的结构性断裂。这与两个不同时期的米兰货币政策相吻合（Meuller, 1997）。威尼斯和米兰之间的汇率是按照威尼斯金达克特和米兰金达克特之间的汇率报价的，米兰金币由 32 个 "*soldi imperiali*" 银币组成。直到 1395 年，杜卡特和帝制里拉（*lire imperiali*）在米兰的国内汇率保持稳定，威尼斯和米兰之间的汇率按照威尼斯货币高出 3%~5% 发生波动（即 100 个威尼斯达卡特相当于 103~105 个米兰达卡特或 3296~3360 个 "*soldi imperiali*" 银币）。

然而，1395 年后，米兰的统治者吉安吉亚利佐·维斯康帝（Giangealeazzo Visconti）逐渐将白银货币贬值以作为侵略性的外交政策。随着银币的贬值，威尼斯和米兰的汇率上升了。在 1400 年初的最低点，米兰的达克特相当于 48~49 个 "*soldi imperiali*" 银币，白银货币价值大约下降了一半。另外，威尼斯 – 米兰的汇率进一步提升使得威尼斯方面高出了 52%（所以 100 个威尼斯达克特值 152 个米兰达克特或 4864 个 "*soldi imperiali*" 银币）。

表 4.7　Bai-Perron 结构性断裂检验

序列	结构性断裂数量	断裂日期	第二次断裂日期	第三次断裂日期
巴塞罗那 – 阿维尼翁	0			
巴塞罗那 – 布鲁日	0			
巴塞罗那 – 佛罗伦萨	0			
巴塞罗那 – 热那亚	0			
巴塞罗那 – 马略卡岛	0			
巴塞罗那 – 蒙彼利埃	1	1395.06		
巴塞罗那 – 比萨	2	1399.02	1398.12	
巴塞罗那 – 威尼斯	0			

续表

序列	结构性断裂数量	断裂日期	第二次断裂日期	第三次断裂日期
布鲁日－巴塞罗那	0			
布鲁日－热那亚	1	1396.07		
布鲁日－伦敦	1	1407.12		
布鲁日－巴黎	1	1395.11		
布鲁日－比萨	1	1396.07		
布鲁日－威尼斯	1	1410.03		
威尼斯－巴塞罗那	0			
威尼斯－博洛尼亚	0			
威尼斯－布鲁日	1	1403.07	1400.03	
威尼斯－佛罗伦萨	0			
威尼斯－热那亚	0			
威尼斯－伦敦	1	1406.11		
威尼斯－卢卡	0	1404.07	1409.12	
威尼斯－米兰	2	1400.03	1399.09	
威尼斯－巴黎	1	1409.03		
威尼斯－比萨	3	1397.10	1397.06	1398.01
威尼斯－罗马	1	1403.10		

注：结构性断裂的数量由 Bai-Perron 检验选择，该试验将 BIC 最小化；这些检验是在 AR（1）模型的背景下构建的。

在这一时期，维斯康帝试图对米兰的白银货币进行重新估值，使之回到 1395 年 32 个 "*soldi imperiali*" 银币兑换 1 个米兰达克特的水平。1400 年 2 月 21 日，他颁布了一项法令，将帝制里拉银币的价值 "抬高" 了 1/3。到 1400 年 3 月，米兰的汇率跌至 1 个米兰达克特兑 35~36 个 "*soldi imperiali*" 银币，而威尼斯－米兰的汇率相应地下跌，至威尼斯货币高出 10%~12%（即 100 个威尼斯达克特值 110~112 个米兰达克特或 3520~3584 个 "*soldi imperiali*" 银币）。

4.7 结论

本章介绍了历史学家在分析时间序列数据时可以使用的一些基本统计技术。我们列出了一些识别季节性走势，并检验单位根和结构断裂的方法。计量经济学分析具有许多优势：它比单纯的"目测"数据更精确，在某些方面也更严格；它可以识别出对原始数据进行粗略的研究可能遗漏或误判的走势。从统计学的角度来看，它可以确定观察模式是否关键。此外，更专业的定量分析也可以减少"误报"的数量，在这种情况下，研究人员可以有效地看到隐藏在迷雾中的信息。然而，这种统计方法不能代替历史研究，而是需要与传统的历史研究方法结合起来使用。首先，在解释统计分析所产生的结果时，我们必须考虑其历史背景。例如，结构断裂检验可能会计算出潜在日期，但任何此类变化的最终意义仍取决于历史重建。其次，也是更重要的一点，由于任何统计分析的质量都由其所依赖的数据决定，因此历史学家必须确保数据的完整性，并保证数据与分析工作的适应性。

注 释

1.《中世纪交易手册》中的数据已经上传到中世纪和近代早期数据库，可以在 http://www2.scc.rutgers.edu/memdb/search_form_spuf.php 中查找。

2. 达蒂尼档案的主页是 http://datini.archiviodistato.prato.it/www/indice.html。

3. 巴塞罗那和布鲁日的汇率根据德鲁沃尔（1968）附录输入进了电子

表格。穆勒的威尼斯相关数据可从中世纪和近代早期数据库中获得（http://www2.scc.rutgers.edu/memdb/search_form_ mueller.php）。应该指出的是，在线数据集有一些错误，特别是威尼斯－巴塞罗那的汇率。穆勒自己的数据中似乎没有这些内容，大概是在数据被重新输入上传时发生的。我们识别出了明显偏离同时代汇率的数据点，对照达蒂尼档案中的原始信件进行了检查，并进行了必要的更正。

参考文献

Bai, Jushan and Perron, Pierre (1998), Estimating and Testing Linear Models with Multiple Structural Breaks, *Econometrica*, 66, 47-78.

Bai, Jushan and Perron, Pierre (2003a), Computation and Analysis of Multiple Structural Change Models, *Journal of Applied Econometrics,* 18, 1-22.

Bai, Jushan and Perron, Pierre (2003b), Critical Values for Multiple Structural Change Tests,*Econometrics Journal*, 1, 1-7.

Banerjee, Anindya, Lumsdaine, Rubin L. and Stock, James H. (1992), Recursive and Sequential Tests of the Unit-root and Trend-break Hypotheses: Theory and International Evidence, *Journal of Business and Economic Statistics*, 10, 271-287.

Banerjee, Anindya, Dolado, Juan J., Galbraith, John W. and Hendry, David F. (1993), *Cointegration, Error Correction, and the Econometric Analysis of Nonstationary Data,* Oxford: Oxford University Press.

Bell, Adrian R., Brooks, Chris and Moore, Tony K. (2009), Interest in Medieval Accounts: Examples from England, 1272-1340, History, 94, 411-433.

Bigwood, Georges and Grunzweig, Armand (eds) (1962), Les Livres des Comptes des Gallerani, Brussels:

Académie Royale de Belgique.

Blomquist, Thomas W. (1990), Some Observations on Early Foreign Exchange Banking based upon New Evidence from XIIIth century Lucca, *Journal of European Economic History,* 19, 353-375.

Booth, G. Geoffrey (2011), Foreign Exchange Profits in Two Early Renaissance Money Markets, *Journal of European Economic History,* 38, 123-144.

Booth, G. Geoffrey and Gurun, Umit G. (2008), Volatility Clustering and the Bid-ask Spread: Exchange Rate Behavior in Early Renaissance Florence, *Journal of Empirical Finance,* 15, 133-144.

Chilosi, David and Volckart, Oliver (2011), Money, States and Empire: Financial Integra tion and Institutional Change in Central Europe, 1400-1520, *Journal of Economic History,* 71, 762-791.

Chow, Gregory C. (1960), Tests of Equality between Sets of Coefficients in Two Linear Regressions, *Econometrica*, 28(3), 591-605.

Christiano, Lawrence. J. (1992), Searching for a Break in GNP, *Journal of Business and Economic Statistics,* 10, 237-250.

Corbae, Dean and Ouliaris, Sam (1988), Cointegration Tests of Purchasing Power Parity, *Review of Economics and Statistics,* 70, 508-511.

Denzel, Markus A. (2010), Handbook of World Exchange Rates, 1590-1914, Aldershot: Ashgate.

Dickey, David A. and Fuller, Wayne A. (1979), Distribution of Estimators for Time Series Regressions with a Unit Root, *Journal of the American Statistical Association,* 74, 427-431.

Einzig, Paul (1970), The History of Foreign Exchange, 2nd edn, London: Macmillan. Fuller, W. A. (1976) Introduction to Statistical Time Series, New York: Wiley.

Goodhart, Charles A. E., McMahon, Patrick C. and Ngama, Yerima L. (1993), Testing for Unit Roots with very High Frequency Spot Exchange Rate Data, *Journal of Macro- economics,* 15(3), 423-438.

Gregory, Allan W. and Hansen, Bruce E. (1996), Residual-based Tests for Cointegration in Models with Regime Shifts, *Journal of Econometrics, 70, 99-126.*

Jorion, Philippe and Sweeney, Richard J. (1996), Mean Reversion in Real Exchange Rates: Evidence and

Implications for Forecasting, *Journal of International Money and Finance,* 15, 535-550.

Koyama, Mark (2010), Evading the "Taint of Usury": The Usury Prohibition as a Barrier to Entry, *Explorations in Economic History,* 47, 420-442.

Kugler, Peter (2011), Financial Market Integration in Late Medieval Europe: Results from a Threshold Error Correction Model for the Rhinegulden and Basle Pound, 1365-1429, *Swiss Journal of Economics and Statistics,* 147, 337-357.

Leone, Alfonso (1983), Some Preliminary Remarks on the Study of Foreign Currency Exchange in the Medieval Period, *Journal of European Economic History,* 12, 619-629.

Leybourne, Stephen, Newbold, Paul and Vougas, Dimitrios (1998), Unit Roots and Smooth Transitions, *Journal of Time Series Analysis,* 19, 83-97.

Lumsdaine, Robin L. and Papell, David H. (1997), Multiple Trend Breaks and the Unit Root Hypothesis, *Review of Economics and Statistics,* 79(2), 212-218.

MacDonald, Ronald (1996), Panel Unit Root Tests and Real Exchange Rates, *Economics Letters,* 50, 7-11.

McCusker, John J. and Gravesteijn, Cora (1991), *The Beginnings of Commercial and Financial Journalism: The Commodity Price Currents, Exchange Rate Currents, and Money Currents of Early Modern Europe,* Amsterdam: Nederlandsch Economisch- Historisch Archief.

Meese, Richard A. and Singleton, Kenneth J. (1982), On Unit Roots and the Empirical Modelling of Exchange Rates, *Journal of Finance,* 37(4), 1029-1035.

Melis, Federigo (1962), *Aspetti della Vita Economica Medievale: Studi nell'Archivio Datini di Prato,* Siena: Monte dei Paschi di Siena.

Mueller, Reinhold C. (1997), *The Venetian Money Market: Banks, Panics, and the Public Debt, 1200-1500,* Baltimore, MD: Johns Hopkins Press.

Munro, John H. A. (1979), Bullionism and the bill of exchange in England, 1272-1663 in *The Dawn of Modern Banking: Ten Essays Prepared for a Conference Sponsored by the Centre for Medieval and Renaissance Studies, University of California, Los Angeles,* London: Yale University Press, pp. 169-

239.

Munro, John H. A. (2012), Coinage Debasements in Burgundian Flanders, 1384-1482: Monetary of fiscal remedies? in Nicholas, David, Bachrach, Bernard S. and Murray, James M. (eds) *Comparative Perspectives on History and Historians: Essays in Honour of Bryce Lyon*, Kalamazoo: Medieval Institute Publications, Western Michigan University, pp. 314-360.

Nelson, Charles and Plosser, Charles (1982), Trends and Random Walks in Macroeconomic Time Series, *Journal of Monetary Economics*, 10, 139-162.

Nigro, Giampiero (ed.) (2010), *Francesco di Marco Datini: The Man, the Merchant*, Flor- ence: Firenze University Press, Fondazione Istituto Internazionale di Storia Economica "F. Datini".

Oh, Keun-Yeob (1996), Purchasing Power Parity and Unit Root Tests Using Panel Data, *Journal of International Money and Finance*, 15, 405-418.

Origo, Iris M. (1963), *The Merchant of Prato: Francesco di Marco Datini, 1335-1410* rev. edn, Harmondsworth: Penguin.

Pagnini, Gianfrancesco (ed.) (1766), *Della Decima e di Varie Altre Gravezze Imposte dal Comune di Firenze della Monete e della Mercatura de Fiorentini Fino al Secolo XVI: Tomo Quarto Continente La Pratica della Mercatura Scritta da Giovanni di Antonio da Uzzano nel 1442*, Lisbon-Lucca.

Perron. Pierre (1989), The Great Crash, the Oil Price Shock and the Unit Root Hypothesis, *Econometrica*, 57, 1361-1401.

Perron, Pierre (1997), Further Evidence on Breaking Trend Functions in Macroeconomic Variables, *Journal of Econometrics*, 80, 355-385.

Quandt, Richard (1960), Tests of the Hypothesis That a Linear Regression System Obeys Two Different Regimes, *Journal of the American Statistical Association*, 55, 324-330.

de Roover, Raymond A. (1944a), Early Accounting Problems of Foreign Exchange, *The Accounting Review*, 19, 381-407.

de Roover, Raymond A. (1944b), What is Dry Exchange? A Contribution to the Study of English

Mercantilism, *Journal of Political Economy*, 52, 250-266.

de Roover, Raymond A. (1968), *The Bruges Money Market Around 1400* (*with a Statistical Supplement by Hyman Sardy*), Brussels: Paleis der Academiën.

Rubin, Jared (2010), Bills of Exchange, Interest Bans and Impersonal Exchange in Islam and Christianity, *Explorations in Economic History*, 47, 213-227.

Schotman, Peter and Dijk, Herman K. van (1991), A Bayesian Analysis of the Unit Root in Real Exchange Rates, *Journal of Econometrics*, 49, 195-238.

Spufford, Peter (1986), *Handbook of Medieval Exchange*, London: Royal Historical Society.

Spufford, Peter (1991), *Money and its Use in Medieval Europe*, Cambridge: Cambridge University Press.

Taylor, Mark P. (1990), On Unit Roots and Real Exchange Rates: Empirical Evidence and Monte Carlo analysis, *Applied Economics*, 22, 1311-1321.

Volckart, Oliver and Wolf, Nikolaus (2006), Estimating Financial Integration in the Middle Ages: What Can we Learn from a TAR Model? *Journal of Economic History*, 66, 122-139.

Whitt, Joseph A. Jr. (1992), The Long-run Behaviour of the Real Exchange Rate: A Reconsid- eration, *Journal of Money, Credit and Banking*, 24(1), 72-82.

Wu, Yangru (1996), Are Real Exchange Rates Nonstationary? Evidence from a Panel Data Test, *Journal of Money, Credit and Banking*, 28, 54-63.

Wu, Jyh-Lin, Tsai, Li-Ju and Chen, Show-Lin (2004), Are Real Exchange Rates Non- stationary? The Pacific Basin Perspective, *Journal of Asian Economics*, 15, 425-438.

Zivot, Eric and Andrews, Donald W. K. (1992), Further Evidence on the Great Crash, the Oil Price Shock, and the Unit Root Hypothesis, *Journal of Business and Economic Sta- tistics*, 10, 251-270.

5 14世纪和15世纪的英格兰地方财产价值

玛格丽特·耶茨

安娜·坎贝尔

马克·卡森

Margaret Yates

Anna Campbell

Mark Casson

5.1 引言：不断变化的经济状况

今天，不断变化的财产价值塑造了经济历史学家和经济学家的主要预判：它的改变是无可争议的，且影响财产价值的长期社会和经济事件也是如此。本研究选择的时期覆盖了许多重大事件，特别是1348~1399年英国发生的黑死病，以及随之而来的人口锐减和人口与土地比例发生的变化。一百年后，人们观察到对土地持有的资本主义式态度有所抬头，家庭与土地的联系也有所松动。此外，我们越来越意识到市场活动的影响在中世纪时期、贸易的国际层面以及货币的角色中是非常普遍的，这一切又都可能对当地的财产价值产生影响。

即使在近代早期和现代社会，以往计算土地价值变化所做出的尝试也因历史记录过于零碎而受挫（Turner et al., 1997）。中世纪时期，像比恩（Bean）这样的历史学家曾做出巨大的努力来测算多个房地产记录中购买价格与房地产年度价值之间的关系。例如，他计算出13世纪的购买价格代表了10年的年价值和15世纪中期的20年价值，但在此期间价格的变化很大（Bean，1991）。在一项高度复杂的分析中，布鲁斯·坎贝尔（Bruce Campbell）计算了1270~1350年不同类型农业用地的单位价值，作为它们能够产生的预期净利润或"租金"，而不是土地的总资本价值（Campbell，2000；Campbell and Bartley，2006）。通过对事后调查（Inquisitions Post Mortem，IPMs）的研究，他能够证明在14世纪整个英格兰可耕地、草地和牧场的货币价值逐渐下降（Campbell and Bartley，2006）。虽然这一观点在最近存在争议，但人们普遍认为，在14世纪中期之后，IPMs已经变成一个不太有价值的证据来源，因此有必要开展这类研究（Yates，2012）。此外，我们需要警惕"价值"的含义，区分购买价格、资本价值和净利润或预期从资产中取得的租金。我们将在本章解决资本价值的问题。

在任何时间点赋予资产的价值都受到许多潜在因素的影响，这些因素也决定了本章的研究问题。它们可以概括为以下几个方面。

- 人口变化及其与土地总拥有量的关系，特别是黑死病带来的毁灭性死亡率。
- 与此相关的是市场上可供购买的土地数量。
- 政治动荡的影响：爱德华二世在 1327 年、理查德二世在 1399 年和亨利六世在 1461 年的宣誓；亨利六世在 1470 年的复辟，以及他随后在 1471 年被爱德华四世俘获，后者的"统治"因 1470 年逃亡而中断。与这些事件相关的是两个内战时期。
- 土地所有权的社会分配发生变化，特别是"新贵"（律师、王室或政府雇员以及成功的商人等职业群体）的活动中建立的小庄园，很可能是以小的独立土地所有者的权益为代价。这些与"贵族身份"的获得方式有关，也是一种被乡村社会接受的方式。
- 农业变革，包括从耕地转向牧场，以及私人封闭土地的兴起，这些都与资本主义对土地的态度有关。
- 随着一些城镇的发展，另一些城镇的衰落，城市财富的变化改变了不同地区的财产价值，包括郡内和郡与郡之间。
- 土壤和地形作为外源因素。

为了阐明这些因素的作用，本章侧重于：

（1）当地财产价值，特别强调庄园价值和不同类型农业用地的价值；

（2）土地的构成，反映在土地的使用上，特别是耕地、草地和牧场；

（3）郡与郡之间以及同一郡内城乡之间的区域差异；

（4）随着时间推移的各种变化，尤其是在黑死病发生之后；

（5）土地所有者的社会和职业地位及性别。

5.2 来源及其背景

协同工作，如博德贝里和坎贝尔等（Broadberry and Campbell et al., 2012）的工作，能够产出孤身投入档案馆的研究人员所无法想象的结果。本章给出的这些协同工作的成果涉及一大批中世纪历史学家和经济学家。从前被忽视的定量数据来源——协议诉讼的文书附尾（feet of fines，或简称协议），它们的数据主要来自自由保有财产及其价值。

协议——最终协议或协约——记录自由土地的转让，位于三方文件的底部，包括由法院的皇家书记员用拉丁文起草的相同的副本。协议记录了关于终身保有土地的生前转让协议的条款，具体说明了双方的姓名、所转让财产的描述、土地中不同类型不动产的细节以及款项总额或对价。这种语言是合法且古老的。协议是原告和被告之间达成的，原告通常是作为礼物或出售的财产的接收人，而被告是前所有人。在解释数据时，通常将原告视为买方，被告视为卖方。

为什么这个数据源以前没有被利用过？可能是因为他们创作背后的法律诉讼的虚构性质。然而，这些文件中对财产的描述，虽然不是现代意义上的准确调查，但确实以可识别的方式描述了被转让的财产。此外，我们的论点是，虽然不是销售价格，但协议中记录的金额（对价）反映了当时该财产为人们所感知的资本价值。

这一系列书面证据的优势在于它的规模。1195~1834年，协议在整个英格兰都存在。那时实际上有成千上万的协议，许多协议以英文摘要的形式发表在郡县志上。然而，它们并非没有问题，因为它们的措辞是公式化的，物权法的变化也被隐藏在协议背后。尽管如此，它们仍然是一个关于土地所有权构成及其价值的容易获取的时间序列型数据来源，尤其是在中世纪时期。

研究者调查了在1300~1500年英国4个郡的协议数量：埃塞克斯郡、沃里克郡、伯克郡和亨廷顿郡。埃塞克斯郡是伦敦以东泰晤士河以北的一个大郡。它的郡城是科尔切斯特的古罗马堡垒。该郡土壤以伦敦地区典型的重黏土为特征。沃里克郡离伦敦更远，它的郡城沃里克和商业中心考文垂离伦敦大约100英里，它的土壤中混合着大量的石灰石，该郡位于两条罗马道路——惠特林大道和福斯路——的交叉口附近。伯克郡是伦敦以西泰晤士河南岸的一个线形郡，包括雷丁镇和纽伯里镇，这两个镇在15世纪末和16世纪初扩张发展的服装工业中表现突出。亨廷顿郡是一个小郡城，郡城距伦敦约60英里；像埃塞克斯郡一样，它相对平坦，有黏土；从富有的伦敦人收购乡村地产的角度来说，它不如埃塞克斯郡或伯克郡受欢迎。

图5.1显示，4个郡表现出了大致相似的随时间而不断变化的走势，即从14世纪末开始协议数量逐渐减少。

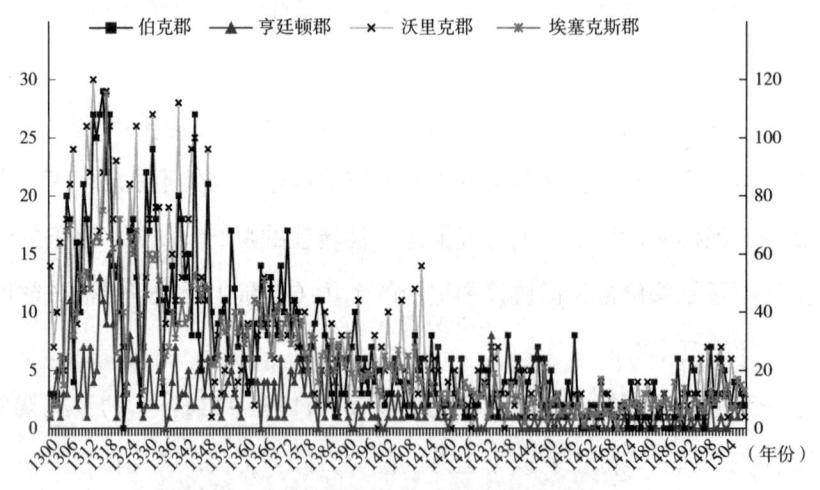

图5.1 按日期记录的协议数量的变化

协议在1300~1339年尤其多。由于埃塞克斯郡比其他郡大得多，所以协议的数量也远多于其他郡。这种逐渐下降趋势的主要原因通常是，尽管协议对于确认已婚妇女的财产所有权仍然有用，但它作为转让财产，特别是土地所有权的法律手段，已经变得不那么有吸引力。

表5.1分析了每个郡每年的协议数量的向量自回归（VAR）估计值。VAR包含了四个回归（每个郡一个），其中每个郡在给定年份的协议数量与各个郡（郡本身和其他三个郡）前两年的协议数量相关（VAR的更多细节见第2章）。回归还包含线性时间趋势、黑死病的虚拟变量（黑死病发生前数年设为0，黑死病发生后数年设为1），一个以及旨在捕捉1360年前后法律变化所带来影响的虚拟变量（1360年前数年设为0，1360年后数年设为1）。四个回归中的每一个都是用普通最小二乘法（OLS）估计的。为了解释回归结果，我们将重点放在具有统计显著系数的变量上（如表中一个或多个星号所示——星号越多，显著性就越强）。

结果表明：

- 埃塞克斯郡的协议数量与伯克郡协议数量滞后一年的数据相关；
- 亨廷顿郡数据则与埃塞克斯郡（强）和伯克郡（弱）相关；
- 在此期间，所有郡的协议数量都呈下降趋势，虽然这种趋势在亨廷顿郡并不明显；
- 黑死病减少了协议的数量，介于人口减少的情况这是可以预料到的，但是在伯克郡或亨廷顿郡却没有发生显著减少；
- 1360年前后的法律变化不显著；
- 伯克郡是唯一一个每年协议数量主要取决于前几年同一郡协议数量的郡。

总的来说，每个郡的协议数量都在下降时间趋势附近上下随机波动。这种趋势的偏差在各郡之间是相关的，伯克郡领先，沃里克郡最后，埃塞克斯郡和亨廷顿郡在它们之间。最显著的传递效应似乎发生在相邻的郡之间，如伯克郡和埃塞克斯郡（仅由米德尔塞克斯郡分隔，当然包括伦敦）、埃塞克斯郡和亨廷顿郡（仅由剑桥郡分隔）以及伯克郡和沃里克郡（仅由牛津郡分隔）。相比之下，埃塞克斯郡和沃里克郡等距离较远郡之间的联系相对薄弱。协议数量的冲击似乎起源于伦敦附近，尤其是伯克郡，并向北扩散到亨廷顿郡和沃里克郡。

然而，我们应该谨慎解释这些结果。亨廷顿郡比其他三个郡小，协议数量也相应较少；这可能部分解释了为什么亨廷顿郡的结果不如其他郡显著。

表 5.1　1300~1509 年四个郡协议数量的 VAR 回归

解释变量	埃塞克斯郡	伯克郡	亨廷顿郡	沃里克郡
恒量	26.005***	8.554**	1.131	11.303***
	（0.000）	（0.000）	（0.143）	（0.000）
埃塞克斯郡滞后一年	0.124	-0.002	0.042***	0.042
	（0.137）	（0.948）	（0.007）	（0.214）
埃塞克斯郡滞后两年	0.119	0.042	0.012	-0.008
	（0.133）	（0.217）	（0.420）	（0.814）
伯克郡滞后一年	1.156**	0.290***	0.073**	0.270***
	（0.000）	（0.001）	（0.050）	（0.001）
伯克郡滞后两年	-0.199	0.065	0.017	0.102
	（0.340）	（0.463）	（0.666）	（0.234）
亨廷顿郡滞后一年	0.605	-0.135	0.095	0.265*
	（0.121）	（0.419）	（0.190）	（0.097）
亨廷顿郡滞后两年	0.435	0.125	-0.050	0.028
	（0.247）	（0.440）	（0.476）	（0.854）
沃里克郡滞后一年	-0.066	0.105	0.035	-0.076
	（0.739）	（0.218）	（0.347）	（0.346）
沃里克郡滞后两年	-0.305	-0.127	-0.042	-0.046
	（0.116）	（0.126）	（0.247）	（0.562）
时间	-0.081***	-0.025***	-0.006	-0.018**
	（0.000）	（0.009）	（0.116）	（0.043）
黑死病	-7.976**	-2.244	-0.389	-8.817***
	（0.033）	（0.161）	（0.575）	（0.000）

续表

解释变量	埃塞克斯郡	伯克郡	亨廷顿郡	沃里克郡
1360年法律变化	0.316 (0.922)	-0.841 (0.545)	0.388 (0.520)	1.953 (0.142)
R^2	0.753	0.600	0.529	0.703
调整的 R^2	0.740	0.581	0.503	0.686
F 统计值	54.484 (0.000)	27.116 (0.000)	20.038 (0.000)	42.160 (0.000)
DW	2.079	2.039	1.963	2.119
观测数量（次）	208	208	208	208

5.3 埃塞克斯郡和沃里克郡的详细分析：方法论

本章详细研究的数据与埃塞克斯郡和沃里克郡1300~1500年记载的协议相关。这些数据经过复杂的统计分析，可以用过往难以想象的方式揭开数据的走势。这项研究是建立在作者之前伯克郡的工作基础上（Yates，2013）。

选择这两个郡进行调查是由它们留存下来的学术出版抄本和译文，以及可以帮助解释当地问题的辅助文献的存在所决定的。14世纪和15世纪记录在案的协议数量以及连续性记录的存在也很重要。研究者还考虑了区域多样性。沃里克郡被选为中西部地区的一个例子：戴尔（Dyer，1980）研究了其传统的土地市场，他也调查了该郡的农业变化。戴尔（1981）和沃特金斯（Watkins，1997）曾在亚登森林的相关工作中对沃里克郡协议进行过研究，戴维斯和基索克（Davies and Kissock，2004）也曾连同其他郡一起对沃里克郡进行过研究。埃塞克斯郡以高度商业化、占据多数的小土地所有权及充满活力的土地市场而闻名，在1300~1500年，埃塞克斯郡有协议3354份，沃里克郡有协议1022份，整个研究共涉及协议4376份。这两个郡的结果分别报告如下。一旦检查了其他郡，数据就可以汇集起来以测试郡与郡之间的异质性。

从协议中提取数据的方式、分离域的设计和编码系统都受到伯克郡试点的影响。为了进行统计分析，所有的数据都被编码到一个 Excel 电子表格中，协议按行列出，从协议中提取的各种信息按列呈现。这些列包括：

- 以便士（1 英镑 = 240 便士，1 马克 = 160 便士）表示的金额或金钱（"对价"）；
- 以年份表示的日期；
- 当事人名称：原告和被告；
- 性别和婚姻状况代码：这些代码很重要，因为达成最终一致是确保将有效所有权转为已婚妇女财产的重要方式；
- 职业代码：特别是神职人员、律师和商人；
- 地理位置，这需要能识别出现代地名；
- 城乡差别；
- 协议中所列财产组成部分的详细情况。

财产的主要组成部分是：

- 农业用地：
  - 耕地；
  - 草地；
  - 牧场；
  - 荒野；
  - 沼泽。
- 其他土地和建筑：
  - 家宅（包含宅邸，可能还有一个小庭院或花园的住宅地块，以及所有者居住的商店或车间）；
  - 小农场（通常是有足够土地支持小规模自给自足的粮食生产的

农舍或小住宅）；
- ➢ 花园和果园。
- 磨坊：
    - ➢ 风磨；
    - ➢ 水磨；
    - ➢ 缩绒机（用于清洁和加工羊毛织物的水磨）。
- 其他资产：
    - ➢ 庄园（具有相关的所有权的不动产，包括各种司法和名义上的特权）；
    - ➢ 受俸牧师推荐权（任命神职人员担任教区牧师的权利，如当地教区牧师的活计）；
    - ➢ 租金；
    - ➢ 其他应享权利（如年度实物支付）。

我们尽可能对每种成分进行量化，并将结果输入适当的列中。土地是以英亩为单位来衡量的，使用的惯例是1卡勒凯特地=4威尔格地=8玻非特地=120英亩，因此1玻非特地（用一把公牛犁可以耕作的面积）相当于15英亩。家宅、小农场和磨坊的数量通常被记录下来，因此被包括在分析中，但荒野和沼泽的面积没有被记录下来，因此被排除在外。独立证据表明这些内容的价值有限。租金的货币价值并不总是确定的，因此租金收入被记录为二元虚拟变量，表示租金是否包含在协议中。庄园和受俸牧师推荐权的数量通常被记录下来，因此被包括在内，而其他应享权利变化很大，因此被排除在外。

5.4 农业用地的变化

数据库分两个阶段进行分析。首先，它被用来构建两个郡不断变化的土地利用概况，特别是耕地、草地和牧场。这证实了这一时期农业结构的重大变化。结果如表5.2（埃塞克斯郡）和表5.3（沃里克郡）所示。

这些表格是通过从数据库中获取土地使用信息并应用上述规定而编制的。分析是在十年的基础上进行的。左栏指的是协议中记录的各类型土地的分布；如果协议中没有提到某一类型的土地，则假定为零。右栏是指平均持有量规模，仅指正持有量；因此，平均值的计算中不包括零。

这两个郡之间有很多的不同之处。在埃塞克斯郡，耕地占总面积的百分比从1300年的92.28%下降到1500年的64%以下。用作草地的土地比例从1300年的3.94%上升到1500年的10%以上，而用作牧场的比例则从1300年的不到4%上升到25%以上。一系列变化在1440年前后开始发力，并在1480年前后加速。

牧场平均持有量规模在1340年暂时增加，从1380年开始总体呈波动增长趋势，最终从1300年的7英亩增加到1380年的17英亩以上和1500年的56英亩。耕地的平均持有量规模也有所增加，但幅度要小得多，从1300年的大约60英亩增加到1500年的80英亩以上。

表5.2 埃塞克斯郡每十年间耕地、草地、牧场的分布，以及每种土地的平均持有量规模（1300~1500年）

年份	土地总额占比（%）			平均持有量规模（英亩）		
	耕地	草地	牧场	耕地	草地	牧场
1300~1309	92.28	3.94	3.78	59.37	5.47	7.29
1310~1319	90.73	4.48	4.68	37.17	4.82	7.85
1320~1329	91.81	4.76	3.42	46.93	5.32	7.42
1330~1339	92.77	3.51	3.72	52.62	4.44	7.55
1340~1349	88.78	4.83	6.39	45.69	5.52	11.84
1350~1359	88.35	4.63	7.02	51.84	5.52	14.49
1360~1369	90.29	5.23	4.48	38.98	5.30	7.82

续表

年份	土地总额占比（%）			平均持有量规模（英亩）		
	耕地	草地	牧场	耕地	草地	牧场
1370~1379	92.94	3.42	3.65	57.92	4.81	9.58
1380~1389	88.66	4.16	7.18	61.89	6.64	17.64
1390~1399	89.29	4.42	6.29	63.64	6.96	20.21
1400~1409	84.80	3.84	1.36	83.80	7.84	32.42
1410~1419	86.15	6.62	7.24	67.91	9.47	23.08
1420~1429	87.25	4.23	8.53	145.57	10.96	43.27
1430~1439	89.21	5.16	5.64	65.21	5.29	22.67
1440~1449	82.02	4.94	13.23	86.51	8.04	39.95
1450~1459	81.83	5.38	12.60	98.58	8.39	80.78
1460~1469	75.86	6.18	17.97	64.56	8.16	52.92
1470~1479	83.53	6.28	10.19	68.53	9.21	21.99
1480~1489	68.04	13.142	18.82	72.32	26.13	72.50
1490~1500	63.81	10.483	25.71	82.97	19.58	55.86
1300~1500	86.17	5.20	8.63	60.15	7.51	21.30

注：持有量的平均规模根据相关土地面积中非零的持有量计算，并不是协议中出现的所有地产的平均值。

资料来源：作者数据库来源于Fowler（1929-1949）、Kirk（1913-1928）、Reaney（1964）。

尽管不如牧场，但草地持有量增加得比耕地更明显，从1300年的大约5英亩增加到1500年的大约20英亩。

沃里克郡的土地使用变化比埃塞克斯郡更引人注目。耕地的比例从1300年的99%下降到1500年的46%。下降的主要原因是牧场大幅增加；草地也在增加，但增速比牧场慢。

总的来说，沃里克郡所有类型的地块面积都增加了。最明显涨幅出现在1400~1419年和1490~1499年。然而，在以后的时期里，相对较小的地产可能很少出现在记录中。此处农业用地持有量的平均规模为153.08英亩，比埃塞克斯郡大很多。

结果清楚地表明了农业用地分布的变化和持有量规模的增加。此外，这些证据也与早期圈地、合并地产，以及逐步强调商业化农业这一过程相一致。各地区从耕地到牧场的转换以及平均持有量之间存在一定差异。

表 5.3 沃里克郡每十年间耕地、草地、牧场的分布，以及每种土地的平均持有量规模（1300~1500 年）

年份	土地总额占比（%）			平均持有量规模（英亩）		
	耕地	草地	牧场	耕地	草地	牧场
1300~1309	99.04	0.00	0.96	54.71	-	4.75
1310~1319	97.62	2.40	0.00	44.47	4.40	-
1320~1329	72.29	3.32	0.36	59.48	5.53	6.0
1330~1339	91.43	5.49	3.08	72.81	5.19	15.20
1340~1349	95.05	3.76	1.18	72.06	7.21	10.75
1350~1359	88.59	6.29	5.16	68.73	8.56	40.00
1360~1369	92.17	6.29	1.56	71.20	7.93	17.67
1370~1379	93.29	5.38	1.33	63.35	5.29	12.67
1380~1389	94.90	4.84	0.26	77.03	6.11	3.0
1390~1399	95.36	4.28	0.36	61.65	6.00	6.0
1400~1409	96.16	2.95	0.89	132.77	7.57	16.0
1410~1419	84.09	7.89	8.02	122.11	14.59	65.20
1420~1429	79.45	8.94	11.61	100.67	17.00	36.78
1430~1439	72.09	10.94	16.97	101.35	12.15	51.14
1440~1449	87.08	5.41	7.51	114.62	10.08	42.00
1450~1459	70.53	12.95	16.52	126.67	18.50	35.60
1460~1469	73.68	5.26	21.05	77.78	8.33	200.0
1470~1479	67.35	16.86	15.79	75.50	15.75	14.75
1480~1489	77.92	7.61	14.47	76.75	7.5	16.29
1490~1500	46.20	10.02	43.78	176.76	40.26	234.47
1300~1500	82.94	6.20	10.86	77.48	10.73	64.87

注：持有量的平均规模根据相关土地面积中非零的持有量计算，并不是协议中出现的所有地产的平均值。

资料来源：作者数据库来源于 Drucker（1943）、Stokes 和 Drucker（1939）。

这些结果与人们普遍接受的观点大体一致，即农业变化与人口变化和养活人口的需要相联系。这种观点优先考虑农业作为收入来源的价值，尤其是看到了 15 世纪对农业用地的态度更多地向资本主义发生转变。这一事实告诉我们，当人口多的时候，对谷物的需求也高，因为谷物是面包和麦芽酒的主要原料，所以土地被用作劳动密集型的耕地。当需求减少时，尤其是在黑死病所带来的毁灭性死亡之后，人们开始转向畜牧业，以应对随着生活水平的提高而对肉类需求的增加，以及随着劳动力稀缺导致工资增加所唤起的农民放弃劳动密集型耕作的愿望。与此同时，国内和国际市场对羊毛的需求都在扩大。土地持有压力的消失，为对圈地进行改造和投资，以及资产不断扩大提供了机会。这时其中许多地产是为了盈利而进行耕种的，目的是产生可供出售的盈余。

5.5 资产价值的变化

第二阶段涉及分析财产价值的变化。由于与事后调查不同，协议并不分别评估单个项目，因此这项工作较为困难。单个项目的价值必须从整体的价值中推断出来。原则上，如果这些不同项目的价值加起来等于协议的价值，就有可能从协议集合中"冲销"需要归入单个项目的价值。

这种方法假设相同的项目在可比协议中具有相同的价值。然而，我们没有必要假定物品在所有地点或任何时候都具有相同的价值，甚至当协议各方的职业或性别不同时，它们也具有相同的价值。唯一必要的是需要假设在相同地点的相同物品在类似当事人之间转移时，当它出现在一个以上的协议中时，应当具有相同的价值。这即是此处采用的方法。

使用这种方法获得的结果可以用来对照来自其他来源尤其是 **IPMs** 的证据，以进行校准，并可以评估它们的一致性程度。事实证明，差异相对较小，而一致性程度较高。这可以被视为对操作的间接验证。此外，协议的考虑因素似乎是计算出来的，这表明，尽管它们的语言古老，偶尔含糊不清，一些交易具有虚构的性质，但是协议中报出的大量对价价值，仍可以在适当的条件下，作为资产组合的经济价值，特别是资本价值的指标。由于协议数量巨大，这种计算单个类别财产价值的方法可以用来打开有关中世纪财产价值信息的巨大储备，这些信息以前从未被系统地用于此目的。

为了实施这一方法，在假设它们反映了名义交易所涉及资产的资本价值的基础上，我们对与每个郡有关的考虑因素进行了统计检验。每笔协议的总对价（以便士为单位）被分解成各个部分，这样当这些组成部分加在一起时，它们就给出了协议的总价值。每个组成部分都反映了特定类型资产的价值。因为不可能选择到能准确反映每笔协议价值的资产价值的虚拟估算，所以未观察到的遗漏因素可能会在协议价值中产生随机噪声（random noise）。这种方法是使用回归分析实现的。

资产分类如上所述。出于统计目的，关注出现在许多不同协议中的资产类型是有用的。了解每种类型的数量也很有用，例如土地面积、磨坊数量、家宅数量等。本操作中包含的资产是那些可以获得良好信息的资产。其他的部分，如沼泽和荒野，通常不包括在内。有时协议指的是某项资产的份额，当这种情况发生时，该份额被记作相关资产的零数，例如磨坊的一半份额被记作 0.5 个单位。

如上所述，名义价值与每种类型的资产相关联：如名义价格为每英亩 30 便士的 10 英亩耕地价值为 $10 \times 30 = 300$ 便士。我们假设给定郡内某一资产类型的所有单位的价值都相同，例如埃塞克斯郡的所有牧场每英亩价格相同，沃里克郡的所有牧场每英亩价格也相同，尽管这可能与埃塞克斯郡的价格不同。

由于没有记录在协议中，名义价值往往是未知的，不过却可以从证据中推断出来。例如，如果有 10 种资产，那么就有 10 种名义价值。假设有 100 个记录在案的协议，那么将有 100 个数据点来确定这 10 个未知值。在这种情况下，数据点比要估计的价格多得多，所以估计是很简单的。这可以通过对协议中提到的每种资产数量（独立或解释性变量）的对价（相关变量）进行线性回归来实现。该回归中的系数对应于未知的资产值。这种方法在计量经济学中已被很好地建立起来：它代表了一种特殊类型的"享乐回归"。系数的估计可以与从其他信息来源处获得的资产价值的估计进行比较。

考虑到被排除的资产，回归中包含一个常数项，证据表明常数的值相当大。

另一个改进是我们考虑到了估值随着时间变化。这种变化可能是法律和行政框架变化的结果，也可能是记录的交易种类变化的结果。然而，随着时间的推移，变化也可能反映出改变资产价值的经济条件的变化。该分析考虑到了时间推移下的变化通常会影响资产价值，特别是某些特定资产的价值。

理想情况下，研究者会对每年或十年的时间变化进行一次分析。然而，尚没有足够的观测量来有效地做到这一点。这比较适用于特定类型资产估值的变化。例如，假设在 1000 个协议中，仅有 100 个里面出现了磨坊，这就意味着在 200 多年里，平均每两年只出现一次磨坊，或者说任意十年只有五个磨坊出现。这些信息还不足以提供关于磨坊价值变化的可靠信息。因此，我们只用 4 个 50 年的周期来分析随时间发生的变化。其中一个周期必须用作对照，以形成测量其他周期变化的基础。按照通常的惯例，本研究采用第一个周期作为对照组。即使是在 50 年期间，一些测量的变化也对该期间记载的协议性质相当敏感。这尤其表现在最后一个时期，即 1450~1499 年，当时协议数量减少，资产组合的平均规模增加。

如前所述，不仅是资产的性质会影响对价的价值，当事人的性质也会产生影响。根据婚姻状况和职业，我们识别出不同类型的原告和被告。再一次的，在某些案例中会出现一些小概率的问题。例如，在埃塞克斯郡，没有足够的律师作为被告。

假设个人因素对于对价的价值有附加影响。虽然加法对于用资产组合的组成部分计算资产组合的总价值是有意义的，但是，当根据个人因素的影响调整资产组合的价值时，加法就不太合适了。可以说，这些个人因素的影响应该根据资产组合的规模来衡量。然而，这对于结果的影响相对较小，因此为了简单起见，本章不再进一步讨论这个问题。

应该注意的是，对价通常被四舍五入到"价格点"；小额通常是1马克或160便士的倍数，而大额是1600便士甚至16000便士的倍数。因而可以很明显地看出，估值并不一定准确。通过将协议作为一个分类变量而不是连续变量来处理这个问题或许是可行的，但是本研究中还没有被采用。

异方差性也是一个潜在的问题，作为回应，可以始终使用稳健的标准误差。此外，通过对数据进行肉眼检查，我们发现埃塞克斯郡有2个协议，沃里克郡有1个协议，价值巨大——是任何其他协议的两倍之多。在每种情况下，解释变量的很大一部分是通过将估计回归放在异常值附近来解释的，很明显，这些观察结果对相关投资组合中资产的估计价格产生了相当大的影响。因此，这些部分被剔除，下文报告的结果仅涉及其余的协议。

回归结果如表5.4所示。解释变量列在左列中。前两列数字与埃塞克斯郡有关，后两列与沃里克郡有关。对于每个郡，列A报告的结果是，时间因素的应用独立于资产组合之外，而列B将时间因素分别应用于选定的资产。我们选择的用于详细时间分析的资产是那些对该时期的历史编纂很重要的资产，并且包含在实际资产组合的很大一部分中。1400~1449年和1450~1499年中报出的价格基于同1300~1349年时期的比较，而不是与前一期间的比较。

每个单元格报告一个普通最小二乘回归的估计系数，概率值（或显著性水平）在它之下。用星号标明三个显著性水平：1%（＊＊＊）、5%（＊＊）和 10%（＊）。"一"表示相关变量未包含在回归中。在某些情况下，很大的系数值却不显著；这通常是因为很少有相关的正向观察，所以系数的标准差与系数本身一样大。

结果将按照向下阅读表格时出现的顺序进行讨论。

沃里克郡的家宅价值（平均价值 729 便士）大大高于埃塞克斯郡的家宅价值（平均价值 183 便士）。1300~1350 年的价值非常低（在埃塞克斯郡甚至是负数），但在 1350~1399 年大幅增加。此后，这两个郡的经历有所不同：在沃里克郡，1400~1449 年，家宅的价值保持在了较高水平，并于 1450~1499 年进一步上升，而在埃塞克斯郡，其价值在 1400~1449 年再次下跌，然后在 1450~1499 年部分恢复到 1350~1399 年的价值（但不显著）。

小农场的价值微乎其微。而混合建筑在沃里克郡有相当大的价值，在埃塞克斯郡的价值却很小（尽管很显著）。埃塞克斯郡的耕地价值（每英亩价值 29 便士）在整个时期都是沃里克郡耕地（每英亩价值 13 便士）的两倍多。它的价值随时间变化不大，除了 1350~1399 年，在这期间，沃里克郡的耕地价值在下降之前曾发生过显著增长。

表 5.4 协议中支付的对价价值的影响因素分析

	埃塞克斯郡		沃里克郡	
	A	B	A	B
恒量	4731.97*** （0.000）	5975.59*** （0.000）	3738.23*** （0.000）	4758.70*** （0.000）
家宅（数量）	183.28 （0.447）	-343.86 （0.161）	729.42*** （0.000）	30.22 （0.931）
1350~1399 年家宅溢价	—	775.40** （0.031）	—	616.11* （0.088）
1400~1449 年家宅溢价		-3.74 （0.993）		738.42** （0.041）

	埃塞克斯郡		沃里克郡	
	A	B	A	B
1450~1499年家宅溢价	—	529.79 （0.352）	—	1385.78*** （0.003）
小农场	-257.70 （0.608）	-230.27 （0.718）	215.50 （0.265）	186.45 （0.520）
混合建筑	60.253** （0.019）	55.03 （0.140）	1398.60*** （0.009）	1417.24*** （0.005）
耕地（英亩）	29.27*** （0.000）	33.32 （0.000）	13.21** （0.016）	12.59* （0.065）
1350~1399年耕地溢价	—	-10.65 （0.422）	—	15.11* （0.086）
1400~1449年耕地溢价	—	-1.030 （0.931）	—	1.54 （0.874）
1450~1499年耕地溢价	—	1.81 （0.907）	—	-1.99 （0.914）
牧场（英亩）	35.36** （0.036）	103.92 （0.275）	12.49 （0.521）	199.31* （0.050）
1350~1399年牧场溢价	—	3.313 （0.975）	—	-202.882* （0.100）
1400~1449年牧场溢价	—	-85.09 （0.382）	—	-194.53* （0.086）
1450~1499年牧场溢价	—	-105.93 （0.284）	—	-173.11* （0.092）
草地（英亩）	103.49** （0.018）	127.00 （0.207）	146.28** （0.013）	316.49** （0.032）
1350~1399年草地溢价	—	116.46 （0.416）	—	-95.80 （0.563）
1400~1449年草地溢价	—	77.64 （0.557）	—	-145.82 （0.422）
1450~1499年草地溢价	—	-49.88 （0.669）	—	-278.22** （0.045）
林地（英亩）	35.82 （0.123）	29.35 （0.243）	-40.27 （0.317）	9.86 （0.840）

续表

	埃塞克斯郡		沃里克郡	
	A	B	A	B
庄园（数量）	16137.68*** (0.000)	11264.17*** (0.000)	11494.19*** (0.000)	9243.10*** (.001)
1350~1399年庄园溢价	—	-837.75 (0.681)	—	10380.00*** (0.004)
1400~1449年庄园溢价	—	8055.36*** (0.002)	—	58.36 (0.985)
1450~1499年庄园溢价	—	16108.16*** (0.000)	—	2276.92 (0.522)
受俸牧师推荐权（数量）	4614.28** (0.029)	3103.28 (0.113)	2294.05 (0.231)	2417.36 (0.301)
1350~1399年推荐权溢价	—	4563.95 (0.128)	—	6988.67** (0.016)
1400~1449年推荐权溢价	—	3784.65 (0.330)	—	-153.44 (0.963)
1450~1499年推荐权溢价	—	17096.13** (0.041)	—	-20255.66 (0.105)
磨坊（数量）	1197.27 (0.373)	732.25 (0.563)	3916.09*** (0.001)	4023.58*** (0.004)
租金（便士）	5.87** (0.000)	4.151*** (0.002)	4.32** (0.012)	3.90** (0.031)
仅城镇位置	-1419.46*** (0.000)	-1913.37*** (0.000)	-2107.77*** (0.000)	-2734.73*** (0.000)
1350~1399年城镇位置溢价	—	-157.84 (0.702)	—	1595.60*** (0.008)
1400~1449年城镇位置溢价	—	2224.24*** (0.009)	—	2895.00*** (0.001)
1450~1499年城镇位置溢价	—	3102.24*** (0.001)	—	-102.41 (0.922)
城镇和乡村位置	1220.31 (0.109)	735.35 (0.546)	476.93 (0.635)	-2324.85** (0.021)
1350~1399年城镇和乡村溢价	—	119.17 (0.939)	—	3786.21** (0.015)

续表

	埃塞克斯郡		沃里克郡	
	A	B	A	B
1400~1449年城镇和乡村溢价	—	465.81（0.793）	—	4433.14（0.637）
1450~1499年城镇和乡村溢价	—	3573.34（0.386）	—	-1681.05（0.637）
已婚男原告	128.04（0.932）	-874.91（0.576）	1510.87（0.317）	1589.92（0.269）
已婚女原告	-550.12（0.715）	271.13（0.864）	-1846.67（0.241）	-1.614.92（0.287）
单身女原告	-1022.68（0.715）	-1629.89**（0.033）	-538.69（0.487）	-611.72（0.406）
寡妇原告	4131.01**（0.024）	4220.70**（0.017）	38.28（0.984）	-1130.62（0.432）
牧师原告	1255.81***（0.001）	1254.92（0.003）	234.58（0.631）	224.27（0.592）
律师原告	511.25（0.187）	412.91（0.267）	400.69（0.679）	73.21（0.937）
商人原告	97.06（0.782）	755.66（0.038）	-530.11（0.230）	-567.75（0.186）
已婚男被告	-7031.47***（0.000）	-7.154***（0.000）	-1385.41*（0.093）	-1181.86（0.140）
已婚女被告	5632.71***（0.003）	5717.85***（0.001）	549.41（0.338）	683.79（0.221）
单身女被告	2284.51（0.156）	2951.73（0.135）	-1772.27*（0.082）	-1881.93*（0.060）
寡妇被告	-948.11（0.615）	90.16（0.958）	1022.99（0.400）	666.41（0.635）
牧师被告	-2098.24**（0.03）	-1370.26*（0.090）	451.23（0.774）	198.99（0.872）
律师被告	—	—	919.90（0.514）	789.82（0.574）
商人被告	5785.93***（0.003）	5980.16***（0.000）	-1484.29（0.264）	-710.50（0.529）

续表

	埃塞克斯郡		沃里克郡	
	A	B	A	B
1350~1399 年虚拟变量	804.79*** （0.002）	—	3511.76** （0.000）	—
1400~1449 年虚拟变量	1692.74*** （0.001）	—	3511.76*** （0.000）	—
1450~1499 年虚拟变量	6360.10*** （0.000）		2700.65*** （0.000）	
R^2	0.595	0.632	0.563	-0.613
调整的 R^2	0.591	0.626	0.550	0.593
F 统计值	168.28 （0.000）	113.26 （0.000）	42.461 （0.000）	30.082 （0.000）
观测数量（次）	3352	3352	1020	1020

注：可耕地的总面积是这样计算的：玻非特为 15 英亩，威尔格为 30 英亩，卡勒凯特为 120 英亩。控制变量是农村地区、单身男性和与 1300~1349 年相关的时间因变量。如果因变量的值是任何其他情况的两倍或两倍以上，则排除了此异常值。埃塞克斯郡有两例，沃里克郡有一例。

资料来源：见表 5.2 和 5.3 。

埃塞克斯郡的牧场价值（每英亩价值 35 便士）也比沃里克郡（每英亩价值 12 便士）更高。该值在埃塞克斯郡没有显著变化。而在沃里克郡，牧场价值在 1300~1349 年相对较高（高于埃塞克斯郡），但在 1350 年后下降（有 10% 的显著性）至非常低的价值。

草地比耕地或牧场更有价值。它在沃里克郡的价值（每英亩 146 便士）又比在埃塞克斯郡的价值（每英亩 103 便士）更高——这同耕地或牧场的情况不同。它在埃塞克斯郡的价值相对稳定（没有显著变化），但在沃里克郡，它的价值趋于下降，尤其是在 1450~1499 年。

总的来说，沃里克郡的土地价值似乎比埃塞克斯郡更不稳定。

林地的价值可以忽略不计（两个郡的系数都很小且不显著，沃里克郡甚至为负值）。

另外，正如预期的那样，庄园也有相当大的价值。它们在埃塞克斯郡（平均 16138 便士）比在沃里克郡（平均 11494 便士）的价值更高。沃里克郡庄园在 1350~1399 年价值大幅上升，但从 1400 年开始又有所回落，在 1450~1499 年出现温和但显著的复苏。在埃塞克斯郡，情况几乎完全相反。经过 1350~1399 年的小幅下跌后，其价值在 1400~1449 年大幅上升，并继续在 1450~1499 年发生巨大上升（两者在 1% 的水平上显著）。

尽管比不上庄园，但受俸牧师推荐权也很有价值。像庄园一样，它们在埃塞克斯郡（4614 便士）比在沃里克郡（2294 便士）更有价值，并在埃塞克斯郡表现出沃里克郡所没有的持续增长。沃里克郡经历了推荐权 1350~1399 年的价值大幅上涨，反映出同时期沃里克郡庄园价值的上涨。但这种情况并未持续，1450~1499 年推荐权价值大幅下跌（尽管不显著）。另外，在埃塞克斯郡，推荐权的价值在 1350~1399 年有所增加（尽管不显著）；这种增长持续到 1449 年，然后在 1450~1499 年又出现了极大的增长（在 5% 的水平上显著）。这一增长反映了埃塞克斯郡庄园在这个时候价值的急剧增长。

磨坊在沃里克郡比在埃塞克斯郡的价值更高。沃里克郡的磨坊价值为 3916 便士，埃塞克斯郡仅为 1197 便士。这着实很难解释，毕竟埃塞克斯郡的耕地和庄园价值更高。一种可能性是埃塞克斯郡有更多的磨坊，或者那里谷物运输更便捷，从而使得磨坊更具竞争力并降低了磨坊主的垄断权力。

埃塞克斯郡的租金是 5.87 便士，沃里克郡是 4.32 便士。如果租金收入仅仅被视为收入，而不是权力和地位的象征，那么这些数字表明埃塞克斯郡 1 便士的永续价值为 5.87 便士，相当于 $(1/5.87) \times 100 = 17\%$ 的利率，沃里克郡则为 $(1/4.32) \times 100 = 23\%$。这些数值相当高，可能是因为人们认为租金收入不稳定，很容易被拖欠。

地理区位的数据结果是很明确的：在 1300~1500 年，城镇区位的估价大大降低了。然而，随着时间的推移，各郡之间的差异显著增大了。首先考虑"仅为城镇"变量的系数，这些变量反映的是完全位于城镇的资产组合。一方面，它们表明，在沃里克郡，城镇区位的负面影响在这一时期的开始（1300~1349年）和结束（1450~1499年）时最为强烈，但在中期（1400~1499年）的影响很小甚至可以忽略不计；到1400~1449年，城镇的价格似乎已经与乡村一致，但此后这种状况就不再持续。另一方面，埃塞克斯郡的情况在这一时期结束时已经扭转，城镇从1400年起开始强劲复苏（在1%水平上显著）。

与地理分布资产组合相关的城镇和乡村地区的测算结果不如预期的那么清晰，但它们与上述解释保持了一致。在埃塞克斯郡没有显著的影响，这表明城镇和乡村之间总体平价，而在沃里克郡，城镇和乡村投资组合的地位在1350~1399年有了显著的改善，但并未持续下去。

买方（原告）和卖方（被告）的性别和婚姻状况对估值亦有重大影响，但各郡之间又存在显著差异。结果表明，就身份而言，当地背景很重要，且身份在埃塞克斯郡似乎比在沃里克郡更重要。

在沃里克郡，一旦考虑到投资组合的资产构成，原告的婚姻状况对对价的价值没有重大影响。就被告而言，只有单身妇女会经历与身份地位相关的重大影响：对价的价值降低。职业和贸易对对价没有影响：虽然有些系数相当大，但没有一个是显著的。

埃塞克斯郡的情况非常不同。在原告中，寡妇与非常高的对价相关联（在5%的水平上显著），回归B表明单身妇女则与更低的对价相关联（也在5%的水平上显著）。就被告而言，已婚男子（与低对价相关）和已婚女子（与高对价相关）之间存在明显的不对称性——均在1%的水平上显著。牧师的身份作为原告和被告来说都很重要，他们因为作为管理遗产继承和财产继承的策略，是信托或财产创设更广泛趋势的一部分；作为原告，他们与较高对价相关联（回归A中在1%的水平上显著），作为被告，他们与低对价相关联（回归 A 中在 5% 的水平上显著，回归 B 中在 10% 的水平上显著）。相比之下，贸易中的被告则与非常高的对价相关联（在两次回归中均在 1% 的水平上显著）。

出现在表格末尾的虚拟变量仅适用于回归分析 A：它们的系数反映了时间对整个资产估值的影响，而不是对任何特定类型资产估值的影响。虚拟变量突出了两个郡之间的相似性和差异性。它们揭示了 1300~1349 年是两个郡资产价值相对较低的时期。从 1350 年起，数值明显高于以前（两个郡的每个时期在 1% 的水平上显著）。然而，这种趋势也非常不同。沃里克郡在 1350 年后经历了实质性的改善，但这种状况并没有持续下去。价值仍高于 1350 年之前，但在 1400 年后稳步下降。而在埃塞克斯郡，1350 年的增长要比沃里克郡温和得多，但上升的轨迹不仅仅是持续的——它还表现出大幅加速的趋势，1450 年的价值急剧上升。

在从这些结果中得出结论之前，通过将它们与主流史学进行比较来验证它们是恰当的。如上所述，协议所得财产的估价应解释为资本价值。这些资本价值可以与 IPMs 中记录的年度净利润或"租金"进行比较。IPMs 数据与 1270~1349 年这一时期相关，因此，将重点放在协议的可比时期是合适的，最终我们将该时期选择为 1300~1339 年。IPMs 数据是各个位置的平均值，没有根据业主的个人特征进行调整，因此，通过仅使用 1300~1339 年的协议进行重新估计回归，并且排除位置和个体变量，可以得出协议的可比估计值。然后我们将获得的三种主要农业用地的资本价值系数与 IPMs 中相应的"租金"值进行比较。结果如表 5.5 所示。行报告了耕地、草地和牧场的估计值；列报告了从 IPMs 中得出的"租金"值和从协议中得出的资本值。两个来源对牧场的估价来说都有些不稳定。然而，通过假设租金以每年大约 10% 的比例资本化，或者说协议相当于"十年的购买"，耕地和草地的价值可以很容易核对。有趣的是，这与比恩（Bean，1991）的评估非常一致，即

13 世纪和 14 世纪初的购买价格代表十年的年值。

验证结果的另一种方法是从整体上考察估值的十年变化。在表 5.4 中，由于没有足够的数据分别对每种类型的财产估计十年的变化，我们仅每隔 50 年对时间变化进行了分析。但是，对于整体财产价值，利用充分的数据分析其每十年的变化。程序是删除所有涉及 50 年子周期的变量，并添加一组十年期的虚假变量，以 1300~1309 年为对照组。

表 5.5 农用地的相对值

单位：便士

资产	1270~1349 年 IPM 范围：坎贝尔	1270~1349 年 IPM 众数：坎贝尔	1270~1348 年 均值：坎贝尔	1270~1339 年 IPM 均值：CMH	1300~1339 年 协议 均值：埃塞克斯郡	1300~1339 年 协议 均值：沃里克郡
每英亩耕地	1~36	4	4.8	4.9	36（3.6）	27（2.7）
每英亩牧场	3~80	12	18.6	21.2	158（15.8）	369（36.9）
每英亩草地	部分 1~24	小于 2	3.4	7.8	-6（-0.6）	157（15.7）

资料来源：Campbell and Bartley（2006）；都市历史中心（CMH, 2009）；Fowler（1929-1949）；Kirk（1913-1928）；Keaney（1964）；Stokes and Drucker（1939）。

结果如图 5.2 所示。根据建模，两个郡的初始基础水平相同。应该注意的是，偏离基线的较小偏差在统计上并不显著（特别是在沃里克郡，该地的观测数量较少）。该图显示，埃塞克斯郡的价值在整个时期的增长速度快于沃里克郡。14 世纪 60 年代在沃里克郡和 14 世纪 80 年代在埃塞克斯郡分别有一个高峰，紧接着二者急剧下降，并分别在 15 世纪初和 15 世纪 10 年代跌至"最低点"。15 世纪 20 年代和 30 年代又分别出现了戏剧性的上升，但埃塞克斯郡延续了这种上升趋势，而沃里克郡却没有。到了 15 世纪 90 年代，埃塞克斯郡的价值与 1300~1309 年相比非常高，而沃里克郡的价值则几乎没有变化。在分析这些结果时，我们要记住，在此期间货币价值发生了变化（见第 3 章），协议的性质也发生了变化——协议的数量平均减少而价值增加。

回归分析表明，15世纪下半叶价值增长的部分源于资产组合规模和组成的变化，但至少在埃塞克斯郡，部分变化是由单个项目（如庄园）价值的变化造成的。

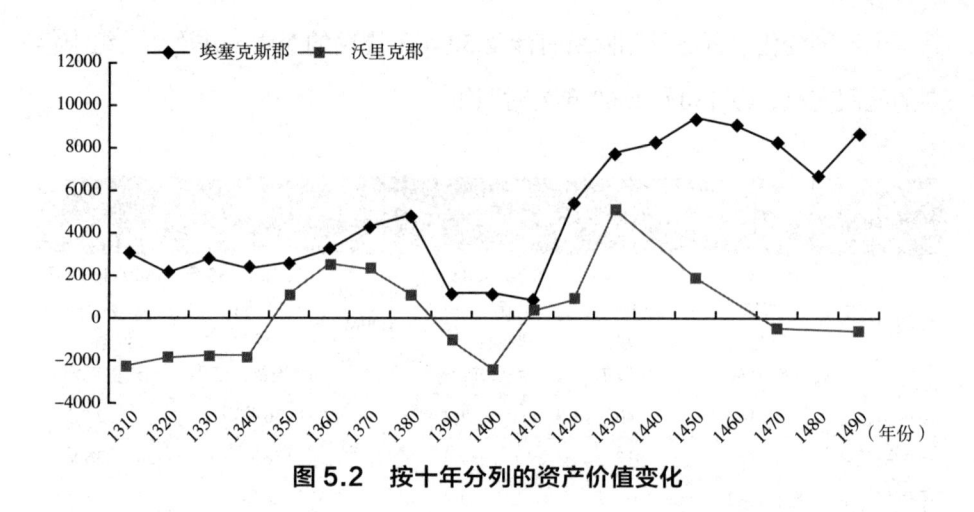

图 5.2　按十年分列的资产价值变化

5.6　结论

总体而言，研究结果表明，在 1350~1399 年从 1300~1350 年的逆境中复苏一段时间后，埃塞克斯郡和沃里克郡的命运正加速分化。这主要体现在庄园、受俸牧师推荐权和城市地产的价值上。然而，它并没有以同样的程度反映在耕地、牧场或草地的价值上。尽管埃塞克斯郡和沃里克郡在特定类型土地的价值上有很大差异，但两个郡不同类型土地的相对价值并没有随着时间的推移而发生显著变化。表 5.2 和 5.3 汇报的来自协议本身的证据，表明了两个郡的土地正越来越多地从耕地转向牧场——几乎可以肯定，这是源于当时羊毛和布料贸易的发展以及上述其他因素。此外，我们还应明白，如果土地的不同用途很容易发生替代，那么相对价格的微小调整就可能导致土地用途的巨大调整。这表明，推动埃塞克斯郡估价上升的不是与土地重新分配相关的土地价值的变化，而是对庄园和受俸牧师推荐权的需求，以及人们对城市房地产商业用途的日益浓厚的兴趣。埃塞克斯郡的土地价值平均来看高于沃里克郡，这可能是因为当地更容易进入伦敦市场。但这些价值的变化不足以解释庄园、受俸牧师推荐权和城市地产价值的上升。对于后者最好的解释，还应是，上述变化是城镇商业繁荣，以及乡村里那些渴望进入"上流"社会的人购买了庄园和受俸牧师推荐权所造成的结果。

人们通常将15世纪埃塞克斯郡的日益繁荣归因于它靠近伦敦这一地理优势，而当时的伦敦，由于城镇和乡村布料生产规模的扩大，正成为全国布匹贸易的商业中心。来自统计分析的证据则支持了这样一种观点，即资产价值的变化是由富人的投资策略，特别是越来越多的专业人士，如皇家或政府雇员、律师或商人，以及他们收购享有盛誉的乡村地产的愿望所共同驱动的。对15世纪资产价值变化产生主要影响的是成功者的日益富裕，以及他们对影响郡政的渴望，而不是农业本身的重组。这就解释了埃塞克斯郡和沃里克郡的不同估值水平，以及这些估值的地方走势。

注　释

1. 我们非常感谢经济历史学会给予我们一笔赠款，用于资助安娜·坎贝尔为这个项目进行数据录入工作。

参考文献

Manuscript feet of fines, The National Archive (TNA), CP25/1 with Research Guide at www.nationalarchives. gov.uk/records/research-guides/land-conveyance-feet-of-fines. htm A list of county series can be found at www.medievalgenealogy.org.uk/fines/counties. shtml including bibliography and links to images of manuscript fines.

Bean, J.M.W. (1991), Landlords, in Edward Miller ed., *The Agrarian History of England and Wales vol. III 1348-1500*, Cambridge, Cambridge University Press, 526-586.

Britnell, Richard H. (1993), *The Commercialisation of English Society, 1000-1500*, Cambridge: Cambridge University Press.

Broadberry, Stephen, Bruce M.S. Campbell, Alexander Klein, Mark Overton and Bas van Leeuwen (2012), British Economic Growth, 1270-1870, working paper at www2.lse.ac.uk/economicHistory/seminars/ ModernAndComparative/papers2011-12/Papers/Broadberry.pdf.

Campbell, B.M.S. (2000), *English Seigniorial Agriculture, 1250-1450*, Cambridge: Cambridge University Press.

Campbell, B.M.S. and K. Bartley (2006), *England on the Eve of the Black Death. An Atlas of Lay Lordship, Land and Wealth, 1300-49*, Manchester, Manchester University Press.

Centre for Metropolitan History (2009), Inquisitions Post Mortem (IPM) Database Compiled by the "Feeding the City (I): London" s Impact on the Agrarian Economy of Southern England, c.1250-1350' Project Funded by the Leverhulme Trust (F.264C).

Davies, M. and J. Kissock (2004), The Feet of Fines, the Land Market and the English Agricultural Crisis of 1315 to 1322, *Journal of Historical Geography*, 30, 215-230.

Drucker, L. (ed.) (1943), *Warwickshire Feet of Fines. Volume 3. 19 Ed. III (1345)-24 Hen. VII (1509)*, Warwick: Dugdale Society, Vol. 18.

Dyer, Christopher (1980), *Lords and Peasants in a Changing Society: The Estates of the Bishopric of*

Worcester, 680-1540, Cambridge: Cambridge University Press.

Dyer, Christopher (1981), Warwickshire Farming, 1349-c.1520, Warwick: Dugdale Society, *Dugdale Society Occasional Papers* 27.

Fowler, R.C. (ed.) (1929-49), *Feet of Fines for Essex, Vol. III, 1327-1422*, Colchester: Essex Archaeological Society.

Kirk, E.F. (ed.) (1913-28), *Feet of Fines for Essex, Vol. II, 1272-1326*, Colchester: Essex Archaeological Society.

Poos, Lawrence R. (1991), *A Rural Society after the Black Death, Essex 1350-1525*, Cambridge: Cambridge University Press.

Reaney, P.H. (ed.) (1964), *Feet of Fines for Essex, Vol. IV, 1423-1547*, Colchester: Essex Archaeological Society.

Stokes, E. and L. Drucker (eds) (1939), *Warwickshire Feet of Fines, Vol. II. 13 Ed. I (1284)-18 Ed. III (1345)*, Warwick: Dugdale Society, Vol. 15.

Turner, M.E., J.V. Beckett and B. Afton (1997), *Agricultural Rent in England, 1690-1914*, Cambridge: Cambridge University Press.

Watkins, A. (1997), Landowners and Their Estates in the Forest of Arden in the Fifteenth Century, *Agricultural History Review*, 45, 18-33.

Yates, Margaret (2012), Descriptions of Land, in Michael A. Hicks (ed.) *The Fifteenth-century Inquisitions Post Mortem: A Companion*, Woodbridge: Boydell, 145-154.

Yates, Margaret (2013), The Market in Freehold Land: The Evidence of Feet of Fines, 1300-1509, *Economic History Review*, 66(2), 579-600.

6 大规模行动者网络的视觉分析

1750~1810 年利物浦案例研究

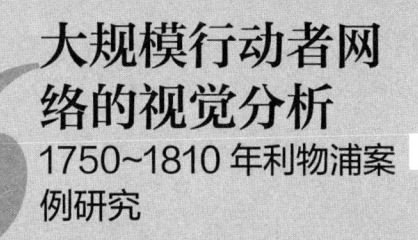

约翰·哈格蒂

谢琳·哈格蒂

John Haggerty

Sheryllynne Haggerty

6.1 引言

本章概述了如何使用可视化分析（VA）工具来分析大型数据集的一些关键问题以及该种分析工具的优势。可视化分析将应用广泛的可视化技术和统计技术相结合，为研究人员进行数据分析提供了探索性交互应用工具。这种技术不提供问题的答案，而是通过多种方式对用户数据进行可视化处理和测量，以此推进研究的进一步深入。VA 也可用于分析小数据集，但正如本章所述，它对处理大数据集的优势更加突出。本章的研究对象是 1750~1810 年的利物浦奴隶贸易和相关的联想网络，应用 VA 可以分析任何行动者网络，而无论其背景和所处时期。本章内容如下：首先，概述了作为一种历史分析框架的网络的应用，包括社会经济理论的跨学科采用；其次，对 VA 技术进行了概述，介绍它的功能，并简要分析使用它的优缺点，在通过案例研究以演示这种方法之后，介绍了两种不同的用于分析行动者网络的可视化技术：静态网络分析和基于聚类和中心性测量的多网络测量方法。最后，是一个简短的结论。

6.2 历史上的网络

网络在历史上一直是用来分析行动者或人际关系的工具。在商业关系中尤其如此，而商业关系通常被视为简单的经济商品。这主要是因为许多历史学家更倾向于把注意力集中在家庭、种族和宗教联系上，这些联系被认为可以增进信任，降低信息和交易成本（Davidoff and Hall，1987；Mathias，2000；Trivellato，2009；Prior and Kirby，1993；Walvin，1997）。然而，就在最近，历史学家对网络这种非常有效的研究视角提出了质疑，并研究了网络如何以及为什么不能实现研究目标。首先可以确定的是，家庭网络并不总是可靠的，而且经常产生难以摆脱或需要重新协商的义务（Haggerty，

2011），伦理网络可以被认为是有限选择的（Tilly，1995）。此外，开发和维护网络可能既困难又耗时（Hancock，2005；Popp，2007）。尽管大都市商业网络通常被认为是有效率的（Casson，2003），但是其成员也易组成行为不透明甚至腐败的小集团（Crumplin，2007）。同样的分析工作也应用在了城镇协会等机构的网络上，但这些网络往往也存在不足，被视为一种限制了发展的倒退行为（Ogilvie，2004；Rosenband，1999）。在任何情况下，它们通常都不会被用来实现人们所期盼的目标（Gooddard，2013）。这当然不是说网络作为一种组织形式在当前已经失去了价值，而是说明我们的历史学家们正在对网络的使用和滥用形成了一种更加客观的态度。

进步的关键在于历史学家们应用了社会经济理论。这使得我们对网络的看法变得更客观细致。这方面采用最广泛的概念是格兰诺维特的"弱联系的力量"（Granovetter，1973）。这并不是说所有的弱联系都是好的或有用的，而是指那些为其他网络提供中介作用的联系事实上有可能提供更新、更好的信息、资本以及更多的网络。这种联系有可能在网络中出现限制进展的结构洞时提供关键信息或渠道（Burt，2004）。并非网络中的所有联系都同样有价值或有用，正如有些人比其他人更重要。因此，权力关系在此开始发挥作用。这种权力当然是相对的（Bonacich，1987），一个在某网络中具有权力的人可能在另一个网络中没有任何权力。这意味着当许多网络同时存在和被使用时（Freeman，1978，1979），人们很可能在其中扮演着不同的角色。事实上，他们或许出于不同的目的而使用不同的网络，这可能会也可能不会引起摩擦（Lawler and Yoon，1996）。相比之下，一些网络会变得非常保守或不活跃，从而产生消极的社会资本（Portes，1998）。正因如此，人们出于各种原因进出网络，使网络充满活力，可以说其生命周期就类似于工业或商业集群（Haggerty and haggerty，2011；Swann and Prevezer，1998）。

在我们看来，这种观点上的改变中最重要的一点也许是，采用社会经济理论会迫使历史学家思考网络到底是什么，以及它们的用途在哪（Duguid，2004；Haggerty，2012；Hancock，2005）。当然，根据实际环境的不同，这些定义都会发生变化。一个网络可能只包括一些具有特定类型联系的行动者（Smith-Doerr and Powell，2005），一个具有共同属性的群体（Rauch，2001），以及在商业环境中提供高度信任联系的一组人（Casson，2003）。就目的而言，儿童希望其家庭网络提供爱和支持（Renzulli et al.，2000），青少年希望他们的网络提供文化资本（Bourdieu，2001），而商业人士希望他们的网络通过提供可靠的信息、降低风险和促进信任来提供新的盈利机会。尤其是商业网络，它应该通过执行合同和减少信息不对称，促进信息的迅速传递，赋予参与者地位或合法性，并降低信息和交易成本（Podolny and Page，1998；Rauch，2001）。因此，历史学家们正在思考网络的复杂性，它们的积极和消极之处，以及它们的首要目的。本章认为历史学家（和其他人）可以通过采纳综合了数学、计算机科学和社会科学的 VA 技术进一步完善和发展他们对网络的分析。

6.3 可视化分析

VA 是一种探索大规模行动者网络或任何大型数据集的绝佳方式。它结合了应用广泛的可视化技术和统计技术，为研究者进行数据分析提供了明确的探索性交互应用工具（Perer and Schneiderman，2009）。它不提供问题的答案，而是通过多种方式对用户数据进行可视化处理和测量，以此推进研究的进一步深入。图 6.1 展示了矩阵化中网络数据的可能视图（Haggerty and Haggerty，2012），涵盖从时间视图到外源性和内源性事件的影响、从基于关系信息的节点规模到网络统计。这一技术鼓励用户使用此类工具来构建不同的视图，从而深入研究他们的数据。

通过以这些方式可视化分析和测量他们的数据，历史学家开始针对数据提出新的问题。例如，就网络而言，问题可能包括以下几个。

- 随着时间的推移，网络中的行动者有多活跃？
- 行动者们在任意时点会利用各种各样的网络交际机会吗？
- 是否存在特定的团体/派系主导着网络？
- 内源性和外源性事件的影响是什么，行动者将如何应对？
- 行动者参与行为的转变，将如何影响信息和社会、金融及人力资本的获取？
- 网络中不同子网之间有什么关系？

VA 的核心是，回答这些问题通常需要用这些新问题反复回顾它们的主要来源，从而推动新的研究。这很可能包括使用增强的数据集运行新的可视化分析和测量。

VA 对大规模数据集尤其有用，因为它们通常包含结构化或有形的信息（例如，成员名单或教区记录中的名义数据，或书信簿及日记中的熟人名单）和非结构化或无形的数据（例如，这些成员或熟人之间的关系）。对于历史学家来说，结构化或有形的数据通常很容易通过图形或表格等传统方法来表示。事实亦是如此，因为来自诸如信件或日记等定性来源的非结构化数据通常都是以文本形式预先生成的。

如果定量来源没有匹配的定性数据，或者相反，有大量数据，那么这就是不可能实现的。尽管如此，VA 仍可以从量化数据中探析行动者之间的关系——从而从有形数据中挖掘"无形"数据：例如，可以识别主要或核心参与者，也可以分析他们之间的关系。这可以通过各种可视化技术和统计技术实现，包括但不限于：网络聚类、直方图、网络图、中心性度量、网络密度和回归分析。VA 可以一次性轻松处理各种数据的表述，更为重要的是，它

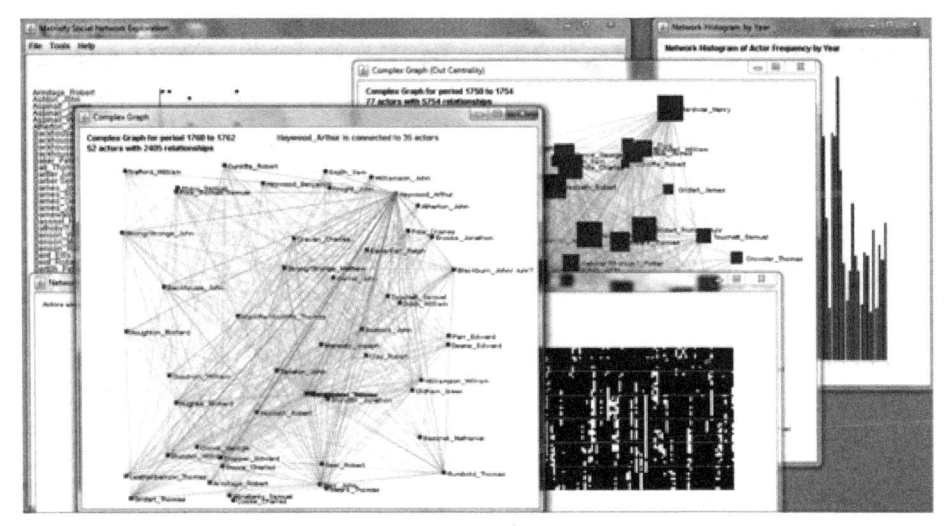

6 大规模行动者网络的视觉分析：1750~1810年利物浦案例研究

图 6.1　使用 VA 实现的可能的可视化结果
资料来源：Haggerty and Haggerty（2012）。

可以随着时间的推移探析数据中的复杂关系。进行这种类型的分析，许多工具已经可以在网上免费获得，包括 Gephi（2013）、Gretl（2013）、Pajek（2013）、SocNetV（2013）和 Visone（2013）。[1]

如上所述，几乎任何类型的数据集都可以用 VA 进行分析解释。数据只需以某种方式格式化即可。例如，在行动者网络分析中，这是一种简单的邻接矩阵格式，不存在关系的为 0、存在关系的为 1。对于大多数行动者网络来说，可以简单地通过沿横轴和纵轴列出所有行动者来实现，然后在矩阵中对无关联者输入 0，对关联者输入 1。一些软件需要一个文本文件输入（例如使用 Notepad），文本对行动者进行编号，并通过这些编号来识别相应的关系（参见示例）。使用分区或集群（术语取决于所使用的软件）将"价值"判断分配给各个行动者，也有可能使这些可视化工作复杂化。这可能包括关系的类型（家庭、种族、信用），或其他价值标准，如地理、性别、职业等。表 6.1 给出了使用这种软件的一个例子。

− 203 −

表 6.1　图 6.2 的邻接矩阵

	点 1	点 2	点 3	点 4	点 5
点 1	—	1	0	0	0
点 2	1	—	1	0	0
点 3	0	0	—	1	0
点 4	1	1	0	—	0
点 5	0	0	1	0	—

邻接矩阵构成了图表的基础。该图（G）包括一组顶点（或点，V）（行动者），它们通过边（或弧，E）（行动者之间的关系）连接到其他点：$G = (V, E)$。V 和 E 被认为是有限的，并且一个顶点可以存在于图中而没有任何相关联的边，即与其他顶点不相关联。由一条边直接连接的两个顶点称为相邻顶点。任何给定顶点与之相邻的其他顶点的数量称为该点的度数。顶点之间的距离由路径中的边数来计算。连接顶点对的最短路径[因为网络中可能有许多连接顶点对（行动者）的路径]称为测地线。落在给定顶点对之间测地线上的顶点位于这些点之间。图表按照顶点的数量排序，而它的大小用边的数量来表示。以这种方式对网络进行概念化使我们能够可视化、量化和衡量行动者和网络机构之间的关系，这将在我们的案例研究中得到证明。基于表 6.1 绘制的简单图表如图 6.2 所示，其中第 1 点至第 5 点代表行动者。

一旦一个图形被可视化，就可以用多种方式对它进行布局和测量，如图 6.1 所示。本章仅详细概述了其中两个的过程。研究者可以手动布局图表来呈现网络的静态视图，将在第 6.5 节呈现。[2] 或者，研究者也可以基于统计分析对代表多个网络的行动者（顶点）进行聚类，以识别行动者之间和网络之间的关系，如第 6.6 节所示。

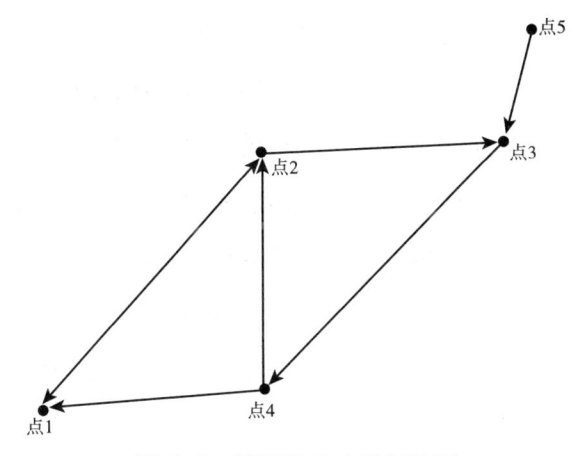

图 6.2 基于表 6.1 绘制的图

资料来源：作者绘图。

6.4 案例研究：1750~1810 年利物浦的奴隶贸易和相关的社团网络

利物浦为我们提供了一个极好的视角来思考英国商人是如何管理日益全球化的经济发展的，但这种经济趋势也伴随着许多战争（1756~1763，1775~1783，1793~1815）和各种信贷危机（1763，1772，1793）。利物浦这一口岸与腹地和国际市场联系紧密，并作为一个贸易、保险和金融中心发挥着各种各样的功能（Price，1996）。利物浦从英国的大西洋贸易中获益匪浅，在此期间被誉为英国的第二大城市。利物浦也是 1750 年后奴隶贸易的领导者，在 13 个殖民地/州与欧洲、加拿大的新斯科舍省进行贸易，并与英属西印度群岛保持着极好的联系和活跃的沿海贸易（Haggerty，2012）。贸易的扩大意味着进口从 1709 年的 14600 吨增加到 1800 年的 450000 吨（Marriner，1982）。这一成功也进一步鼓励了移民，使得利物浦的人口从 1708 年的 6500 人（Lawton，1953）增长到 1801 年的 77653 人（BPP，1968）。该城还有各种与其地位相适应的正式和非正式机构，我们对其中一些机构进行了分析（Wilson，2008）。

利物浦是大西洋最重要的贸易类别之一——奴隶贸易——的领导者，这使得参与其中的商业网络显得尤为重要。这里我们使用了几组记录来描绘 1750~1810 年利物浦奴隶贸易及其相关网络。销售分类账、在线数据库和手稿已被用于静态网络分析。对于集群和中心性度量，我们使用了几个正式交易和文化协会的会员记录。这些将在下文进一步详述。因此，以下对 VA 方法的介绍表明，它可以使用各种类型的记录信息。特别是，VA 强调了名义数据（结构化或有形数据）可以用来测量非结构化（定性或无形）数据的方式。

6.5 静态网络分析

静态网络分析（或图表）是指在特定时间点捕获网络，或整理一段时间内的数据并将其显示为该时间段的快照。本节将展示这种分析能够揭示该网络的哪些方面，以及它可能会引发哪些问题。这种简单的网络可以在 Gephi、Pajek、SocNetV 或 Visone 中绘制。

1774~1798 年，塞缪尔·雷恩福（Samuel Rainford）是牙买加金斯敦的一名商人。[3] 牙买加是一个很好的选择，因为它当时是英国西印度群岛的一个主要岛屿。从利物浦移民后，塞缪尔在英国主要的奴隶贸易港口也有着良好的关系，尤其是老乔纳森·布伦德尔（Jonathon Blundell Senior）。虽然他的商行（他和他的兄弟罗伯特做生意）经营各种各样的商品，但它也经营金斯敦很大一部分的奴隶买卖。利用涵盖 1779~1793 年的奴隶贸易分类账以及其 37 次贩奴航行，可以看出，塞缪尔正是在这些航行中建立了他在牙买加一带的网络。分类账列出了为塞缪尔的网络服务的所有奴隶船，出售奴隶的数量，以及买家。在线奴隶贸易数据库（www.slavevoyages.org）提供了构建这一网络的数据。该数据库概述了近代早期跨越大西洋的大多数奴隶贸易航行；

除其他信息外，它还列出了船只名称、出发地点和运奴隶上岸的港口。它还列出了奴隶船的所有主人。奴隶贸易分类账中提到的船只与奴隶贸易数据库相互参照，第一个列出的所有者被认为是该船的管理者，此人和船长通过信件或私下里与雷恩福保持着直接关系。其余的所有者被认为与雷恩福的关系是间接的，他们之间没有直接联系。这些共同构成了1774~1798年雷恩福奴隶贸易网络分析的定量数据。图6.3将这些网络显示为静态图。这个可视化过程是用 Pajek 创建的。行动者们被按照地理位置进行布局，牙买加网络在左下角，利物浦网络则在右上角。

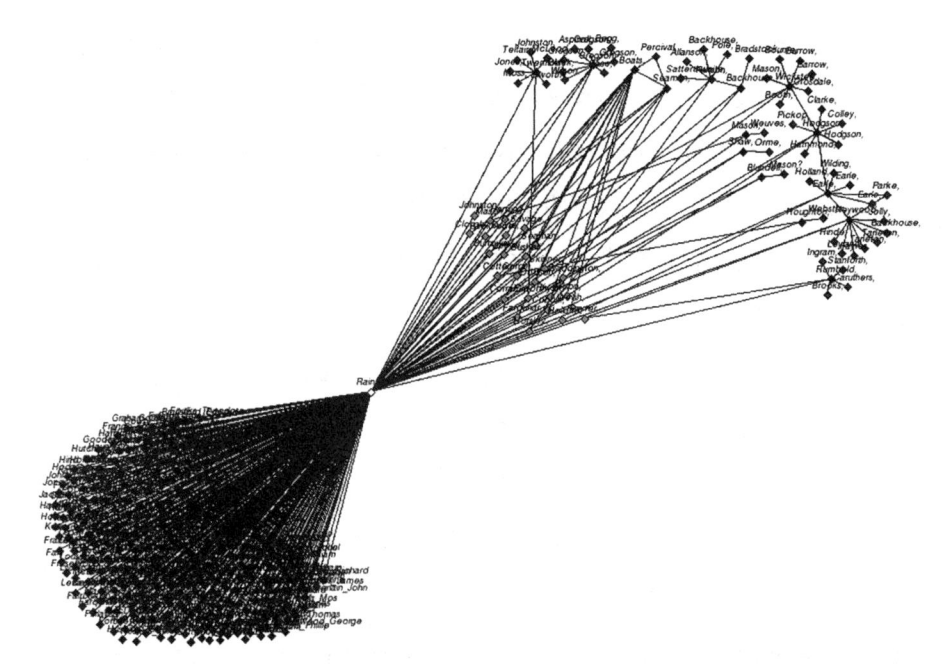

图6.3 塞缪尔的奴隶贸易网络（1774~1998年）
资料来源：改编自 Haggerty and Haggerty（2010）。

很明显，雷恩福在牙买加的联系远多于利物浦（超过350）。然而，这些联系对雷恩福其实同样重要，形成了一个"星型"网络。相比之下，利物

-207-

浦的网络更加复杂，子网也各不相同，所以关注它们是有意义的。灰色突出显示的行动者是与雷恩福具有直接联系的船长，他们的联系被定义为强联结，而那些黑色的是船只的投资者，同时具有直接和间接的关系，或者强和弱的联结。但目前存在的一个问题是：为什么行动者群体的规模如此之大？在商业环境中，商业团体或合伙企业通常由两三个行动者组成（Doerflinger，1986；Hancock，1995；Morgan，1993）。然而，奴隶贸易被认为是一种风险特别大的贸易（Haggerty，2010），网络联结的数据清楚地突出了这样一个事实，即利物浦商人聚集在更大的群体中，集聚了更多的人力和金融资本，以应对这种高风险。[4] 有一些子网是相互关联的，而其他子网是各自独立的。显然，一些行动者选择独立工作，而另一些行动者则积极汇集人力和财力。跟踪历史文献中一些名字可以发现，利物浦很多主要的商业家族都在这个网络中，例如塔尔顿家族（The Tarletons）、巴克豪斯家族（The Backhouses）和厄尔家族（The Earles），这表明雷恩福与其关系非常密切。这些人中的许多人是市议会和从利物浦到非洲的非洲商人贸易委员会的成员，这将在第 6.6 节中进一步讨论。

图 6.3 中联系最多的行动者是威廉·波兹（William Boats），其次是约翰·格雷森（John Gregson）、托马斯·厄尔（Thomas Earle）和本杰明·海伍德（Benjamin Heywood）。涉及威廉·波兹的内容特别有趣，通过他的事例可以说明了船长是如何在其职业生涯中留住网络中的人力资本的（Behrendt，2007）。此外，波兹也被认为是一个相当独立的行动者，在与托马斯·西曼（Thomas Seaman）和詹姆斯·帕西瓦尔（James Percival）共事的一个相对较小的投资集团中主要扮演投资者的角色（重新查看网上奴隶贸易数据库显示，西曼只在 1788~1790 年偶尔作为主要投资者出现）。波兹可能选择追求利润，但与此同时，风险也会加大。也有可能他的偏好是只信任少数人，或者其他人出于某种原因不想和他一起工作。[5] 与更大的投资集团不同，波兹每

年只投资几次航行，因此他与几个船长都有联系。回顾雷恩福奴隶贸易分类账也可以看出波兹关系人较少的另一个重要的原因：1787年后，他是利物浦唯一一个把奴隶卖给雷恩福的商人。至于原因需要进一步研究，因为名义记录不能解释这一点。手稿显示这是因为雷恩福和利物浦的一个重要联系人乔纳森·布伦德尔之间的关系破裂。布伦德尔过去在奴隶贸易上投入巨资，毫无疑问，他把雷恩福介绍给他的奴隶贸易联系人。然而，由于布伦德尔在此研究期间不再投资奴隶贸易，因此他没有出现在该数据中。尽管如此，手稿显示他仍然是雷恩福生意的核心，并与那些仍然参与奴隶贸易的人保持着良好的联系。似乎在1787年前的某个时候，他利用他的影响力让奴隶贩子（除了船长、水手和帕西瓦尔）终止了他们与雷恩福的联系。

此后，布伦德尔依然与他人保持了强有力的联系，但也是消极的。这突出了VA的一个缺点，但同时也证明了它与资料来源一起使用的迭代性质。

其他被强调为重要行动者的有约翰·格雷森、托马斯·厄尔和本杰明·海伍德。[6] 格雷森在这一时期单独组织了一次航行，与之同行的是一个更大的包括他的三个家庭成员的团体。厄尔和海伍德都按照利物浦奴隶贩子运作的一般模式使用了大量其他投资者的投资，包括托马斯·帕克和小威廉·厄尔二人都参与了相互联系的投资网络。显然，这些商人利用他们的家族关系，也利用更广泛的强关系和弱关系进行投资活动。也许他们的财富让他们能够接触到更好的网络。当然，正如第6.6节所展示的那样，他们活跃在各种正式的网络机构中。波兹也出现在相同的机构中，但在这项研究中，波兹似乎与其他商人联系不太紧密。也许格雷森、厄尔和海伍德来自富裕、稳定的家庭，而波兹是出了名的孤儿，这个缺陷即使用他的技能和知识也无法弥补（Wilson，2008）。

对雷恩福网络的静态分析显示了使用这种方法的四个优点：它再现了历史记录中概述的可视化网络；它识别了商户组和他们投资的各种子网；它强

调了联系最紧密的商人和那些控制着投资和信息的人；与雷恩福相关的奴隶贸易航行的主要推动者也得到了强调。然而，这种方法也有其局限性：网络仍然是以数据源为中心的，而雷恩福就是这一中心；此外，权力关系没有被确定；它不会随着时间的推移而改变；关键行动者也可能不在。为了解决这些问题，仍然需要定性数据来帮助分析网络。这就是 VA 的一个特点。即使最初缺少关于行动者的背景信息，使用这种方法也能突出新的研究途径。

6.6 使用集群和中心性分析多个网络

如上所述，通常一次有多个网络在运行，并且它们往往是互联的。使用集群突出了不同网络之间的互联，而中心性则度量了这些行动者之间的关系，实际上，也度量了不同子网之间的关系或相对力量。

有各种各样的中心性度量，具体取决于作为探索过程的一部分，研究者想要什么样的数据。因此，没有一个测量是"完全正确的"。有四个主要的中心性度量：外向中心性（一个行动者可以接触多少联系人）；内向中心性（有多少人想联系任何行动者）；亲密中心性［行动者与其他行动者的接近程度（最小顶点）］和介数中心性（行动者有多少控制权）。[7] 这里我们将演示中间中心性。这些计算在 SocNetV 中执行（尽管 Gephi 等其他工具也使用中心性度量来分析网络）。一旦主矩阵形成，就创建单独的集群或分区；在这种情况下，"价值"判断是他们所属的关联。这可以在 Pajek 或 Visone 内完成。

介数中心性衡量网络中的潜在控制点。这种方法认识到给定网络中的通信流并不总是依赖于相邻的顶点（行动者），而是依赖于测地线（行动者之间的最短路径）。落在这些测地线上的行动者的影响力在于，由于他们相对的网络位置以及他们促进通信和联系的能力，他们充当了网络中信息的阻塞点。实际上，行动者可以选择是否与网络中的其他行动者共享他们拥有的信息。行动者的介数中心性值介于 0（如在环形网络中）和 1（如在星形网络中）之间。正如 Wasserman 和 Faust（1994）所指出的，从顶点 j 到顶点 k 之间采用特定的路径，并且假设所有的线具有相等的权重，通信则采用测地线。这里还假设当 j 和 k 之间有一个以上的测地线时，所有测地线被使用的可能性相同。如果 g_{ik} 是连接两个顶点的测地线数，那么使用其中任何一个的概率是 $1/g_{ik}$。j 和 k 之间的通信有可能涉及一个不同的顶点 i，那么连接 j 和 k 并且涉及 i 的测地线的数目是 $g_{ik}(n_i)$。这个概率由 $g_{ik}(n_i)/g_{ik}$ 估算。n_i 的因子介数指数是不包括第 i 个顶点的所有顶点对的这些估计概率的和，即：

$$C_B(n_i)=\sum_{j<k} g_{jk}(n_i)/g_{jk}$$

i 不同于 j 和 k。该指数是一个概率的总和：当 n_i 不落在测地线上时取概率最小值为零，最大值不包括 n_i 的顶点对的数量，$(g-1)(g-2)/2$。这被标准化为：

$$C'_B(n_i)=C_B(n_i)/\left[(g-1)(g-2)/2\right]$$

这种标准化的计算允许一个介于 0 和 1 之间的值（Wasserman and Faust, 1994）。

本节演示如何使用聚类分析和介数来研究多个互联网络。这里我们使用 1750~1810 年利物浦的大都市商业网络。这种网络的有效性存在争议（Casson, 2003），但作为城镇发展乃至经济的深度发展的一部分也发挥着重要的制度作用（Tullock, 1997）。它们还被认为能赋予其成员地位和合法性（Shearmur and Klein, 1997）。事实上，许多行动者喜欢属于这个机构本身，不管它可能提供什么样的商业机会（Lawler and Toon, 1996）。我们尚不确定机构是否总是为了其声称的目的（Goddard, 2013）。因此，人们提出了一个有趣的研究点。

　　这里我们分析了四个机构的会员记录：市议会；利物浦对非洲商人贸易委员会（非洲委员会）；图书馆/学会；赛普顿模拟公司（Mock Corporation of Sephton）（一个饮酒俱乐部）。它们代表了政府、贸易、文化和社会机构。市议会和非洲委员会也由奴隶贩子主导，因此与我们对利物浦奴隶贸易网络的总体分析相互关联。对1750~1810年会员出席率进行了百分之百的抽样调查（基于数据基础），并建立了一个数据库，共有1700名参与者，在60年间有大约210000种关系，关于这一案例研究和结果的更全面讨论见Haggerty和Haggerty（2011）。这里我们讨论两个跨度为十年的时期，用聚类和介数中心性比较1770~1779年和1790~1799年的数据。这项分析纳入了628名参与者，有74000种关系。

　　图6.4清楚地显示了18世纪70年代和18世纪90年代利物浦的跨协会会员情况。18世纪70年代，虽然没有一个行动者属于所有四个机构，但有一定参与度的跨协会成员。托马斯·伦巴德（Thomas Rumbold）和约翰·布莱克本（John Blackburne）是市议会、非洲委员会和图书馆的成员，而理查德·休斯（Richard Hughes）属于市议会、非洲委员会和赛普顿模拟公司的成员。很明显，最高的跨协会关系是在市议会和非洲委员会之间。对文献的回顾表明，两者都由奴隶贩子主导（Power，1997；Sanderson，1977）。这表明了这两个机构之间有着密切的关系，可能暗含着一个小团体或不透明的网络。第二大跨机构成员是图书馆和赛普顿模拟公司的成员，两者之间也有着密切的关系。这可能意味着协会之间存在派系或分歧，市议会由英国圣公会教徒控制，图书馆由非基督教信徒控制（Stobart，2000）。

　　虽然在18世纪70年代有一些参与者同时在伦敦中学或模拟公司和/或市议会和非洲委员会工作，但是到了90年代，这种关系已经大幅地减少了。到了后期，图书馆里没有一个参与者同时是市议会的成员。只有两个参与

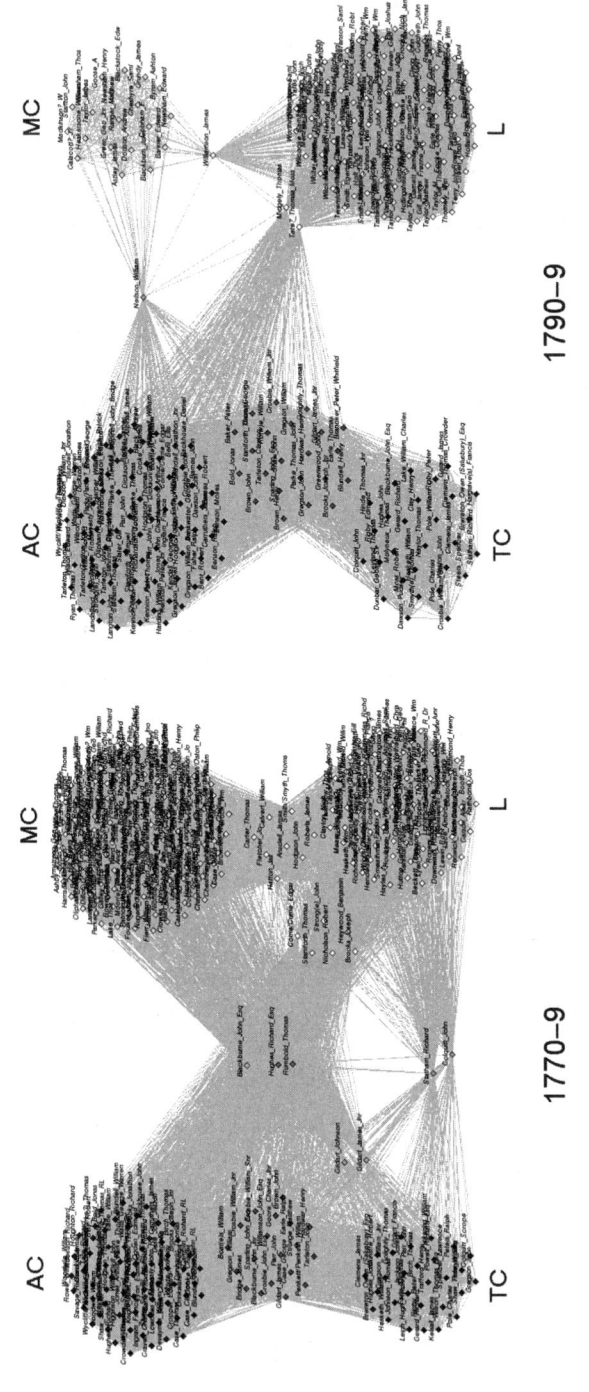

6 大规模行动者网络的视觉分析：1750~1810 年利物浦案例研究

图 6.4 对 18 世纪 70 年代和 90 年代这些机构的参与者的聚类分析

注：AC＝非洲委员会；TC＝市议会；L＝图书馆；MC＝赛普顿模拟公司。
资料来源：转引自《经济史探索》（48），约翰·哈格蒂和谢琳·哈格蒂，《大都市商业网络的生命周期：利物浦，1750-1810》，（2011），经爱思唯尔许可。

- 213 -

者，托马斯·米德格利（Thomas Midgely）和托马斯·泰特（Thomas Tate），同时属于非洲委员会和图书馆；只有一个参与者，威廉·尼尔森（William Neilson）[也可能是他的合伙人尼尔森和希斯科特（Neilson and Heathcote）]属于非洲委员会和模拟公司；只有一个参与者，詹姆斯·威廉姆森（James Williamson），同时属于图书馆和模拟公司。即使考虑到赛普顿模拟公司现存的数据到1792年为止的事实，这种趋势仍然是明显的。文化和酒类团体或者其他更商业化的团体不再相互对话。这与市议会和非洲委员会之间的持续关系形成鲜明对比。这比较清楚地显示了这些关系随着时间的推移不断变化的性质。这可能意味着进一步巩固网络和派系利用的是强关系而不是弱关系，也意味着有关新机会和信贷的信息在网络上传播的可能性要小得多。此外，这还表明消极的社会资本在这里产生了影响，这与所涉及的个人参与者和更广泛的贸易界来说都是有联系的。事实上，有人认为这正是利物浦商人对18世纪80年代早期人们对奴隶贸易的抨击反应迟缓的原因（Haggerty and Haggerty，2011；Sanderson，1972）。

如上所述，可以使用介数中心性（以及其他）来衡量这些行动者之间的关系。图6.5显示了这四个机构的介数中心性情况，并比较了两个相同的十年期，1770~1779年和1790~1799年。

18世纪70年代，这些处于中心的参与者强调了跨协会会员的重要性。尽管作为一个子网，市议会/非洲委员会似乎拥有最好的介数，但某些人对信息的控制力要大得多。其中包括市议会、非洲委员会和图书馆的理查德·休斯和托马斯·伦巴德，以及市议会、非洲委员会和赛普顿模拟公司的约翰·布莱克本。约翰逊·吉尔达（Johnson Gildart）和詹姆斯·吉尔达（James Gildart）在赛普顿市议会和模拟公司的职位略低，詹姆斯·哈顿（James Hatton）和约翰·霍奇森（John Hodgson）在赛普顿图书馆和模拟公司的职位也略低。显然，尽管市议会是一个相对重要的网络机构，但属于几个

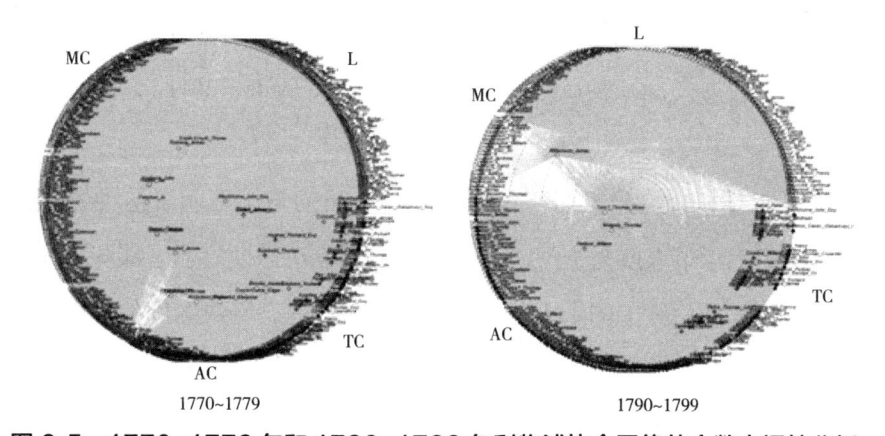

图6.5　1770~1779年和1790~1799年利物浦协会网络的介数中间性分析
注：AC=非洲委员会；TC=市议会；L=图书馆；MC=赛普顿模拟公司。
资料来源：转引自《经济史探索》（48），约翰·哈格蒂和谢利琳·哈格蒂，《大城市商业网络的生命周期：利物浦1750-1810》，189-206（2011年），得到爱思唯尔的许可。

机构的参与者拥有更大的控制权，酒类和文化机构仍然在信息传递中发挥着重要作用。

以上这些都说明中介分析证实了18世纪90年代较少的跨机构关系可能存在问题。更少的人拥有控制权（更靠近中心）。托马斯·米德格利和托马斯·泰特是非洲委员会和图书馆的重要参与者，威廉·尼尔森则是非洲委员会和赛普顿模拟公司的成员。作为赛普顿模拟公司和图书馆的参与者，詹姆斯·威廉姆森名列第四。因此，文化和酒类机构的地位不仅在市议会和非洲委员会的精英商业集团中有所下降，而且所有这些机构总体上都变得更加孤立。图6.5显示，不仅跨机构成员在减少，而且这也大大降低了单个参与者在网络内行使控制权的能力，实际上也降低了这种控制权的强度。因此，尽管市议会/非洲委员会作为一个子网似乎拥有更多的控制权（它已经向内移动），但事实上，总体而言，普遍缺少跨机构成员是有害的。如上所述，消极的社会资本可能是利物浦对奴隶贸易大感其趣而对外界事件如1788年多本法案（Sanderson，1972）不闻不问的原因。很难解释废奴主义者威廉·罗斯科（William Roscoe）

在 1806 年当选为议员的原因（Wilson，2008）。因此，尽管有人认为这些联系网络对一些大力投资奴隶贸易的参与者有利（McDade，2011），但它们很可能对利物浦奴隶贸易界的其他成员是有害的。

使用聚类和介数分析利物浦多重协会会员的情况证明了这种方法的三个优点：突出了个人成为交叉协会会员的比例；清楚地显示了那些对信息拥有最大控制权（介数）的个人和子网；更重要的是，随着时间的推移，比较聚类和网络之间的关系证实了这些网络内部和网络之间不断变化的关系。这迫使研究人员质疑为什么某些网络在特定的时间，或短期或长期得以成立和使用，并思考这些不断变化的关系不仅对相关个人，而且对更广泛的社区产生的影响。与静态网络分析一样，这种分析这并不能原原本本地呈现整个故事，它的本义也不在于此。在理想情况下，这种分析应该基于相关协会的会议记录和关键参与者的个人手稿中进行，如果他们存在的话。这一分析再次确定了关键的参与者和子网，从而突出了新的研究途径。

6.7 结论

对大型数据集使用 VA 是一项探索性的尝试。VA 并不旨在提供答案，而是以迭代的方式与研究人员及其资源一起工作，以促进对网络更细致的分析。这里强调了两种分析大型行动者网络的技术，但是 VA 可以以更多方式进行可视化分析和测量数据，且用途更为广泛。

针对利物浦奴隶贸易和相关联系网络的案例研究表明，这些技术针对研究人员的网络抛出了重要的疑问。他们是如何以及为何以这种方式运行？谁重要，谁不重要？人们如何以及为何使用他们的网络——尤其是机构网络？它们如何以及为何会随着时间而改变？这些问题提醒我们，我们不能把参与者网络视为简单的经济商品。历史学家首先需要质疑他们的网络是干什么的，网络是由什么组成的。VA技术为解决这些问题提供了一些初步答案，但更重要的是，它反过来对研究者的数据提出了新的问题。

在一个跨学科交流日益增多的环境中，使用VA可以被看作一个重要的发展，特别是在行动者网络分析方面。VA集成了许多需要不同技术能力的工具。第6.5节中介绍的简单静态网络可视化技术易于使用，并且是对VA的一个简单引入。历史学家只需要将他们的数据格式化成一个简单的矩阵或格式化的文本文件，就可以使用它。此外，现在网上有各种各样的大型数据集，这些数据集也可以进行导入配合VA使用。这些数据集可能包括伦敦生活项目（www.londonlives.org/index.jsp）、威廉·戈德温日记（William Godwin's Diaries）（bodleian.ox.ac.uk/index2.html）、《汉弗莱·戴维书信集》（*Humphrey Davy*）（www.davy-letters.org.uk/）等。因此，VA为大小数据集提供了令人兴奋和有趣的可视化作业。更重要的是，它为行动者网络研究提供了一个重要的迭代和明确的探索工具。

注 释

1. 有些软件比其他软件需要更多的技术能力。基础可视化作业的一个简单突破口是Pajek或者Visone。

2. 这可能会用GIS覆盖在地图上。

3. 关于与雷恩福网络相关的方法和发现的更全面的分析，见Haggerty和Haggerty（2010）。

4. 这种模式在布里斯托尔并不明显（McDade，2011）。

5. 到目前为止，还没有发现布兹家族商业或私人生活的现存手稿对他的个性和其他商业交易进行补充。

6. 应该注意的是，这里只强调了他们与雷福德有关的航行。在此期间，以及在此之前和之后，这些行动者还参与了许多其他的航行。

7. 要更全面地讨论所有这些措施及其在利物浦机构网络中的应用，参见Haggerty 和 Haggerty（2011）。

参考文献

注：初始来源被排除在外，因为它们都在下面列出的作者论文中被引用。

Behrendt, Stephen D. (2007), Human Capital in the British Slave Trade, in David Richardson, Suzanne Schwarz and Anthony Tibbles (eds), *Liverpool and Transatlantic Slavery*, Liverpool: Liverpool University Press, pp. 66-98.

Bonacich, Phillip (1987), Power and Centrality: A Family of Measures, *American Journal of Sociology*, 92(2), March, 1170-82.

Bourdieu, Pierre (2001), The Forms of Capital, in Mark Granovetter and Richard Swedberg (eds), *The Sociology of Economic Life*, 2nd edn, Cambridge, MA: Westview Press, pp. 96-111.

British Parliamentary Papers, Census Reports: Abstracts of the Answers and Returns, Enumeration [1801] (London: Cass, 1968).

Burt, Ronald D. (2004), Structural Holes and Good Ideas, *American Journal of Sociology*, 10(2), 349-99.

Casson, Mark C. (2003), An Economic Approach to Regional Business Networks, in John F. Wilson and Andrew Popp (eds), *Industrial Clusters and Regional Business Networks in England 1750-1970*, Aldershot: Ashgate, pp. 19-43.

Crumplin, Tim E. (2007), Opaque Networks: Business and Community in the Isle of Man, 1840-1900, *Business History*, 49(6), November, 780-801.

Davidoff, Leonore and Catharine Hall (1987), *Family Fortunes: Men and Women of the English Middle Class 1780-1850*, London: Hutchinson.

Doerflinger, Thomas M. (1986), *A Vigorous Spirit of Enterprise: Merchants and Economic Development in Revolutionary Philadelphia*, Williamsburg, VA: University of North Carolina Press.

Duguid, Paul (2004), Networks and Knowledge: The Beginning and End of the Port Commodity Chain, 1703-1860, *Business History*, 79, Autumn, 492-526.

Freeman, Linton C. (1978-9), Centrality in Social Networks: Conceptual Clarification, *Social Networks*, 1, 215-39.

Goddard, Richard (2013), Medieval Business Networks: St Mary's Guild and the Borough Court in Later Medieval Nottingham, *Urban History*, 40(1), February, 3-27.

Granovetter, Mark S. (1973), The Strength of Weak Ties, *American Journal of Sociology*, 78(6), May, 1360-80.

Haggerty, John and Sheryllynne Haggerty (2010), Visual Analytics of an Eighteenth- century Network, *Enterprise and Society*, 11(1), 1-25.

Haggerty, John and Sheryllynne Haggerty (2011), The Life Cycle of a Metropolitan Business Network: Liverpool 1750-1810, *Explorations in Economic History*, 48(2), 189-206.

Haggerty, John and Sheryllynne Haggerty (2012), Investigating Networks Over Time: Matrixify, Digital Humanities Congress, Sheffield, 2012, available at www.sheffield. ac.uk/hri/dhcpres.

Haggerty, Sheryllynne (2011), "You Promise Well and Perform as Badly": The Failure of the "Implicit Contract of Family" in the Scottish Atlantic, *International Journal of Maritime History*, 23(2), 267-82.

Haggerty, Sheryllynne (2012), *"Merely for Money"? Business Culture in the British Atlantic, 1750-1815*, Liverpool: Liverpool University Press.

Hancock, David (1995), *Citizens of the World: London Merchants and the Integration of the British Atlantic*

Community, 1735-1785, Cambridge: Cambridge University Press.

Hancock, David (2005), The Trouble with Networks: Managing the Scots' Early- modern Madeira Trade, Business History Review, 79, Special Edition on Networks in the Trade in Alcohol, Autumn, 467-91.

Lawler, Edward J. and Yeongkoo Yoon (1996), Commitment in Exchange Relations: Test of a Theory of Relational Cohesion, American Sociological Review, 61(1), February, 89-108.

Lawton, R. (1953), Genesis of Population, in W. Smith (ed.), A Scientific Survey of Merseyside, Liverpool: University of Liverpool Press for the British Association, pp. 120-31.

Marriner, S. (1982), The Economic and Social Development of Merseyside, 1750-1960, London: Croom Helm.

Mathias, Peter (2000), Risk, Credit and Kinship in Early Modern Enterprise, in John J. McCusker and Kenneth Morgan (eds), The Early- Modern Atlantic Economy, Cambridge: Cambridge University Press, pp. 15-35.

McDade, Katie (2011), Bristol and Liverpool Merchants' Slave Trade Networks, Unpublished PhD thesis, University of Nottingham.

Morgan, Kenneth (1993), Bristol & the Atlantic Trade in the Eighteenth Century, Cambridge: Cambridge University Press.

Ogilvie, Sheilagh (2004), Guilds, Efficiency, and Social Capital: Evidence from German Proto- industry, Economic History Review, 57(2), 286-333.

Perer, A. and B. Schneiderman (2009), Integrating Statistics and Visualisations for Exploratory Power: From Long-term Case Studies to Design Guidelines, IEEE Computer Graphics and Applications, May/June, 39-51.

Podolny, Joel M. and Karen L. Page (1988), Network Forms of Organization, Annual Review of Sociology, 24, 57-76.

Popp, Andrew (2007), Building the market: John Shaw of Wolverhampton and Commercial Travelling in Early Nineteenth- century England, Business History, 49(3), May, 321-47.

Portes, Alejandro (1998), Social Capital: Its Origins and Applications in Modern Sociology, *Annual Review of Sociology*, 24, 1-24.

Power, M. J. (1997), Councillors and Commerce in Liverpool, 1650-1750, *Urban History*, 24(3), 301-23.

Price, Jacob M. (1974), Economic Function and the Growth of American Port Towns in the eighteenth century, *Perspectives in American History*, 8, 121-86.

Prior, Ann, and Maurice Kirby (1993), The Society of Friends and the Family Firm, *Business History*, 35(4), 66-85.

Rauch, James E. (2001), Business and Social Networks in International Trade, *Journal of Economic Literature*, 39, December, 1177-1203.

Renzulli, Linda A., Howard Aldrich and James Moody (2000), Family Matters: Gender, Networks, and Entrepreneurial Outcomes, *Social Forces*, 79(2), December, 523-46.

Rosenband, L. N. (1999), Social Capital in the Early Industrial Revolution, *Journal of Interdisciplinary History*, 29(3), 435-57.

Sanderson, F. E. (1972), The Structure of Politics in Liverpool 1780-1807, *Transactions of the Historic Society of Lancashire and Cheshire*, 127, 65-88.

Shearmur, Jeremy and Daniel B. Klein (1997), Good Conduct in the Great Society: Adam Smith and the Role of Reputation, in Daniel B. Klein (ed.), *Reputation: Studies in the Voluntary Elicitation of Good Conduct*, Ann Arbor: University of Michigan Press, pp. 29-46.

Smith- Doerr, Laurel and Walter W. Powell (2005), Networks and Economic Life, in Neil J. Smelser and Richard Swedberg (eds), *The Handbook of Economic Sociology*, second edition, New York and Oxford: Princeton University Press, pp. 379-402.

Stobart, J. (2000), Culture Versus Commerce: Societies and Spaces for Elites in Eighteenth- century Liverpool, *Journal of Historical Geography*, 28(4), 471-85.

Swann, G. M. P. and M. Prevezer (1998), Introduction, in G. M. P. Swann, M. Prevezer and D. Stout (eds), *The Dynamics of Industrial Clustering: International Comparisons in Computing and Biotechnology*,

Oxford: Oxford University Press, pp. 1-12.

Tilly, Charles (1995), Transplanted Networks, in Virginia Yans- McLaughlin (ed.), *Immigration Reconsidered: History, Sociology, and Politics*, Oxford: Oxford University Press, pp. 79-95.

Trivellato, Francesca (2009), *The Familiarity of Strangers: The Sephardic Diaspora, Livorno, and Cross Cultural Trade in the Early Modern Period*, New Haven, CN: Yale University Press.

Tullock, Gordon (1997), Adam Smith and the Prisoners' Dilemma, in Daniel B. Klein (ed.), *Reputation: Studies in the Voluntary Elicitation of Good Conduct*, Ann Arbor: University of Michigan Press, pp. 21-28.

Walvin, James (1997), *The Quakers: Money and Morals*, London: John Murray.

Wasserman, S. and K. Faust (1994), *Social Network Analysis Methods and Applications*, Cambridge: Cambridge University Press, pp. 189-191.

Wilson, A. (2008), *William Roscoe: Commerce and Culture*, Liverpool: Liverpool University Press.

网站资料

Gephi (2013), https://gephi.org/, accessed 2 April 2013.

Pajek (2013), http://pajek.imfm.si/doku.php?id=pajek, accessed 2 April 2013.

Gretl, Cottrell, A. and R. Lucchetti (2013), GRETL, http://gretl.sourceforge.ne/, accessed 2 April 2013.

7 铁路和当地人口增长

1801~1891年北安普敦郡和拉特兰郡

马克·卡森

A.E.M. 萨切尔

利-肖-泰勒

E.A. 瑞格理

Mark Casson

A.E.M. Satchell

Leigh Shaw-Taylor

E.A. Wrigley

7.1 引言

人们普遍认为,铁路的修建会使城镇或村庄的人口大幅增加。地方历史案例研究也提供了铁路的修建如何刺激当地工业发展和人口增加的众多实例。但是在有些情况下,修建铁路似乎对当地社区没有丝毫影响。铁路推行者认为没有必要在交通潜力很小的地方修建一座车站,这种期望往往是被他们自己实现的。事实上,记录表明,在19世纪,英格兰和威尔士的铁路投资有时会减少而不是增加人口——随着贸易和生产转移到铁路两端的较大中心,铁路所服务的小城镇不断减少;开设车站使得当地贸易更容易离开城镇。因此,当地条件是铁路发挥影响的重要中介因素。

铁路与人口增长之间的关系可以通过开通铁路或关闭铁路来检验。格雷戈里和亨尼伯格(Gregory and Henneberg,2010)使用地理信息系统(GIS)方法分析了建设铁路对当地人口增长的影响,帕特莫尔(Patmore,1966)和肯尼迪(Kennedy,2013)则分析了关闭铁路对人口减少和社会贫困的影响。本章侧重于开通铁路的研究,并采用了基于经济理论的统计方法。

调查的重点是19世纪米德兰南部的英国郡县——北安普敦郡和拉特兰郡的城镇与村庄。分析的基本单位是教区:其中北安普敦郡291个教区,拉特兰郡61个教区。这项研究调查了不同的教区人口增长多大程度上是取决于不同的铁路接口,又有多少是由其他因素造成的。关键数据是根据人口普查得出的1801~1891年教区人口的十年估计数,并辅以下文所述的各种其他来源的信息。

本章发展并检验了人口变化的均衡理论。该理论断言,在任何给定的时间,教区之间人口的均衡分布都反映了当时的经济和社会状况。这种分布在统计上表示为各教区人口密度的变化——每英亩的人口数。均衡人口取决于许多教区特征,其中一些特征,如接近河流的可能性和土壤的类型,随着时间的推移是不变的，而另一些特征，如铁路接口，则会随着时间的推移而变化。在时间相关因素变化的同时，人口的均衡分布也随之变化，这反映在教区人口的差异增长上。从变化中获得经济利益的教区往往会获得发展，而遭受损害的教区往往会衰落。

然而，这种方法也存在一些问题。第一个问题是因果关系的方向。正如人口适应铁路建设一样，铁路建设也可以适应人口变化。如果统计数据显示，在修建铁路时当地人口有所增加，其解释既可能是铁路的修建刺激了人口增长，也可能是铁路推行者将人口高增长的地区作为修建铁路的目标区域。这个问题可以通过认识滞后的重要性来解决：如果修建铁路刺激了人口增长，那么人口增长通常会滞后，而如果是人口增长吸引了铁路的修建，那么人口增长通常会提前而至。

另一个问题是邻近铁路线并不能保证人们方便地到达车站。如果针对持续的人口增长来说，进入车站比仅仅靠近铁路更重要，那么车站的建设就需要被明确视为人口增长的一个因素。此外，虽然某段铁路沿线可以不建车站，但建一个没有铁路的车站实在是没什么意义：因此，如果要避免误导性推论，就需要仔细分析铁路建设和车站建设之间的关系。

7.2 人口变化建模的一般原则

人口普查数据通常按居住地而不是工作地来分配人口。然而，经济因素恰恰会对工作地点产生直接冲击。因此，有必要分析居住地和工作地之间的关系。

工作地点受自然资源禀赋的影响，例如拥有有利于种植大众所需作物的土壤，或对制造业有用的矿藏。如果某些作物的价格相对于其他作物有所上涨，那么土地可能会从一种耕作方式转变为另一种耕作方式。这将改变当地对农业劳动力的需求，进而可能影响人们的居住模式。

大教堂、修道院和郡法院是那些极其依赖农业就业的郡的重要就业来源。这些机构雇用的专业人员构成了一支高水平的精英队伍，他们的消费可以为当地的手工艺和服务人员提供一系列的工作机会。乡村住宅建设是劳动力需求的另一个重要来源，例如园艺、狩猎与射击、收藏艺术品和建立示范农场。在19世纪的北安普敦郡，制鞋是一个重要的行业，既包括工厂作业，也包括外包作业。

土地市场的竞争会将土地在不同用途之间进行分配，包括不同类型的工作（如农业、制造业、服务业等），不同类型的休闲活动（如园艺、狩猎等）和不同类型的住宅（如房屋、公寓、济贫院等）。这表明，在任何给定的时间里，将土地分配给各类用途都是均衡的。

如果一个村庄的住宅很少，例如一个"封闭"村庄，在那里，占主导地位的当地土地所有者反对住房开发，那么工人及其家人就可能会住在邻近的"开放"村庄。不同教区在实施贫困救济方面的差异可能会鼓励边缘群体——失业者、流浪者等——聚集在特定的教区。特别是，工会济贫院和收容所可能位于相对贫穷和偏远的土地便宜的地区。在分析人口变化时也需要考虑出生率和死亡率，但它们对人口空间分布的影响可能很小。出生人口的普遍增加和死亡人数的下降，平均来说，可能只会使每个教区的人口增加相同的比例。出生和死亡的局部差异可以通过移徙来解决，例如，出生率高的农村地区可能会出现大量年轻人向外迁移的现象，而吸引老年人的上流社会的温泉小镇（genteel spa towns）将会有大量人口向内迁移，使人口增加。各地区的预期寿命也可能不同，例如农村地区比大工业地区要高。

集镇之间的竞争似乎是人口增长差异的一个主要因素。在19世纪，城镇的发展为城市牛奶场、屠夫、啤酒厂、谷物酿造商、新鲜蔬菜市场商等提供了机会。英国的许多市场中心出现在12世纪末和14世纪初，有些涵盖范围则从未超过与庄园相连的村庄或小村庄。最初发展起来的市场随后会经历周期性的"震荡",在此期间,市场会集中在规模较小的中心。人口下降导致了早期"震荡",例如黑死病带来的人口减少。后来的"震荡"往往是由交通运输的进步导致的,如运河和收费公路的开通,这鼓励生产商将他们的产品运到更远的大市场,而非附近的小市场。这项研究调查了铁路投资是否维持了19世纪的"震荡"过程。

铁路建设降低了运费,给当地的货物和服务输出提供了便利,从而鼓励了铁路服务地点的专业化生产。在农村地区,铁路运输方便了农业产品输出,以满足日益增长的工业城市人口的需要,也方便了矿物输出,从而满足很多工厂的需要,此外还拓宽了进口化肥(如石灰)和燃料(如煤)的渠道。

如果人口流动合理,工人将会被吸引到铁路附近的地方,因为铁路创造了新的就业机会。铁路还可以促进工人及其家属的搬迁,从而刺激劳动力流动。但是直到1870年,铁路建设才专门服务于普通工人的日常通勤。

在北安普敦郡和拉特兰郡,不同城镇之间的铁路铺设日期有很大差异,因此如果这些影响很重要,应该很容易被捕捉到。大体上,连接带来的益处在19世纪40年代和50年代最为明显,那时铁路交通是相对较少城镇所享有的特权。然而,交通运输条件改善对市场震荡的竞争影响可以通过总体人口增长来缓解,因为后者可以使较小的市场保持临界规模。

7.3 计量经济学模型概述

这些效应的相互作用可以通过一个形式化模型来解析,该模型在附录中以代数形式给出,其中还讨论了它的统计特性。我们的基本假设是,在每个教区,人口的均衡存量与当时的土地存量和建立在土地上的基础设施存量相

- 228 -

关。土地和基础设施都被认为是多样化的。

土地的数量由教区的面积来衡量，它在时间的推移中保持不变（见下文）。土地质量则反映在两个关键的地理特征中。

- 位置。河流的使用权；与重要行政中心的距离，如北安普敦郡和彼得伯勒大教堂城。
- 地质情况，即土壤的类型。

基础设施包括：

- 运输基础设施，包括公路、运河和铁路；
- 机构基础设施，涉及行政地位和市场特权，即该镇是否为自治市，并在1801年拥有市场。

土地的数量和质量，以及基础设施的捐建，由一系列关键的教区特征总结。这些特征中的一部分是恒定的（非时间因变的），而另一些是可变的（时间因变的）。

区位因素大多是不变的，尤其是那些反映自然特征的因素。然而，由于耕作技术的变化（例如化肥的应用和对排水系统的投资），土壤肥力可能会发生变化。河流进行分段后可以通航，不能通航的河流价值可能会受到磨坊或鱼堰建设的影响。如下所述，这种变化不是由于位置因素，而是受到会产生可变影响的恒定位置因素的驱使。

到城镇的距离是按直线测量的；它也可以按公路里程计算，尽管随着城镇的扩张而修建新的公路可能会使后者的测量结果发生变化。

19世纪的基础设施投资主要涉及铁路建设，而通过修建收费公路进行的道路改善工作到20世纪初才基本上完成。由于这个原因，道路基础设施被认为是恒定的，由1801年的数据所定型。就运河而言，北安普敦郡和拉特兰郡属于"晚期开发商"。有些运河直到1801年以后才完工，但是由于1801年以前所有的运河都是由议会授权修建的，所以它们被认为是外生的。

制度基础设施完全由遗留效应决定：一个城镇根据其在 1801 年的定位被划分为自治市或市场中心。出于统计目的，这意味着除了那些与铁路使用相关的教区特征之外，所有教区特征都被视为外生的，即它们在研究期间不受人口变化的影响。与之相反，铁路投资则被视为内生的。

尽管土地质量在研究期间可能保持不变，但如上所述，土地质量对人口的影响可能会发生变化。这意味着恒定的特征可能具有可变的影响。这尤其适用于土壤类型带来的影响。例如，如果全国收入增加，消费者可能会用肉代替面包，这样牛肉价格就会上涨，小麦价格就会下跌。放牧变得更有利可图，谷物生产的利润则不再明显。因此，在适合耕种的沙洲和黏土地区，人口趋于减少，而在适合放牧的砾石和冲积层地区，人口将会增加。

这一点在某种程度上也适用于其他特征，例如，随着经济的工业化，遗留的市场地位的重要性可能会发生变化。因此，该模型考虑了所有特征的影响随时间发生的变化。从而，不同年份的铁路投资可能会产生不同的影响：铁路对当地人口的影响在建设期间可能很大（由于劳动力的涌入），在刚通车时较为缓和（由于铁路工作人员的到来），之后又会急剧变大（由于新企业或新居民的涌入）。

由于会对人口增长做出反应，铁路投资被认为是内生的。因此，当人口对铁路投资做出反应时，铁路投资也会对人口增长做出反应。这种双向互动对城镇来说比对乡村更重要。铁路线在修建时通常会以最笔直的路线连接两个大的人口中心，而很少会改道以服务沿线的小城镇和大村庄。因此，一个村庄是否有铁路服务主要由两边城镇的人口决定，而不是由村庄本身的人口决定（取决于下文提到的条件）。然而如前所述，双向因果关系一旦出现，就会产生潜在的解释性问题。这个问题可以通过一个假设来解决——人口会对铁路投资立即做出反应，而铁路投资对人口的反应却是滞后

7 铁路和当地人口增长：1801~1891年北安普敦郡和拉特兰郡

的。如附录中所解释的，这种不对称的滞后结构使我们得以分别识别这两种效应。

铁路投资对人口的反应存在滞后，主要因为以下原因。

- 铁路建设是一个漫长的过程，且在此之前还有一个更长的过程——筹集资金和获得议会批准。在这个过程开始的时候，教区的当期人口是未知的：只有上一次人口普查的数据可用。虽然铁路推动者会试图预测未来的人口，但他们并没有完全的远见：他们不能知道确切的未来人口，而必须根据以前的人口或人口增长趋势来估计。因此，虽然人口几乎可以瞬间适应铁路建设，但铁路建设只会滞后地适应人口增长。

- 许多在1844~1866年铁路建设狂潮期间推行的铁路计划并未实现：这些未实施的方案为19世纪60年代制定和实施的另一套方案奠定了基础。总的来说，未实施的方案通常在恢复之前处于休眠状态，例如19世纪60年代推行却未实施完成的方案有时会在90年代变为轻轨方案再度出现。这表明，如果铁路建设不能以单个滞后期适应人口增长，那么它的滞后时间会延长。

另外，人口会立即对铁路投资做出反应则是因为以下原因。

- 一旦知道要修建铁路，人们可能会在土地相对便宜的时候就搬到教区，希望铁路建成后能从土地价值的上涨中获利。

- 建筑工人会进入村庄，随后车站工作人员和工头也是如此（在线路开通后维护轨道）。

由于建设不同类型线路的动机可能不同，它们造成的影响也可能不同。所以铁路投资可以分为三种类型：干线、跨郡线和地方线。

- 干线往往以最短或最快的路线连接大城市：英格兰和威尔士最早的干线大多将工业中心或港口城市连接到伦敦。干线承载的巨大运输量表明它们对所服务城市的影响将会很大。但若是火车不停地行驶，那么对中间村庄造成的影响可能会很小。
- 跨郡线路是为了略过伦敦，在各省中心之间建立直接联系。它们也服务于被干线忽略的中间城镇。跨郡线路也可以作为干线的支线，它们的交会点能够发展成为重要的铁路枢纽。
- 干线和跨郡线路的建设可能会反过来推进地方线路的建设。人口密度更有可能影响地方线路建设所遵循的路径，从而决定向哪些特定村庄提供服务。一条地方线路的建立可以促进其他地方线路的发展，从而创建一个在某种程度上独立于远距离网络（如郊区系统）的本地系统。这种网络外部性表明，一个教区中某条铁路的存在可能会促进为同一教区服务的其他铁路的建设，从而使教区成为当地的枢纽。

该模型将本地车站的建设与轨道的建设区分开来。虽然一座车站通常需要一条铁路为其服务，但没有必要在铁路经过的每个教区都修建一座车站。建造一座车站需要固定的土地和建设成本，以及车站工作人员的经常成本。此外，在中间站停车和启动列车会产生运营成本；这还会延长旅行时间，延迟沿途的其他交通。当地人口密度必须足够大，才需要提供足够数量的地方交通设施。即使不建车站，铁路本身就对当地经济足够重要：可以铺设货运支线，为沿线工厂服务，并为附近矿区修建短支线——事实上，北安普敦郡的一些矿区支线根本没有任何车站。在干线上高速行驶，再加上对城市间交通的依赖，可能会阻碍在干线上建立中间站，从而进一步减弱它们对当地社区的影响。然而，在本地线路上，较低的行驶速度加上对本地交通的依赖，则可能会鼓励当地的沿线车站建设。因此，地方线路可能比干线更有利于当地社区，因为虽然干线原则上提供了通往大城市的便捷通道，但其所有者可能对发展本地交通兴趣不大。相比之下，地方线路更会专注于发展当地的交通。

虽然车站通常只建在铁路能够服务的教区，但一个教区也可能由邻近教区的车站提供服务。据推测，修建车站的决定是与修建铁路的决定同时做出的，或者稍晚于修建铁路的决定，因此车站建设与铁路建设一样，对人口增长的反应是滞后的。这也为我们在统计上区分车站对当地人口的影响和当地人口对车站建设的影响提供可能。

原则上，铁路建设和车站建设不仅与滞后的人口相关，同时也与所有外生的教区特征相关，本模式考虑到了这一点：我们假设不同特征对铁路和车站建设的影响是累加的，与对人口增长的影响相同。

因此，该模型生成了涉及五个因变量的五个线性方程：人口增长、三种不同类型的铁路建设以及车站建设。所有的五个变量都线性相关于恒定的教区特征和滞后的教区人口。人口增长取决于当前和过去的铁路建设和车站建设情况，而修建车站则取决于当前和过去的铁路建设情况。铁路建设独立于当前的车站建设，只与以前的人口增长相关。因为方程具有递归结构，所以可以使用普通最小二乘法、Logit 或 Probit 回归进行独立估计。

7.4 数据源及其局限性

本研究是一系列探索铁路对当地人口增长影响的研究中的第二项。它基于牛津郡的情况（Casson, 2013），完善了第一项研究中开发的模板，并将作为后续研究的模型。为此，选择这些资料来源的部分理由正是因为它们全面地覆盖了英格兰和威尔士，而不仅仅是北安普敦郡和拉特兰郡。

教区是最小的行政单位，在这个单位上始终可以获得高质量的官方人口数据（偶尔可以获得关于组成城镇、小村庄和小教堂的信息，部分已用于本研究）。教区是古老的行政单位，因此许多教区的历史都为人所知。教区数据对这类研究的主要限制在于以下方面。

- 教区大小不一。一些农村教区很大，而一些城市教区很小。就大型农村教区而言，教区范围和定居模式之间的匹配可能很差。人口可能只聚集在教区的一小部分：事实上，很可能存在几个不同的定居点，而没有一个位于中心。在小城市教区中，定居点可能构成一个聚集区的一部分，并可能跨越相邻的教区。解决这一问题的方法是允许同一城镇的所有教区共享相同的特征，例如市场地位和铁路接口，而与相关设施（例如市场或车站）所在的特定教区无关。

- 教区的区划可能是不规则的：因此，一个小教区可能又长又窄，经过教区一角的铁路可能离住在对面一角的人很远。由于河流在中世纪意义重大，教区经常沿着山谷的边缘延伸至底部的河流，一些教区甚至形成了分离的部分。因此，一个教区内的土壤类型和农业类型可能会有很大的不同。这就意味着我们从教区数据中很难发现农业专业化的模式。

- 一些教区不仅小，而且人口密度低，因此总人口非常少。这意味着人口增长可能是不稳定的：单个家庭的迁移就可能对总人口产生重大的比例影响。

因此总的来说，教区可能是非常异质的：空间变化可能会被他们同属于一个教区的事实部分掩盖，因而不会表现为教区间的变化。为得到更加精准的空间差异表现，我们可以使用正方形或六边形等标准空间填充形状，或者更好的是，使用动态地理信息系统，后者可以使用教区定居点的坐标。但以上方法都不在本研究的范围内。

本研究中使用的人口数据来自已公布的人口普查结果，并进行了标准化调整以适应19世纪教区边界的变化。主要的调整方法包括合并边界发生变化的教区的数据，以便将边界变化纳入扩大的人口单位中。瑞格理（Wrigley，

2011）描述了计算人口和教区面积（或同等人口单位）的精确方法；卡森（Casson，2013）则讨论了在此类研究中调整边界变化的用意。

由于郡的边界已经改变，并且为了便于分析，相邻的教区已被分成一组，所以本研究中并非所有的教区都属于北安普敦郡和拉特兰郡的现代郡划，同时这两个郡中的一些教区也由于被分配至其他地区而未包含在内。

每十年计算一次每个教区的人口增长率。增长是按比例而不是绝对数量来定义的。增长率是根据人口对数的差异估计得出的；鉴于这对于统计分析来说并不必要，因此没有按年进行计算。

如上所述，每个教区的概况都包含了五个主要方面。

行政地位。教区是根据它们是否自治，以及是否有活跃的市场来分类的。主要资料来源是《英国市场和集市名录》（Letters，2010），此文献将贝雷斯福德和芬伯格（Beresford and Finberg，1973）等其他来源的信息，同它的增补综合在了一起。19世纪市场状况的其他有用来源是巴塞洛缪（Bartholomew，1887）、刘易斯（Lewis，1846）和威尔逊（Wilson，1870~1872）所做的统计和地质名录，其中一些摘录出现在《英国展望》（2013）中。一共识别出了12个古代自治区：北安普敦郡的布拉克利、达文垂·费恩登、海厄姆·费雷尔、北安普敦、奥登勒、彼得伯勒、罗丁汉姆、罗思韦尔、桑尼拜和托斯特，拉特兰郡的奥克汉姆和白金汉郡边界上的斯通斯特拉特福德。1800年前后，除了费恩登、罗丁汉姆和罗思韦尔，所有的自治区都有活跃的市场；其他活跃的市场则在北安普敦郡的凯特林、特拉普斯顿和韦林伯勒以及拉特兰郡的乌平厄姆。市场可以是特许建设的，也可以是纯粹按规定建设的。此外，北安普敦郡和拉特兰郡还分别有36个和5个失灵的市场（见表7.1）。其中许多似乎反映了13和14世纪南中部庄园主的经济和社会野心。大多数市场是通过特许经营确定的，尽管有些是规范性的（更多信息见Partida et al.，2013）。

表 7.1　已失灵市场列表

北安普敦郡				
奥尔德顿	安霍	Barnwell All Saints	Barnwell St. Andrew	鲍敦
布里克斯托克	布里克沃斯	Bulwick	凯茨比	Chipping Warden
科比	卡尔沃思	福斯利	法恩登	Floore
福瑟陵格	盖丁顿	Grafton Regis	哈灵沃思	King's Cliffe
隆巴克比	洛伊克	米尔顿	内斯比	诺斯伯勒
罗丁汉姆	桑尼拜	索普·曼德维尔	瑟宁	蒂奇马什
韦克利	韦尔顿	西哈登	威尔比	沃拉斯顿
亚德利黑斯廷斯				
拉特兰郡				
巴罗登	贝尔顿	Empingham	利丁敦	奥弗顿市场

离主要中心的距离。我们确定了两个主要中心：县城和主要行政中心的北安普敦郡，和彼得伯勒的教堂城（之后变成主要的铁路枢纽）教区是根据教区最近的部分是否位于每个城市中心五英里以内来分类的。其他可以测量距离的突出地点包括伦敦、考文垂（Coventry）和莱斯特（Leicester），但如下所述，这些地方的交通主要由相关道路的通行情况决定。

土壤类型。《英国地质观察》（英国地质调查局，2012）是土壤类型的主要信息来源。根据地图，九种类型的土壤被确定为与米德兰南部相关，包括下层和表层土壤：石灰石、铁矿石、崩解石块、沙子、砾石、冲积层、黏土、燧石和泥岩。总的来说，沙子和石灰石构成轻质土壤，而黏土和泥岩构成重质土壤。砾石和冲积层与河谷有关。米德兰南部的岩层有着复杂多样的模式，因此许多教区拥有四五种不同类型的土壤。无法使用谷歌地图（Google，2013）查看器上的现代名称识别出的古代教区，被用于定位以农场或道路名称保存的废弃教区。维多利亚郡县史（VCH）也对土壤进行了

7 铁路和当地人口增长：1801~1891年北安普敦郡和拉特兰郡

描述，但通常是表面的；此外，它对北安普敦郡教区的覆盖也是不完整的（Serjeantson and Adkins，1906）。对土壤进行更精确的分析还需要考虑渗透性（排水）和坡度（影响耕种农业的可行性），我们希望这些因素能纳入以后的研究。

河流、运河和道路接口。水域接口对于交通、机械动力、渔业和放牧的草地都很重要。如果一条主要河流流经一个教区，或者（更经常地）形成其边界的一部分，那么这个教区就被认为是有水源的。有三条河流被认为是非常重要的：内恩河、伊势河与韦兰河。内恩河的两个部分有所不同：下部从彼得伯勒到北安普敦郡，适合大型船只，上部从北安普敦郡到沃里克郡的边界。伊势河是内恩河的一条支流，在韦林伯勒与它汇合。韦兰河从林肯郡的斯塔福德（Stamford）流经该县北部，流向莱斯特郡的马基特哈伯勒（Market Harborough）。此外，大乌斯河（The Great Ouse）在该郡南部边界附近流动，但与之接邻的教区主要位于白金汉郡或贝德福德郡。较小的河流，如Tove河，被省略了，因为它们不容易通航，并且服务于相对较少的教区。

北安普敦郡也有从伦敦到伯明翰的大运河，该运河贯穿该郡西南部，在纽波特帕内尔附近的科斯格罗维和考文垂附近的布朗斯顿之间，在那里有一个分支通往莱斯特。这个分支几乎完全位于莱斯特郡，因此不包括在这项研究中。从布利沃斯（Blisworth）到北安普敦还有一条与内恩河相连的支流。除了直到1805年才开放的布利沃斯隧道外，大运河于1800年竣工；与此同时，运河的两个部分由一条矿车轨道连接起来。从梅尔顿莫布雷到奥克汉姆的奥克汉姆运河于1793年获得授权，于1802年开放，并于1846年关闭，紧接着一条竞争性铁路线到来。这条运河连接莱斯特郡和拉特兰郡，只穿过拉特兰郡的六个教区。布利沃斯教区和这六个拉特兰教区的人数太少，无法在本研究中单独识别，但是，它们并没有被排除在外，而是被当作 1801 年的运河服务对象，那是奥克汉姆运河开通的前一年，也是隧道竣工的前四年。

许多教区都是被河流哺育着，因为河流通常在两岸的教区之间形成天然边界，而每一个远离河岸、具有人口中心的教区，总是向河流不断衍生出一小片土地。但这条运河并不是这样，它顺着内恩河上游延伸了一段时间，但总是保持在同一个教区内。

道路的通行性取决于教区是由 1836 年的邮车还是每天运行的驿站马车服务（Bates，1969）。这是可提供马车的全国性综合信息的最早日期。只有直接位于路线上的教区，或者包括路线上的公共房屋和旅馆的教区被包含在内。路边的教区则不在考虑范围内。这项措施的目的是表明教区是否受益于直接来自道路交通的经济活动，而不是为了表明居民是否能方便地进入道路系统。衡量道路通行的另一种方法是评估收费公路为哪些教区服务。然而，收费公路在 18 世纪末期非常普遍，因此并不能凭借收费公路的接入与否非常有效地区分不同的教区。此外，不与后续旅程涉及的其他收费公路路段相连的路段对过境交通发展的意义可能是有限的。相反，收费公路内的一段未收费的道路却可能会吸引大的交通流量。

我们识别了五条路线：沃特琳街，从伦敦穿过斯通斯特拉特福德、托斯特和考文垂，通往达文垂；从伦敦经纽波特帕内尔、北安普敦和马基特哈伯勒到莱斯特的路线；从伦敦到诺丁汉的路线，途经拉什登、凯特林和马基特哈伯勒；另一条通过纽波特帕内尔、奥尔尼、韦林伯勒、凯特林、乌平汉姆和奥克汉姆到达诺丁汉的路线；以及从北安普敦到牛津，经过托斯特和布拉克利的跨郡路线。北安普敦和彼得伯勒之间的另一条跨郡路线被省略了，因为它重复了内恩河下游，以及 1845 年伦敦和伯明翰的跨郡路线，从而导致多重共线性。

铁路通行性。表 7.2 列出了穿越北安普敦郡和拉特兰郡的铁路线。铁路通行性有两种衡量方式：是否有一条线路穿过教区，是否有一座可使用的车站。如上所述，我们区分了三种类型的线路：干线通常是双轨的，并且被设计成以高速承载大运输量的城市间交通，它们至少有30英里，甚至可能长达300英里；跨郡线路以中等速度承载中等数量的交通，沿途服务于主要的省级城镇，它们通常有30~100英里；本地线路则以低速承载少量的交通，它们通常服务于郊区或农村地区，最长可达50英里。跨郡线路和本地线路可能是单轨或双轨的，并且往往比干线具有更紧的曲线和更陡的坡度。该分类是通过查阅卡森（Casson，2009）的地区参考书目列出的相关铁路历史来进行的。

根据柯布（Cobb，2006）记录的开放日期，我们将铁路分配至人口普查的十年期中。当一条给定的线路分段开放时，每一段都有单独的日期，因此每段连接的教区在数据集中显示为两条线路间的交叉端点。

在确定铁路是否跨越教区时，精确的地图绘制尤为重要，因为与河流和主要道路不同，它们通常不沿着边界运行。牛津大学伯德雷恩图书馆的军事测量索引地图被用来确定哪个教区被哪条线穿过。一套北安普敦郡的地图由塞尔金森和阿金斯（Serjeantson and Adkins，1906）重印。如果在一个城镇或城市中有几个教区，那么为了测量铁路通行性，我们将它们合并，否则，许多铁路距离过短的城市教区将被归类为根本没有铁路。

车站的通行性不是由教区边界，而是由离教区内主要人口中心1.5英里内是否有一座车站决定的（人口中心由一个单位为1英寸的军事测量图进行评估）。因此在原则上，一个教区可以有车站而无铁路，尽管在实际中这是非常罕见的。使用车站通行性这一定义可以解决许多实际问题，例如当一个村庄的火车站位于与其服务的村庄或城镇相对的河岸上时。

7.5 结果

通过相关性分析可以得到对人口历史的初步评估。表 7.3 显示了一个简单的应用第一列是时期，第二列表明在连续的数个 10 年中，同一教区的人口增长率趋向于彼此负相关，即在 10 年中高于平均水平的增长率，会在接下来的 10 年中变得低于平均水平。对此的一个自然解释是短期人口流动。任意 10 年中，在上一次人口普查日期前出现人口的短暂流出之后，一些人口高增长率的教区将在第二次人口普查日期前有短暂的人口流入，而一些人口低增长率的教区将经历相反的效应。从长远来看，这种影响有望消失，事实也的确如此。表格的第三列显示了，如果应用了双滞后，那么许多负相关会消失，正相关占据主导地位。正相关与这样一种观点一致，即一些教区具有吸引人的长期特征，而另一些教区具有排斥人的长期特征，短期流动性是叠加在这种影响之上的。牛津郡的研究也得到了类似的结果。

表 7.2　1830~1914 年穿越北安普敦郡和拉特兰郡的铁路

开放日期	类型	公司名称和过郡路线
1838	T	伦敦 & 伯明翰（L&BR）［后来的伦敦 & 西北（LNWR）］：（伦敦）– 沃尔弗顿 – 罗德 – 布利沃斯 – 威登 –（拉格比）
1845	C	L&BR（后来的 LNWR）：布利沃斯 – 北安普敦 – 韦林伯勒 – 萨尔普斯顿 – 奥登勒 – 万福特 – 彼得伯勒
1846	C	米德兰铁路公司（MR）：（斯塔福德）– 彼得伯勒
1848	C	MR：（梅尔顿·莫布雷）– 萨克斯比 – 阿什维尔 – 奥克汉姆 – 曼顿 – 路芬汉姆 –（斯塔福德）
1848	C	大北方铁路（GNR）：威林顿 –（斯伯丁）
1850	T	大西部铁路（GWR）：（牛津郡）– 安霍 – 国王萨顿 –（班伯里）
1850	T	GNR：（亨廷顿）– 彼得伯勒 – 威林顿

- 240 -

7 铁路和当地人口增长：1801~1891 年北安普敦郡和拉特兰郡

续表

开放日期	类型	公司名称和过郡路线
1850	L	LNWR：（马基特哈伯勒）– 韦兰河畔韦斯顿 – 西顿
1850	L	白金汉郡铁路（后来的 LNWR）：（班伯里）– 布拉克利 –（白金汉）
1851	L	LNWR：西顿 – 路芬汉姆 –（斯塔福德）
1852	T	GNR：威林顿 – 赫尔斯顿 –（埃森丁）
1857	T	MR：（马基特哈伯勒）– 凯特林 – 韦林伯勒 –（贝德福德）
1859	L	LNWR：北安普敦 –（马基特哈伯勒）
1866	C	彼得伯勒·维斯贝赫和萨顿（后来的米德兰与大北方联合铁路公司）：彼得伯勒 –（威斯贝奇）
1866	C	北安普敦 & 班伯里联结［后来的埃文河畔斯特拉特福德 & 米德兰联结（S&MJR）］：布利沃斯 – 托斯特
1866	L	凯特林、萨尔普斯顿 & 亨廷顿铁路（后来的 MR）：凯特林 – 萨尔普斯顿 –（金博尔顿）
1866	L	LNWR：沃尔弗顿 – 纽波特帕内尔
1867	L	LNWR：万斯福德 –（斯塔福德）
1871	L	东 & 西联结铁路（E & WJR）（后来的 S&MJR：托斯特 – 赫尔顿）
1872	L	E & WJR（后来的 S&MJR）：赫尔顿 –Cockley Brake–（班伯里）
1872	L	MR：北安普敦 – 拉文斯通 –（贝德福德）
1873	C	E& WJR（后来的 S&MJR）：托斯特 – 伍德福德 – 康普顿
1877	L	MR：凯特林 – 克兰斯利
1879	T	MR：曼顿 – 西顿 – 科比 – 凯特林
1879	L	大北方 & 伦敦 & 西北联结：（哈拉姆）– 威斯顿 – 韦兰
1879	L	LNWR：西顿 – 国王崖 – 万斯福德
1881	T	LNWR：罗德 – 北安普敦 – 隆巴克比 –（拉格比）
1882	L	MR：阿什维尔 – 科特斯莫尔
1887	C	班伯里 & 切尔滕纳姆直通车（后 GWR）：国王萨顿 – 奇普诺顿
1888	L	LNWR：威登 – 达文垂
1891	C	S&MJR：托斯特 – 罗德 – 拉文斯通

– 241 –

续表

开放日期	类型	公司名称和过郡路线
1893	C	MR：萨克斯比－小拜瑟姆
1893	L	MR：韦林伯勒－海厄姆费雷尔
1893	L	MR：克兰斯利－洛丁顿
1894	L	LNWR：西顿－乌平汉姆
1895	L	LNWR：达文垂－马顿枢纽－（利明顿温泉）
1898	T	大中央铁路（GCR）（拉格比）－伍德福德－卡尔沃斯－赫尔顿－布拉克利－（伦敦）
1900	C	GCR：卡尔沃斯－（班伯里）
1910	T	GWR：（比斯特）－安霍－（班伯里）

注：T＝干线；C＝跨郡线路；L＝地方线路。在两个郡之外的城镇用圆括号表示。

主要结果来自回归分析。附录中对回归方程的推导进行了说明。表7.4总结了整个1801~1891年人口密度的决定因素，而表7.5则报告了十年间人口增长的决定因素。人口密度和人口增长都在第7.3节中描述的五组解释变量上进行了回归。概率值显示在每个估计系数下，显著性水平分别由＊（10%）、＊＊（5%）和＊＊＊（1%）表示。

在表7.4中，第三列结果与1801年的人口相关，其余三列则与1891年的人口相关。这三列中的第一列，标记为A，提供了与1801年结果的直接比较。下一栏标为B，包含了1801年的人口密度，这也是作为1891年人口密度的潜在决定因素。这项研究调查了1801年的人口是否可以被理解为影响整个时期人口增长的未观测到的教区特定固定因素的代替值。如果可以，就像结果显示的那样，则该栏和下一栏中报告的回归系数可以用对人口增长的影响来解释，而不是人口密度。最后一栏包含了到1891年为止完成的所有铁路项目，这也是1891年人口密度的另一个决定因素。它概述了1830~1890年修建铁路带来的影响。表7.5在单独的一栏中报告了每十年的结果。

表 7.3 每十年教区人口增长的持续性：增长率之间的皮尔逊零阶序列相关性

时期	一个十年期的滞后	两个十年期的滞后
1811~1821	-0.262	—
1821~1831	-0.013	0.035
1831~1841	-0.022	-0.207
1841~1851	-0.052	0.022
1851~1861	0.074	0.059
1861~1871	0.154	0.126
1871~1881	-0.132	0.041
1881~1891	0.134	0.231

上述经济模型不仅解释了人口增长，也解释了铁路系统的扩张。每个十年期都有一个包含五个等式的方程组，其中有一个是人口增长方程，另外三个涉及不同类型铁路的投资，还有一个涉及车站建设。本文中没有足够的篇幅来分析铁路和车站建设的动力，但表 7.6 提供了产生这一结果的例子，该表报告了 1871~1881 年的所有五个回归内容。总的来说，北安普敦郡的结果表明，当地的人口密度即使滞后，对一个教区的铁路建设影响也是有限的。它还表明，新铁路往往会避开已经由其他铁路服务的教区，因此随着时间的推移，铁路会逐渐分散在各个郡之间，而不是仅仅集中在几个主要地区。

在表 7.4 中，与北安普敦的距离（NH5M）和与彼得伯勒的距离（PB5M）在 1801 年都不显著，但在 1891 年的所有回归中均有显著的正向系数。这表明北安普敦和彼得伯勒在 1801 年都不是重要的城市群，但由于郊区的不断发展，到 1891 年它们已经成为涵盖工厂与住房的城市群。在表 7.5 中，靠近北安普敦是 1801~1811 年、1831~1841 年和 1861~1891 年中的一个重要因素，但仅在 1821~1831 年对彼得伯勒有显著影响。在之前的牛津郡研究中也获得了类似的结果。占主导地位的牛津郡扩张迅速，而二线城镇班伯里的扩张速度则更平缓。

通过将自治区地位（BORO）、是否拥有活跃市场（MKT1）、失灵市场位置（MKT2）三种制度因素相比较，从表 7.4 中可以看出，在 1801 年和 1891 年，是否拥有活跃市场是人口密度的关键决定因素，且在所有回归中均显著正向相关。活跃的市场在 1801 年和 1891 年提高了人口密度，拥有活跃市场的教区比没有活跃市场的教区人口增长得更快，而且，即便考虑到了铁路对人口增长的影响，教区人口增长依然很快。表 7.5 表明，相对于其他教区，1871~1881 年活跃市场中心的增长率最高。

根据表 7.4，在 1801 年，拥有一个失灵市场也对人口密度产生了积极和显著的影响，这种影响一直持续到 1891 年，原因在于遗留效应。然而，与活跃市场不同，失灵市场并没有刺激更高的增长。失灵市场所在教区表现出较高人口密度的一个可能原因是，在中世纪早期的集镇和村庄，土地被细分为个人拥有的小块土地，并建立了适合后期填充的大型市场广场。这可能为之后的发展创造了潜力。相比而言，在个人管控大片地产的地区，这种类型的发展没能实现。

表 7.4　19 世纪初和 19 世纪末的人口密度

首字母缩写	解释	1801	1891(A)	1891(B)	1891(C)
恒量		1.119*** (0.000)	1.131*** (0.000)	0.007 (0.955)	0.040 (0.729)
距离					
NH5M	北安普敦郡：小于 5 英里	-0.022 (0.900)	0.417** (0.066)	0.440*** (0.005)	0.397*** (0.010)
PB5M	彼得伯勒：小于 5 英里	0.096 (0.721)	0.703** (0.032)	0.606*** (0.004)	0.246* (0.074)
制度地位					
BORO	1800 年前的自治区	-0.069 (0.798)	-0.168 (0.615)	-0.099 (0.492)	-0.078 (0.622)
MKT1	1800 年前后市场活跃	1.618*** (0.000)	2.129** (0.000)	0.503*** (0.001)	0.339** (0.037)

7 铁路和当地人口增长：1801~1891年北安普敦郡和拉特兰郡

续表

首字母缩写	解释	1801	1891(A)	1891(B)	1891(C)
MKT2	1800年早期市场不再使用	0.468*** (0.002)	0.403** (0.011)	-0.068 (0.332)	-0.083 (0.256)
土壤类型					
LIME	石灰石	0.027 (0.818)	0.036 (0.790)	0.008 (0.883)	0.018 (0.749)
IRON	铁矿石	0.245** (0.048)	0.221 (0.110)	-0.025 (0.655)	-0.031 (0.605)
BRASH	Brash	0.081 (0.672)	0.000 (0.998)	-0.080 (0.488)	-0.074 (0.506)
SAND	沙子	0.025 (0.886)	-0.000 (0.999)	-0.026 (0.753)	-0.067 (0.386)
GRAVEL	砾石	-0.084 (0.561)	-0.072 (0.670)	0.012 (0.871)	0.028 (0.693)
ALLM	冲积层	0.181* (0.079)	0.173 (0.136)	-0.010 (0.846)	-0.037 (0.471)
CLAY	黏土	-0.098 (0.497)	0.033 (0.846)	0.132 (0.121)	0.111 (0.165)
FLINT	燧石	0.436 (0.072)	0.447 (0.101)	0.008 (0.934)	0.091 (0.386)
MUD	泥岩	-0.001 (0.992)	0.018 (0.900)	0.019 (0.750)	0.002 (0.977)
河流与运河					
LNENE	内恩河下游：北安普敦郡 – 彼得伯勒	0.259* (0.062)	0.590*** (0.001)	0.334*** (0.002)	0.144* (0.095)
UNENE	内恩河上游：北安普敦郡 – 多德福德	-0.187 (0.606)	0.345 (0.325)	0.533 (0.120)	0.567 (0.117)
ISE	伊势河	-0.005 (0.982)	0.461 (0.508)	0.209* (0.061)	0.221* (0.053)
WELD	韦兰河：斯塔福德 – 马基特哈伯勒	-0.654 (0.622)	0.122 (0.602)	0.224 (0.169)	0.235 (0.153)
CANAL	大运河与奥克汉姆运河	0.193 (0.272)	0.280 (0.145)	0.086 (0.367)	-0.025 (0.827)

- 245 -

续表

首字母缩写	解释	1801	1891(A)	1891(B)	1891(C)
道路						
WATST	惠特林大道：斯特拉特福德 – 达文重	0.616** (0.035)	0.711** (0.011)	0.092 (0.451)	0.186 (0.184)
NPNMH	纽波特帕内尔 – 北安普敦 – 马基特哈伯勒	0.393* (0.078)	0.755** (0.019)	0.360** (0.045)	0.396** (0.018)
RKMH	卢斯登 – 凯特林 – 马基特哈伯勒	0.737*** (0.002)	1.437*** (0.008)	0.697*** (0.002)	0.640** (0.007)
OLOAK	奥尔尼 – 奥克汉姆	0.014 (0.958)	0.195 (0.488)	0.181** (0.012)	0.186** (0.020)
NTB	北安普敦 – 托斯特 – 布拉克利	0.699*** (0.002)	0.836*** (0.000)	0.134 (0.289)	-0.052 (0.723)
DENS01	十年期初的人口密度	—	—	1.005*** (0.000)	1.005*** (0.000)
1830~1890年建造的铁路和车站						
TRUNK30	1830~1839年开放的干线	—	—	—	0.090 (0.658)
CC40	1840~1849年开放的跨郡线	—	—	—	0.190*** (0.010)
TRUNK50	1850~1859年开放的干线	—	—	—	-0.012 (0.920)
LOCAL50	1850~1859年开放的地方线	—	—	—	-0.146 (0.131)
CC60	1860~1869年开放的跨郡线	—	—	—	0.420* (0.054)
LOCAL60	1850~1859年开放的地方线	—	—	—	0.268 (0.164)
TRUNK70	1870~1879年开放的干线	—	—	—	-0.127 (0.192)
CC70	1870~1879年开放的跨郡线	—	—	—	-0.293** (0.023)
LOCAL70	1870~1879年开放的地方线	—	—	—	-0.035 (0.629)
TRUNK80	1880~1889年开放的干线	—	—	—	0.515*** (0.002)

续表

首字母缩写	解释	1801	1891(A)	1891(B)	1891(C)
CC80	1880~1889年开放的跨郡线	—	—	—	0.031 （0.845）
LOCAL80	1880~1889年开放的地方线	—	—	—	-0.252* （0.062）
CSTA80 1830~1879	1830~1879年累计开放车站	—	—	0.077 （0.290）	—
STA80	1880~1889年开放的车站	—	—	—	-0.013 （0.917）
R^2		0.281	0.380	0.857	0.877
调整的R^2		0.229	0.335	0.846	0.862
F统计值		5.338*** （0.000）	8.357*** （0.000）	78.323*** （0.000）	57.003*** （0.000）
观测数量（次）		352	352	352	352

表7.5 每十年人口增长率的决定因素

变量	1801~1811	1811~1821	1821~1831	1831~1841	1841~1851
恒量	0.081** （0.038）	0.043 （0.424）	0.003 （0.919）	0.145*** （0.008）	0.017 （0.657）
			外生变量		
NH5M	0.062** （0.044）	0.019 （0.430）	0.041 （0.094）	0.055* （0.068）	-0.009 （0.755）
PB5M	0.058 （0.140）	0.002 （0.968）	0.159*** （0.000）	0.050 （0.157）	-0.011 （0.809）
BORO	-0.051 （0.107）	0.028 （0.361）	0.041 （0.151）	0.055 （0.279）	-0.024 （0.590）
MKT1	0.073* （0.069）	-0.070* （0.077）	0.006 （0.851）	0.059 （0.283）	-0.005 （0.907）
MKT2	0.036* （0.096）	-0.064** （0.023）	-0.038*** （0.008）	0.056* （0.051）	-0.006 （0.764）
LIME	0.011 （0.545）	-0.007 （0.720）	0.037 （0.025）	-0.049 （0.027）	-0.010 （0.602）
IRON	-0.029 （0.193）	-0.003 （0.868）	0.003 （0.840）	-0.024 （0.259）	-0.007 （0.721）

续表

变量	1801~1811	1811~1821	1821~1831	1831~1841	1841~1851
BRASH	-0.027 (0.332)	0.013 (0.620)	-0.010 (0.696)	0.006 (0.841)	-0.057 (0.112)
SAND	-0.013 (0.589)	-0.005 (0.844)	-0.034 (0.094)	0.033 (0.289)	-0.029 (0.411)
GRAVEL	0.011 (0.638)	0.008 (0.658)	0.011 (0.544)	-0.036 (0.114)	-0.001 (0.970)
ALLM	0.008 (0.638)	0.012 (0.409)	-0.016 (0.207)	-0.009 (0.544)	-0.009 (0.513)
CLAY	0.033 (0.217)	0.011 (0.676)	0.007 (0.740)	-0.042 (0.113)	0.036 (0.137)
FLINT	0.042 (0.171)	0.060** (0.028)	-0.030 (0.320)	-0.104 (0.028)	-0.015 (0.659)
MUD	0.004 (0.881)	-0.007 (0.736)	-0.004 (0.813)	-0.004 (0.855)	0.001 (0.937)
LNENE	0.038 (0.105)	-0.004 (0.824)	0.049** (0.015)	0.015 (0.500)	0.033 (0.145)
UNENE	0.029 (0.496)	0.015 (0.713)	0.001 (0.963)	0.037 (0.430)	0.017 (0.730)
ISE	0.017 (0.640)	0.004 (0.874)	0.042 (0.109)	0.035 (0.347)	-0.072** (0.012)
WELD	0.006 (0.851)	0.075 (0.352)	0.056 (0.103)	0.003 (0.955)	0.025 (0.464)
CANAL	0.004 (0.893)	0.033 (0.136)	0.045** (0.023)	-0.042 (0.218)	-0.040 (0.188)
WATST	0.051 (0.254)	-0.022 (0.512)	0.026 (0.340)	0.029 (0.333)	-0.013 (0.188)
NPNMH	-0.021 (0.613)	0.002 (0.946)	0.022 (0.430)	0.003 (0.922)	0.015 (0.601)
RKMH	0.071** (0.034)	0.004 (0.872)	-0.006 (0.829)	0.053 (0.139)	0.001 (0.972)
OLOAK	0.013 (0.645)	-0.023 (0.307)	-0.018 (0.670)	0.094 (0.165)	-0.026 (0.209)
NTB	0.015 (0.690)	-0.028 (0.529)	0.011 (0.678)	-0.045 (0.414)	0.010 (0.749)

续表

7 铁路和当地人口增长：1801~1891年北安普敦郡和拉特兰郡

变量	1801~1811	1811~1821	1821~1831	1831~1841	1841~1851
DENS	-0.029** (0.036)	0.039*** (0.009)	0.018 (0.200)	-0.028 (0.223)	0.020** (0.033)
铁路建设					
TRUNK30	—	—	—	0.036 (0.323)	0.019 (0.503)
CC40	—	—	—	—	0.027 (0.347)
TRUNK50	—	—	—	—	—
LOCAL50	—	—	—	—	—
CC60	—	—	—	—	—
LOCAL60	—	—	—	—	—
TRUNK70	—	—	—	—	—
CC70	—	—	—	—	—
LOCAL70	—	—	—	—	—
TRUNK80	—	—	—	—	—
CC80	—	—	—	—	—
LOCAL80	—	—	—	—	—
车站建设					
STA30	—	—	—	0.482** (0.044)	0.116 (0.348)
STA40	—	—	—	—	0.080*** (0.008)
STA50	—	—	—	—	—
STA60	—	—	—	—	—
STA70	—	—	—	—	—
STA80	—	—	—	—	—
R^2	0.076	0.097	0.205	0.193	0.156
调整的 R^2	0.005	0.028	0.144	0.125	0.080
F 统计值	1.073*** (0.371)	1.398 (0.101)	3.353*** (0.000)	2.863*** (0.000)	2.048*** (0.002)
观测数量（次）	352	352	352	352	352

续表

变量	1851~1861	1861~1871	1871~1881	1881~1891
恒量	-0.079**（0.0293）	-0.050（0.189）	-0.002（0.976）	-0.176***（0.000）
外生变量				
NH5M	-0.014（0.617）	0.049*（0.080）	0.177*（0.090）	0.112***（0.009）
PB5M	0.028（0.473）	-0.034（0.353）	0.025（0.460）	0.011（0.812）
BORO	0.012（0.762）	-0.027（0.665）	-0.032（0.570）	-0.116*（0.053）
MKT1	0.037（0.375）	0.070（0.336）	0.197***（0.009）	0.071（0.249）
MKT2	-0.039**（0.022）	-0.015（0.398）	0.008（0.748）	-0.013（0.555）
LIME	0.013（0.452）	0.029（0.161）	0.026（0.347）	0.007（0.774）
IRON	0.023（0.236）	-0.010（0.584）	-0.001（0.957）	0.015（0.529）
BRASH	-0.062*（0.087）	-0.001（0.966）	0.003（0.925）	0.047（0.209）
SAND	0.008（0.809）	-0.021（0.454）	0.019（0.626）	-0.022（0.467）
GRAVEL	0.006（0.826）	0.025（0.232）	-0.025（0.491）	0.042（0.116）
ALLM	0.038***（0.005）	0.001（0.953）	-0.012（0.590）	-0.005（0.801）
CLAY	0.053**（0.026）	0.005（0.844）	0.016（0.580）	-0.006（0.830）
FLINT	0.015（0.666）	0.040（0.200）	0.003（0.957）	0.075（0.108）
MUD	-0.002（0.919）	-0.030（0.128）	0.067**（0.018）	0.003（0.905）
LNENE	0.031（0.228）	0.028（0.263）	0.010（0.762）	-0.060**（0.029）

续表

变量	1851~1861	1861~1871	1871~1881	1881~1891
UNENE	0.036 (0.512)	-0.003 (0.956)	0.374 (0.231)	-0.029 (0.623)
ISE	0.049 (0.134)	0.049 (0.192)	0.016 (0.775)	0.062 (0.109)
WELD	-0.029 (0.257)	-0.007 (0.865)	0.049 (0.129)	0.016 (0.633)
CANAL	-0.026 (0.315)	0.059 (0.197)	-0.068 (0.222)	0.011 (0.742)
WATST	0.016 (0.580)	0.053 (0.452)	-0.057 (0.540)	0.102** (0.047)
NPNMH	0.187*** (0.000)	0.063 (0.199)	0.031 (0.688)	0.087 (0.164)
RKMH	-0.004 (0.918)	0.068 (0.193)	0.198* (0.067)	0.268*** (0.000)
OLOAK	-0.010 (0.682)	-0.047 (0.262)	0.131** (0.021)	0.008 (0.794)
NTB	0.077 (0.192)	-0.032 (0.426)	-0.002 (0.962)	-0.076* (0.079)
DENS	0.002 (0.833)	0.002 (0.927)	-0.057** (0.046)	0.039*** (0.008)
铁路建设					
TRUNK30	-0.014 (0.686)	-0.065 (0.165)	0.002 (0.982)	-0.008 (0.869)
CC40	0.077*** (0.005)	0.022 (0.398)	0.038 (0.296)	0.070** (0.015)
TRUNK50	0.023 (0.492)	0.049 (0.163)	0.040 (0.475)	-0.086 (0.073)
LOCAL50	-0.069** (0.018)	0.050* (0.076)	-0.031 (0.468)	-0.069 (0.116)
CC60	—	0.160** (0.017)	0.035 (0.617)	0.063 (0.474)
LOCAL60	—	0.069* (0.099)	0.054 (0.298)	-0.062 (0.113)

续表

变量	1851~1861	1861~1871	1871~1881	1881~1891
TRUNK70	—	—	-0.018 （0.740）	0.039 （0.301）
CC70	—	—	-0.117 （0.101）	-0.060 （0.210）
LOCAL70	—	—	-0.026 （0.502）	0.009 （0.793）
TRUNK80	—	—	—	-0.049 （0.423）
CC80	—	—	—	0.027 （0.708）
LOCAL80	—	—	—	-0.018 （0.628）
车站建设				
STA30	0.049 （0.391）	0.065 （0.401）	0.265** （0.039）	0.071 （0.390）
STA40	-0.046* （0.093）	0.006 （0.832）	0.008 （0.825）	0.006 （0.842）
STA50	0.038 （0.325）	0.006 （0.880）	-0.001 （0.985）	0.060 （0.177）
STA60	—	-0.083 （0.113）	0.014 （0.861）	0.015 （0.754）
STA70	—	—	0.048 （0.374）	-0.069* （0.059）
STA80	—	—	—	-0.014 （0.665）
R^2	0.228	0.176	0.238	0.281
调整的 R^2	0.151	0.0851	0.143	0.181
F 统计值	2.947*** （0.000）	1.934*** （0.002）	2.500*** （0.000）	2.802*** （0.000）
观测数量（次）	352	352	352	352

注：关于外生变量、铁路建设变量和车站建设变量的解释，请参见正文。DENS= 十年期初的人口密度。

表7.6 联立方程估计：1871~1881年十年间的人口增长、铁路建设和车站建设

变量	人口增长	干线	跨郡线路	地方线路	车站
恒量	0.001 (0.993)	0.001 (0.971)	0.062 (0.166)	0.103 (0.166)	-0.029 (0.428)
-0.001					
外生变量					
NH5M	0.182* (0.081)	-0.034* (0.062)	0.024 (0.242)	0.177** (0.036)	-0.061** (0.047)
PB5M	0.021 (0.554)	-0.017 (0.568)	-0.085* (0.053)	-0.144** (0.012)	0.036 (0.276)
BORO	-0.029 (0.608)	-0.023 (0.744)	0.005 (0.887)	0.031 (0.756)	-0.033 (0.470)
MKT1	0.188*** (0.008)	-0.020 (0.786)	0.007 (0.860)	0.099 (0.337)	-0.036 (0.435)
MKT2	0.008 (0.750)	-0.013 (0.721)	-0.024 (0.367)	0.011 (0.818)	0.071 (0.102)
LIME	0.028 (0.312)	-0.034 (0.235)	-0.009 (0.653)	0.031 (0.449)	0.014 (0.541)
IRON	-0.004 (0.886)	0.065** (0.016)	0.002 (0.947)	-0.081* (0.052)	-0.003 (0.910)
BRASH	-0.006 (0.884)	0.039* (0.100)	0.095* (0.060)	-0.020 (0.798)	0.024 (0.595)
SAND	0.016 (0.665)	0.054 (0.228)	-0.025 (0.526)	-0.006 (0.937)	0.055 (0.204)
GRAVEL	-0.026 (0.461)	-0.028 (0.445)	0.020 (0.511)	-0.038 (0.513)	-0.028 (0.448)
ALLM	-0.016 (0.488)	0.016 (0.452)	-0.025 (0.191)	-0.088*** (0.008)	0.040 (0.101)
CLAY	0.020 (0.486)	-0.026 (0.130)	-0.041 (0.103)	0.032 (0.575)	-0.020 (0.483)
FLINT	-0.004 (0.941)	-0.046 (0.256)	0.166 (0.180)	-0.019 (0.849)	0.071 (0.483)
MUD	0.064** (0.028)	-0.001 (0.963)	0.023 (0.372)	0.085** (0.026)	-0.018 (0.567)
LNENE	0.006 (0.861)	-0.038 (0.230)	-0.057** (0.038)	0.034 (0.592)	-0.054* (0.055)

续表

变量	人口增长	干线	跨郡线路	地方线路	车站
UNENE	0.364 (0.240)	-0.026 (0.205)	-0.117** (0.028)	-0.124* (0.057)	-0.010 (0.773)
ISE	0.016 (0.769)	0.126 (0.271)	-0.017 (0.474)	-0.027 (0.503)	-0.111** (0.043)
WELD	0.046 (0.148)	0.189 (0.169)	-0.014 (0.541)	0.164 (0.241)	-0.031 (0.764)
CANAL	-0.065 (0.240)	-0.038* (0.063)	-0.078** (0.009)	-0.062 (0.255)	-0.025 (0.164)
WATST	-0.067 (0.467)	0.007 (0.607)	0.215** (0.029)	0.105 (0.243)	-0.055 (0.376)
NPNMH	0.031 (0.682)	-0.014 (0.555)	-0.037* (0.096)	-0.086 (0.461)	-0.018 (0.621)
RKMH	0.189* (0.067)	-0.103 (0.115)	-0.019 (0.307)	-0.117** (0.026)	0.021 (0.499)
OLOAK	0.130** (0.024)	0.123 (0.186)	-0.002 (0.881)	-0.075 (0.010)	0.020 (0.673)
NTB	0.014 (0.760)	0.050* (0.068)	-0.067 (0.121)	-0.082 (0.619)	-0.007 (0.911)
DENS71	-0.055** (0.049)	0.026 (0.662)	0.081 (0.322)	0.090 (0.439)	0.073 (0.192)
DENS61	—	-0.033 (0.589)	-0.081 (0.367)	-0.070 (0.557)	-0.058 (0.348)
铁路建设					
TRUNK30	0.044 (0.510)	-0.007 (0.618)	-0.026 (0.376)	-0.045 (0.308)	0.007 (0.656)
CC40	0.039 (0.183)	-0.002 (0.962)	-0.018 (0.276)	-0.040 (0.237)	-0.010 (0.596)
TRUNK50	0.031 (0.549)	-0.032 (0.611)	-0.047 (0.107)	-0.035 (0.374)	0.058 (0.284)
LOCAL50	-0.039 (0.325)	-0.022 (0.575)	-0.054** (0.016)	0.038 (0.537)	-0.060** (0.050)
CC60	0.031 (0.556)	-0.052 (0.184)	0.174* (0.050)	0.075 (0.499)	-0.050 (0.356)

续表

变量	人口增长	干线	跨郡线路	地方线路	车站
LOCAL60	0.081 (0.122)	-0.089** (0.019)	-0.020 (0.308)	-0.040 (0.226)	0.003 (0.869)
TRUNK70	-0.019 (0.723)	—	—	—	0.209 (0.142)
CC70	-0.112 (0.118)	—	—	—	0.145 (0.332)
LOCAL70	-0.027 (0.473)	—	—	—	0.257*** (0.003)
车站建设					
CSTA70	0.018 (0.563)	0.080** (0.036)	0.007 (0.694)	0.001 (0.986)	-0.054** (0.014)
STA70	0.051 (0.341)				
R^2	0.232	0.171	0.168	0.121	0.266
调整的 R^2	0.144	0.085	0.082	0.030	0.189
F 统计值	2.646*** (0.000)	1.991*** (0.001)	1.944*** (0.002)	1.329 (0.113)	3.177*** (0.000)
观测数量（次）	352	352	352	352	352

自治地位在整个过程中产生了负向但不显著的影响。这些结果与牛津郡研究的结果大致相似。主要的差异是，在牛津郡，最初的人口密度得到控制之前，自治地位的影响是正向和显著的，然后才变成负向且显著。原因可能是牛津郡的人口增长只集中在几个已建立的中心——牛津、班伯里，在某种程度上还有威特尼——而其他中心，包括已建立很久的自治区，人口增长率发生了下降。而北安普敦郡的人口增长更广泛地分布在大片城镇之中，如凯特林、韦林伯勒和海厄姆·费雷尔，其中包括一些已建立的行政区。

土壤类型对人口密度影响很小。对 1801 年和 1891 年人口密度的直接比较（见表 7.4）表明，铁矿石（北安普敦郡尤为突出）和冲积层（河谷的特征）在1801年具有显著的正向影响，而在1891年则不然。这是因为1801年北安普敦郡仍然是一个以农业为主的郡，土壤类型对人口密度的影响比更加商业化和工业化的1891年更大。表7.5表明，冲积层和黏土对人口密度的影响在1851~1861年是显著的，但在其他时间则不是。冲积层在牛津郡也是一个显著正向因素，但牛津郡其他的土壤类型，如同在北安普敦郡一样，对人口密度或增长的影响不大。

根据表7.4，彼得伯勒和北安普敦航运中心之间的下游内恩河是唯一对人口密度产生持续正面影响的河流。即使考虑到修建北安普敦至彼得伯勒的铁路和穿过山谷的其他铁路，它依然对人口增长产生正向影响。然而，表7.5显示，在铁路开通之前，下游内恩河的影响在1821~1831年最为显著，一旦铁路建成，这种影响就在1881~1891年发生了逆转。伊势河在韦林伯勒与内恩河汇合，对人口密度没有影响，但对人口增长有显著的正向影响。这几乎可以肯定地反映出，当地采矿和制造业的发展促使了凯特林地区的人口迅速增长。上游内恩河和韦兰河对人口密度或增长都没有任何重大影响。这并不奇怪，因为它们通常不适合内河交通。但令我们惊讶的是，运河也没有产生任何显著影响。鉴于大运河连接伦敦和伯明翰，且有一个分支流向莱斯特，使之与牛津相连接，我们本没有想到，它对人口虽有正向影响，但在1801年却并不显著。一种可能的解释是，它只触及了该郡的西南角，影响的教区太少，所以在统计上不显著。在牛津郡的研究中，河流对最初的人口密度的影响要比随后的增长更为重要。

尽管在牛津郡道路的影响并不大，但它在北安普敦郡却显得非常重要。在19世纪初，从伦敦向西北辐射，穿过该郡的主干道，以及穿过这些主干道的一些跨郡路线都承载了大量的交通运输业务。根据表7.4，本研究中识别的五条主要道路中的四条都对它们经过的教区的人口密度有显著影响，而剩下一条——从奥尔尼到奥克汉姆的道路（伦敦—诺丁汉驿站路线的一部分）——

对人口增长有着正向影响。根据表7.5，卢斯登—凯特林—马基特哈伯勒路和奥尔尼—奥克汉姆路的影响在19世纪末变得最为显著。从南方进入马基特哈伯勒的两条道路对人口密度和增长都有正向影响。这些结果表明北安普敦郡的道路系统对人口分布的影响比河流和运河（除了下游内恩河）更大。鉴于驿站客运交通量的下降，道路系统与19世纪经济增长的持续相关性来源于当地交通的出现与农村工业的发展。北安普敦郡发展了一个与鞋和皮革相关的大型工业区，而凯特林和韦林伯勒成为另一个金属产品制造区的中心。马基特哈伯勒发展成为铁路枢纽和制造中心，这可能也导致公路接驳交通的增加。

包含在1891（B）和1891（C）回归中的1801年人口密度非常显著，其系数非常接近于1。这与一种观点是一致的，即初始人口密度是一组隐藏的固定因素的代替值，这些因素从长远来看会影响教区的均衡人口密度。该系数略大于1表明，这些因素的重要性在这一世纪略有增加。这一解释也与牛津郡研究的结果一致。

由于其系数接近1，从右侧减去初始人口密度能够有效地从回归中消除人口密度，同时从左侧减去它则可以将因变量转换成1801~1891的人口增长率。这表明1801~1891年整个时期的人口增长在很大程度上与1801年的人口密度无关。然而根据表7.5，滞后的人口密度在某些时期是显著的：它对经济增长的影响在1811~1821年、1841~1851年和1881~1891年显著为正，在1801~1811年和1871~1881年显著为负。

在1891年，铁路对人口密度的影响出奇的小。我们使用初始人口密度作为对照，对这种影响在表7.4的C栏中进行了衡量。铁路线和火车站产生的影响是分别进行估算的。五组铁路方案都十分显著，其中两组对教区人口有负面影响。19世纪40年代和60年代开通的跨郡线路则对教区人口产生了显著的正向影响，19世纪80年代开通的干线也是如此。然而，19世纪70年

- 257 -

代开通的跨郡线路和 80 年代开通的地方线路却产生了负面影响。此外，车站的开放对教区人口没有表现出任何显著影响。

　　为了解释这些结果，如表 7.2 所示，进一步考虑所涉及的具体铁路方案是有用的。首先考虑具有正面影响的方案，19 世纪 40 年代的跨郡线路是主要的考虑对象。这涉及四个，覆盖了该郡不同地区的几个不同的方案，也因此，许多教区都受到影响，从而使得这种影响相对容易在统计上表现出显著性。比起其他教区，那些有铁路服务的教区可能会获得商业优势。19 世纪 60 年代开通的跨郡线路在进入其他郡之前只服务于北安普敦郡的一小部分地区，但是它们服务的地区很快出现了快速发展的商业和工业进程，包括彼得伯勒、凯特林、萨尔普斯顿、布利沃斯和托斯特。19 世纪 80 年代唯一的干线方案是一条通往拉格比的环线，在伦敦—伯明翰铁路绕过北安普敦之后，这条环线最终将北安普敦列入了干线铁路地图内。尽管这条铁路并不为它经过的村庄服务，但许多村庄，像朗·巴克比（Long Buckby），都距离北安普敦很近，且能够从铁路中受益的新工业得以发展。

　　相比之下，具有负面影响的方案开始于 19 世纪 70 年代，而且更具农村特色。19 世纪 70 年代唯一的跨郡铁路是埃文河畔斯特拉特福德和米德兰联结铁路，它将布利沃斯延伸到托斯特线，又向西延伸到斯特拉特福德。这条铁路由一家小型独立公司拥有和运营，从未吸引过其推动者所设想的那种交通流量。19 世纪 80 年代的两条地方线路是终端分支，一条是矿运线路，另一条是后来延伸的客运线路，但还不清楚为什么它们的影响如此之小。19 世纪 50 年代和 70 年代米德兰铁路干线计划的影响同样不显著，这也着实令人费解。

　　表 7.5 表明，在铁路建设产生正向影响的地区，此类影响在铁路建设的十年中和紧随其后的十年中最大。19 世纪 40 年代的跨郡路线则是唯一在以后岁月产生持续影响的铁路。

这些结果证实了牛津郡铁路公司（Oxfordshire Railways）的一些发现——铁路的影响相对较小，甚至可能是负面的。即便如此，这其中也存在重要的区别。在牛津郡，地方线路的正向影响似乎最大，而干线的影响最小（由于数量过少，跨郡线路的影响很难评估）。在牛津郡的研究中，干线的负面影响被解释为沿线集镇的"震荡"，但这一过程在北安普敦郡似乎没有发生同样的效力。

北安普敦郡的市场震荡似乎比牛津郡小得多。这反映在市场和铁路的研究结果中：许多成熟的市场仍然活跃，无论正面或负面，铁路对其增长的影响都相对较小。

北安普敦郡的小集镇要比牛津郡的更加繁荣，究其原因可能是北安普敦郡工业化的发展。与仍然以农业为主的牛津郡不同，北安普敦郡相对靠近考文垂和工业化发展较快的西米德兰郡，因此得益于不断增长的改良鞋类和奢侈品市场需求，这里的皮革和制鞋工业日益壮大。此外，它还处于地心位置，因此很适合建设公路、铁路和运河。

尽管北安普敦郡铁路纵横交错——从伦敦辐射出来的线路与跨郡线路交叉，铁路建设似乎主要是由大型干线公司——伦敦&西北铁路公司和米德兰铁路公司，在某种程度上也包括大北方铁路公司——之间的竞争驱动的。这些大公司为了提高自己网络的竞争地位而建起了铁路线。铁路枢纽的出现是为了满足地区而不是当地的需求，各个地区的运送需求则是由公路运输所满足的。车站建设对教区人口增长几乎没有影响的观点，在这里得到了进一步的强化，即当地交通不是铁路公司的优先考虑事项。

此外，铁路对职业变化的影响可能比人口水平的更大。铁路的出现更多地与人口流动，而非总人口变化相关。人口流动包括小型工业搬进了市场衰退的城镇和村庄的商业场所，以及衰败部门的商业场所转变为纯粹的居民住宅。罗德镇（Roade）是伦敦至伯明翰主线上的一个四条铁路交会的枢纽。

除了当地煤炭商人诞生外,在 19 世纪 60 年代之前,铁路都几乎没有影响到它。当北安普敦工厂就业的增长对当地自营工匠产生不利影响时,该镇发展成为附近沃尔弗顿铁路运输厂工人的住宅区。当地的职业发生了显著变化,但总人口却没有(Riden,2002:357)。

7.6 铁路和车站建筑

表 7.7 分析了 1801~1891 年铁路和车站建设对教区特征的反应。1801~1831 年都没有新开放或关闭的铁路线或车站。因变量衡量了 1891 年服务于某个教区的铁路数量,并按铁路类型进行分类。1891 年站点通行性,是一个二进制变量,与站点数量无关。同时,对车站建设进行了分析,检验铁路与其车站之间的相互联系。由于存在一些 Logit 和 Probit 回归无法收敛到有意义的结果,因此这一部分研究的结果都基于 OLS 方法。

表 7.7 铁路建设和车站建设的估算等式(1801~1891 年)

变量	所有铁路	干线	跨郡线路	地方线路	车站1	车站2
恒量	0.071 (0.700)	-0.156** (0.043)	0.153 (0.144)	0.074 (0.509)	0.055 (0.570)	0.040 (0.642)
NH5M	0.180 (0.409)	0.026 (0.973)	-0.031 (0.746)	0.185 (0.154)	-0.058 (0.533)	-0.110 (0.249)
PB5M	1.222*** (0.001)	0.341*** (0.007)	1.131*** (0.000)	-0.251*** (0.000)	0.442*** (0.001)	0.183 (0.264)
BORO	0.257 (0.487)	-0.044 (0.804)	0.254 (0.161)	0.048 (0.806)	0.189 (0.317)	0.132 (0.455)
MKT1	0.708 (0.071)	0.066 (0.721)	0.284* (0.097)	0.357 (0.109)	0.121 (0.547)	-0.057 (0.748)
MKT2	-0.165 (0.107)	-0.087 (0.175)	-0.001 (0.981)	-0.077 (0.277)	0.049 (0.519)	0.093 (0.166)

7 铁路和当地人口增长：1801~1891年北安普敦郡和拉特兰郡

续表

变量	所有铁路	干线	跨郡线路	地方线路	车站1	车站2
LIME	-0.060 （0.600）	0.008 （0.887）	-0.174*** （0.006）	0.106* （0.090）	-0.022 （0.675）	-0.016 （0.739）
IRON	0.133 （0.190）	0.108* （0.051）	0.017 （0.786）	0.009 （0.891）	0.050 （0.409）	0.018 （0.748）
BRASH	0.124 （0.550）	-0.006 （0.934）	0.155 （0.284）	-0.026 （0.813）	0.115 （0.259）	0.090 （0.334）
SAND	0.275* （0.095）	0.115 （0.157）	0.143 （0.134）	0.017 （0.870）	0.111 （0.214）	0.047 （0.552）
GRAVEL	-0.145 （0.290）	0.004 （0.954）	-0.100 （0.261）	-0.049 （0.556）	-0.084 （0.255）	-0.049 （0.437）
ALLM	-0.065 （0.454）	0.042 （0.347）	-0.048 （0.312）	-0.059 （0.253）	-0.016 （0.739）	0.001 （0.985）
CLAY	0.153 （0.268）	0.067 （0.185）	-0.001 （0.990）	0.088 （0.301）	-0.019 （0.777）	-0.060 （0.342）
FLINT	0.450** （0.024）	0.084 （0.454）	0.176 （0.243）	0.190 （0.245）	0.236 （0.147）	0.124 （0.385）
MUD	0.242** （0.024）	0.022 （0.675）	0.088 （0.183）	0.132** （0.049）	0.036 （0.580）	-0.026 （0.658）
LNENE	0.606*** （0.001）	-0.020 （0.759）	0.672*** （0.000）	-0.046 （0.532）	0.055 （0.489）	-0.072 （0.428）
UNENE	-0.396* （0.087）	0.075 （0.564）	-0.146 （0.161）	-0.316** （0.018）	-0.189** （0.014）	-0.088 （0.300）
ISE	0.396* （0.059）	0.556*** （0.003）	-0.189*** （0.004）	0.030 （0.799）	-0.114 （0.267）	-0.220** （0.042）
WELD	0.662** （0.017）	0.260 （0.120）	0.072 （0.654）	0.329 （0.130）	0.289 （0.109）	0.116 （0.483）
CANAL	0.223 （0.205）	0.296** （0.016）	-0.003 （0.967）	-0.076 （0.388）	-0.085 （0.246）	-0.138** （0.020）
WATST	0.421 （0.107）	0.009 （0.931）	0.257 （0.140）	0.156 （0.162）	0.040 （0.693）	-0.061 （0.507）

续表

变量	所有铁路	干线	跨郡线路	地方线路	车站1	车站2
NPNMH	0.119 （0.619）	-0.025 （0.813）	-0.049 （0.505）	0.193 （0.238）	-0.060 （0.618）	-0.098 （0.425）
RKMH	-0.280 （0.330）	-0.123 （0.481）	-0.064 （0.554）	-0.093 （0.556）	0.002 （0.989）	0.073 （0.649）
OLOAK	0.214 （0.192）	0.189 （0.120）	0.150 （0.108）	-0.125 （0.161）	0.087 （0.396）	0.042 （0.641）
NTB	0.605* （0.088）	0.188 （0.220）	0.295 （0.142）	0.122 （0.556）	0.156 （0.406）	0.011 （0.947）
DENS01	0.038 （0.454）	0.034 （0.128）	-0.026 （0.471）	0.030 （0.284）	0.054** （0.039）	0.043* （0.088）
TRUNKALL	—	—	—	—	—	0.248*** （0.000）
CCALL	—	—	—	—	—	0.217*** （0.000）
LOCALALL	—	—	—	—	—	0.280*** （0.000）
R^2	0.306	0.214	0.467	0.136	0.167	0.356
调整后的 R^2	0.253	0.154	0.426	0.070	0.104	0.301
F 统计值	5.744*** （0.000）	3.552*** （0.000）	11.415*** （0.000）	2.057*** （0.003）	2.622*** （0.000）	6.387*** （0.000）
观测数量（次）	352	352	352	352	352	352

这些结果清楚地表明彼得伯勒是一个比北安普敦更重要的铁路枢纽。数据还指出彼得伯勒属于一个干线枢纽，而不是像今天这样的地方枢纽。由于一些重要的交通枢纽是在布利沃斯和罗德，而不是北安普敦本身，因此北安普敦的作用也被低估了。

铁路往往建在沙子（地势较低的地区）、燧石和泥岩（地势较高的地区）

上。就像在牛津郡，铁路往往沿着河谷延伸——尤其是沿着下游内恩河的跨郡线路。一条米德兰铁路干线沿着伊势河穿过铁矿石区域，而伦敦&伯明翰线则沿着大运河蔓延。此外，有些公路路线似乎也很重要，但这可能会产生误导，因为铁路通常不遵循特定公路的路线，而是在后者沿线的关键点与其他铁路相交。

当地人口密度对铁路建设并没有显著影响。在控制了上述因素后，只有1801年的车站建设受到了人口密度的影响。这强化了这样一种观点，即地方铁路建设主要是由线路两端城镇的经济力量驱动的，只有当中间教区位于城镇间最直接、最方便的路线上时，它们才能得到服务。然而，一旦路线确定，车站就会设在主要人口中心附近。结果证实了铁路建设有利于车站建设的这一观点，但也表现出这一效果实际非常弱。最大且合理的影响似乎来自地方线路的建设，因为它们主要是为当地社区服务。测算的影响可能很弱，部分原因是车站并不总是建在人口中心教区，也可能是位于邻近的教区。这样做可以将铁路的噪声和干扰降到最低限度，同时确保铁路直线运行，进而降低建设铁路购买土地的成本。

如第7.5节所述，这些结果证明了人口密度增加对铁路建设的反馈相对较少，铁路建设对人口密度的影响也不大。

铁路和车站建设也可以每十年进行一次分析。表7.6给出了1871~1881年的一个例子。这十年的结果表明，新铁路往往会避开已经由现存铁路服务的教区。通过避开其他铁路已经服务的地区以寻求地方垄断的倾向，远远超过了铁路在枢纽聚集的倾向。

7.7 结论和对未来研究的影响

本章提出了一个均衡教区人口模型，其中均衡人口受铁路建设的影响，铁路建设受滞后的人口增长的影响。我们还考虑了铁路建设和人口密度对车站建设的影响，以及车站建设对人口增长的影响。结果表明，在北安普敦郡和拉特兰地区，铁路对当地人口增长的影响很小。

总的来说，教区人口的增长主要是由毗邻北安普敦、位于下游内恩河沿岸、处在具有战略重要性的道路上以及活跃市场的遗留效应所驱动的。最初的人口密度提供了人口水平演变的基础，但其本身并没有在很大程度上影响随后的增长速度。人口快速增长的教区并非在每个时期都比其他教区发展得快，但是平均来说，它们比增长较慢的邻居们多经历了几十年的快速发展。在各个十年期内，大多数增长似乎都是由遗留因素带来的影响发生了变化所驱动的，例如从18世纪遗留下的活跃市场。根据该模型，这些影响的变化似乎又是由该郡所有教区共同的经济环境变化（例如相对商品价格）所推动的。

铁路建设遵循了由工程、地理和城市商业利益共同决定的路线。在北安普敦郡，这刺激了干线和跨郡线路的建设。繁忙的西海岸干线绕过了北安普敦，而彼得伯勒却成为安静的东海岸干线上一个主要的铁路枢纽。除了作用于车站选址外，铁路对当地人口密度没有任何反应。

北安普敦郡发展了一系列相对小规模的工业，其中一些与铁矿石等当地资源有关，但大多数工业似乎是利用了北安普敦郡在国民经济中的地理中心地位。运河和铁路建成后，公路运输仍然具有战略重要性。

本章中使用的模型具有通用性。它可以根据不同国家的具体情况进行灵活的调整，也可以被进一步完善。利用公路、铁路和运河基础设施的动态地理信息系统模型，该模型可以在地方住宅区和教区一级为交通运输的通行性提供更有意义的测量。此外，它还可以更深入地研究当地运输系统的结构，例如，使用偏离指数和线路上每英里的车站数量来分析干线和地方线路之间的差异。

还可以更详细地研究铁路与人口增长之间的潜在因果机制。例如，高人口密度可能鼓励了更频繁的列车服务、更多地使用慢车和引入工人票价。这反过来可能会吸引新居民进入教区，进而引起随后的人口增长。这些效应可以通过引入时间表和票价作为额外的内生变量，并假定一个识别其影响的滞后结构来解决。

本研究中使用的数据来源基本上是国家级信息，因此本研究可以在任何英国郡县复制。该模型已经在牛津郡进行了试点，经过扩展和完善，未来可以得到更广泛的应用。

致　谢

我们感谢约翰·保尔特（John Poulter）和珍妮特·卡森（Janet Casson）对早期初稿的点评和建议，并感谢伯德雷恩图书馆地图室的工作人员对早期地图的建议。

附　录

将教区编序为 $i=1,\cdots,N$，1801~1891 年十年一次的人口普查日期被编序为 $t=0,1,\cdots,10$。有十个人口普查日期，历时 90 年，每一个都进行单独分析。令 z_{it} 为教区 i 在 t 期开始时的人口的自然对数。t 期内瞬时的人口增长率设为 $dz_{it}=z_{it+1}-z_{it}$。第 i 个教区的面积是一个恒量 w_i。t 期开始时教区 i 的人口密

度的对数设为 $y_{it}=z_{it}-w_i$。令 $dy_{it}=y_{it+1}-y_{it}$ 为 t 期内人口密度对数的变化，那么 $dy_{it}=dz_{it}$。

令 y_{it} 为 t 期开始时教区 i 的均衡人口密度，x_{ki} 为教区 i 的第 k 个非时间因变的特征（$k=1,\cdots,K$）。铁路通行性是唯一的独立教区特征。铁路基础设施分为三种类型：干线（$h=1$）、跨郡线路（$h=2$）和地方线路（$h=3$）。用整数变量 dr_{hit} 测量在 t 期内新开通的通过教区的 h 型铁路线数量；此外，t 期开始时的铁路通行性由铁路投资累计存量 $r_{hit}=\sum_j dr_{hij}$，($j=0,1,\cdots,t-1$) 测算。铁路基础设施非常耐用，因此铁路投资具有显著的遗留效应，且这种效应随着时间的推移而变化。因此，决定 t 期均衡人口密度的是投资 dr_{hit}，而不是铁路通行性 r_{hit} 的水平。

如果某地建立了一座车站，那么教区的发展将会得到进一步的刺激。多个站点并没有内在优势，因为当几条线路服务于同一个教区时，一座车站通常比单独的站点更为方便。如果教区在 t 期内建造了第一座车站，就令二元变量 $ds_{it}=1$，否则为零。如果教区在 t 期开始时就拥有火车站，则令 $s_{it}=1$，否则为零。在没有车站关闭的情况下，只有当所有 $j=0,1,\cdots,t-1$ 都有 $ds_{it}=0$ 时，才有 $s_{it}=0$；相反地，$s_{it}=1$ 时，有 $ds_{it}=0$。

此外，还有一个不可观测的复合教区特征 z_i，它在时间变化下是恒定的，但对教区人口有时间因变的影响，并在 t 期产生瞬时冲击 u_{1it}。

假设所有教区特征的影响都是线性的，那么 t 期初均衡人口则为：

$$y_{it}=\alpha_{10t}+\sum_k\alpha_{1kt}x_{ik}+\sum_h\sum_j\beta_{1hjt}dr_{hij}+\sum_j\gamma_{1j}ds_i+\lambda_t z_i+u_{1it}$$
$$(h=1,2,3;j=0,1,\cdots,t-1;k=1,\cdots,K) \tag{1}$$

其中 α_{10t} 是常数，α_{1kt} 测量第 k 个非时间因变因素的影响，β_{1hjt} 测量时期 j 内 h 型铁路投资的影响，γ_{1j} 衡量时期 j 内开放站点的通行性的影响，λ_t 是不可观测特征的影响。请注意，所有参数都是特定于具体的十年期的。

每十年人口都从时期开始时的初始水平 y_{it} 向十年结束时的均衡水平充分调整；因为调整是彻底的，所以均衡水平与观察到的水平 y_{it}+1 相对应。

设 $v_t=(\lambda_{t+1}/\lambda_t)-1$ 是 t 期内不可观测特征对均衡人口影响的增加比例。比较 t 期开始和结束时的均衡等式，可以消除不可观测特征的值，并获得人口增长方程：

$$dy_{it}=a_{10t}+\sum_k a_{1kt}x_{ik}+\sum_h b_{1htt}dr_{hit}+\sum_h\sum_j b_{1hjt}dr_{hij}+c_{1tt}ds_{it}+$$
$$\sum_j c_{1tj}ds_{ij}+vy_{it}+\left[u_{1it+1}-(1+v_t)u_{1it}\right]$$
$$(h=1,2,3;j=0,1,\cdots,t-1;k=1,\cdots,K) \tag{2}$$

其中 $a_{10t}=\alpha_{10t}-(1+v_t)\alpha_{10t-1}, a_{1kt}=\alpha_{1kt}-(1+v_t)\alpha_{1kt-1}$，$b_{1htt}=\beta_{1htt}, b_{1hjt}=\beta_{1hjt+1}-(1+v_t)\beta_{1hjt}$，$c_{1tt}=\gamma_{1tt}, c_{1tj}=\gamma_{1jt+1}-(1+v_t)\gamma_{1jt}$。式（2）表明，每十年人口的增长率是由非时间因变的教区特征影响的变化（与前十年相比）、铁路建设和车站开放遗留影响的变化以及当前铁路建设和车站开放的影响所决定的。

铁路建设的模型如下。t 期初铁路通行性的目标水平反映了铁路推行者认为适合教区的 h 型线路数量。这个数字取决于影响人口的同一非时间因变量。它也取决于上个十年期初的人口密度 y_{t-1}，即教区最近官方公布的人口数据。虽然过去铁路的存量会影响到新的铁路建设，但这些铁路建设历史对铁路投资的影响可能不如对人口增长的影响那么重要。目标铁路通行性也可能受到现有车站的影响，因为车站可能会为与现有线路相连的路口提供设施。这表明，在 t 期初，教区 i 的 h 型目标铁路通行性为：

$$r_{hit}=\alpha_{2h0t}+\sum_k\alpha_{2hkt}x_{ik}+\sum_m\beta_{2hmt}r_{mit-1}+\gamma_{2ht}s_{it-1}+\delta_{2ht}y_{it-1}+u_{2hit}$$
$$(h,m=1,2,3;k=1,\cdots,K) \tag{3}$$

其中 a_{2h0t} 是常数，a_{2hkt} 衡量第 k 个非时间因变的教区特征产生的影响，β_{2hmt} 衡量 m 型铁路先前投资的本地存量对 h 型铁路目标存量的影响，γ_{2ht} 衡量先前建造的车站的影响，δ_{2ht} 衡量先前人口密度的影响，最后 u_{2hit} 则是影响 h 型铁路投资的不可观测的教区特有瞬时冲击。因此：

$$dr_{hit}=a_{2h0t}+\sum_k a_{2hkt}x_{ik}+\sum_m \beta_{2hmt}dr_{mit-1}+\sum_m b_{2hmt}r_{mit-1}+\gamma_{2ht+1}ds_{it-1}+c_{2ht}s_{it-1}+\delta_{2ht+1}y_{it}-\delta_{2ht}y_{it-1}+u_{2hit+1}-u_{2hit}$$

$$(h,m=1,2,3; k=1,\cdots,K) \tag{4}$$

其中，$a_{2h0t}=a_{2h0t+1}-a_{2h0t}$，$a_{2hkt}=a_{2hkt+1}-a_{2hkt}$，$b_{2hmt}=\beta_{2hmt+1}-\beta_{2hmt}$，$c_{2ht}=\gamma_{2ht+1}-\gamma_{2ht}$。

式（4）将当前给定类型的铁路建设与影响人口密度的相同非时间因变的教区特征以及十年期初所有不同类型线路的历史存量、车站的历史存量、十年期初的人口密度和上一个十年期初的人口密度联系起来。现有类型的铁路线存量对当前的建设有着模糊的影响，因为尽管现有线路可能会吸引新线路的建设，但它们也可能已经满足该类型铁路线的需求。比起人口密度水平，铁路建设与人口密度增长率的关系更为密切，因为在人口发生变化的同时，要保持人口密度和铁路供应之间的比例关系。

十年期初的车站通行性的目标水平取决于教区的非时间因变特征、十年期初的当地铁路基础设施数量和构成以及上一个十年期初的人口密度。车站通行性依赖于当前的而非滞后的铁路通行性，因为车站通常与为其服务的铁路同时建造。因此：

$$s_{it}=a_{30t}+\sum_k a_{3kt}x_{ik}+\sum_h \beta_{3ht}r_{hit}+\delta_3 y_{it-1}+u_{3it}$$

$$(h=1,2,3;k=1,\cdots,K) \tag{5}$$

由此，

$$ds_{it}=a_{30t}+\sum_k a_{3kt}x_{ik}+\sum_h \beta_{3ht+1}dr_{hit}+\sum_h b_{3ht}r_{hit}+c_{3t}s_{it}+\delta_{3t+1}y_{it}-\delta_{3t}y_{it-1}+u_{3it+1}-u_{3it}$$

$$(h=1,2,3;k=1,\cdots,K) \tag{6}$$

其中，$a_{30t}=\alpha_{30t+1}-\alpha_{30t}$，$a_{3kt}=\alpha_{3kt+1}-\alpha_{3kt}$，$b_{3ht}=\beta_{3ht+1}-\beta_{3ht}$。式（6）将当前车站建设与非时间因变的教区特征、当前铁路建设、不同类型线路的历史存量、车站通行性的历史存量、十年期初的人口密度和上一个十年期初的人口密度联系起来。鉴于它的定义方式，车站的历史存量总是对站点建设有着负面影响。

有五个等式需要进行估计。因变量分别为当前人口增长，dy_{it}［式（2）］，当前干线投资，dr_{1it}，跨郡线路投资，dr_{2it}，地方线路投资，dr_{3it}［式（4）］，以及车站建设，ds_{it}［式（6）］。每一个因变量都受一组非时间因变教区特征的影响，也受相关十年期初时的人口密度、铁路通行性和车站通行性的影响。

这五个等式具有递归结构：虽然人口增长取决于当前的车站建设和铁路建设，但是反过来却不再成立。此外，当前的车站建设取决于当前的铁路建设，而当前的铁路建设却不依赖于当前的车站建设。因此，这些因果关系的方向在每种情况下都是明确的。五个式的集合可以一般形式排列：

$$dr_{1it}=z_{21it}+e_{21it}$$

$$dr_{2it}=z_{22it}+e_{22it}$$

$$dr_{3it}=z_{23it}+e_{23it}$$

$$-b_{31t}dr_{1it}-b_{32t}dr_{2it}-b_{33t}dr_{3it}+ds_{it}=z_{3it}+e_{3it}$$

$$-b_{11t}dr_{1it}-b_{12t}dr_{2it}-b_{13t}dr_{3it}-b_{14t}ds_{it}+dy_{it}=z_{1it}+e_{1it}$$

其中，z 中各项反映了时间因变量的固定特征和滞后值所带来的影响，而 e 中各项则代表不相关的瞬时随机冲击：它们相互之间以及与外生变量之间都是不相关的。

由于因果关系是明确的，所以不存在联立等式偏差，这些等式中的每一个都可以独立于其他等式进行估计。此外，由于进行了人口的对数转换，所以异方差的问题也不存在。只要正确指定了非时间因变的教区特征，就不会有残余的空间自相关。

参考文献

Bartholomew, John（ed.）（1887），*Gazetteer of the British Isles: Statistical and Topographical*, Edinburgh: A. and C. Black.

Bates, Alan（compiler）（1969），*Directory of Stage Coach Services, 1836*, Newton Abbot: David & Charles.

Beresford, Maurice and H.P.R. Finberg（1973），*English Medieval Boroughs: A Handlist*, Newton Abbot: David & Charles.

British Geological Survey（2012），*Geology of Britain Viewer*, www.bgs.ac.uk/discoveringGeology/geologyOfBritain/viewer, accessed 06/2012-01/2013.

Casson, Mark（2009），*The World's First Railway System*, Oxford: Oxford University Press.

Casson, Mark（2013），The Determinants of Local Population Growth: A Study of Oxfordshire in the

Nineteenth Century, *Explorations in Economic History*, 50（1）, 28-45.

Cobb, Michael, H.（2006）, *The Railways of Great Britain: An Historical Atlas*, 2nd edn, Shepperton: Ian Allan.

Google（2013）, Google Maps, www.google.com, accessed 06/2012-01/2013.

Gregory, Ian, N. and Jorde Henneberg（2010）The railways, urbanisation and local demography in England and Wales（1825-1911）, *Social Science History*, 34（2）, 199-228.

Hoyle, Richard（2013）, Private communication.

Kennedy, John（2013）, Measuring the impact of the Beeching Axe, *Journal of the Railway and Canal Historical Society*, 216, 21-32.

Letters, Samantha（2010）, *Gazetteer of Markets and Fairs in England and Wales to 1516, Centre for Metropolitan History*, University of London, www.history.ac.uk/cmh/gaz/ gaz2（last updated 15/07/2010）, accessed 06/2012-01/2013.

Lewis, Samuel（1846）, *A Topographical Dictionary of England*, London: S. Lewis.

Partida, Tracey, David Hall and Glenn Foard（2013）, *An Atlas of Northamptonshire: The Medieval and Early Modern Landscape*, Oxford: Oxbow Books.

Patmore, J.A.（1966）, The contraction of the network of railway passenger services in England and Wales, 1836-1962, *Transactions of the Institute of British Geographers*, 38, 105-118.

Riden, Philip（ed.）（2002）, *A History of the County of Northampton, Volume V: Cleley Hundred*, London: University of London Institute of Historical Research.

Serjeantson, R.M. and R.D. Adkins（eds.）（1906）, *Victoria History of the County of Northampton, Vol. II*, London: James Street.

Vision of Britain（2013）, www.visionofbritain.org.uk, accessed 06/2012-01/2013.

Wilson, John Marius（1870-1872）, *Imperial Gazetteer of England and Wales*, Edinburgh: A. Fullerton.

Wrigley, E.A.（2011）, *The Early English Censuses 1801-1851*, Oxford: Oxford University Press.

8 19世纪英国女性的土地所有权

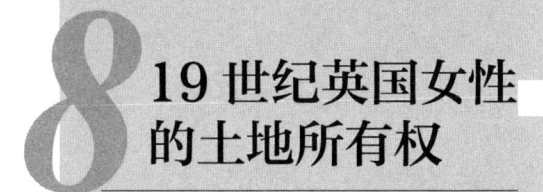

珍妮特·卡森

Janet Casson

8.1 引言

本章利用 23966 块土地的信息分析了 19 世纪女性的土地所有权。我们选择了英格兰的四个地区进行研究，包括农业、工业和商业领域的城市和农村地区。这种规模的土地所有权研究以前从未尝试过，因为在 19 世纪的英国没有土地登记，所以也没有这方面的官方信息来源。这项研究利用了关于土地所有权的一个新的信息来源，即铁路和运河促进者所制作的参考书及其随附的地图。这一广泛的来源以前从未被系统地用于土地所有权的历史研究中。

这项研究重新评估了关于女性土地所有权的传统观点。人们普遍认为，19 世纪女性的从属地位阻碍甚至阻断了她们拥有土地，即拥有土地所有权。人们认为，尤其是已婚女性不能凭自己的权利拥有土地，因此女性拥有的任何土地都完全属于寡妇和未婚单身女性。这种观点忽视了信托的广泛使用，信托通常是通过婚姻协议建立的，目的是保护妻子从父母和其他家庭成员那里继承的财产。此外，由于 1870 年和 1882 年的《已婚女性财产法》，女性的法律地位在 19 世纪末发生了重大变化。因此，需要对女性的土地所有权进行更深入的分析。

目前有两种主要的研究女性土地所有权的方法。一个是识别出女性并调查她们是否拥有土地，另一个是调查土地并确定女性拥有多少土地。使用这两种方法都很难构建随机样本，但是使用后一种方法构建代表性样本要容易得多。例如，从遗嘱登记册中识别女性会倾向纳入富裕女性，尽管所提供的信息侧重于立遗嘱人去世前不久持有的资产。这种方法有可能只是为积累土地以备养老之需的富裕女性提供一张快照。相比之下，本研究从她们所拥有的土地的信息中识别出女性。尽管有如下限制规定，但该方法涵盖相对全面，包含了来自各种社会背景和各种年龄的女性。

参考资料上载有与拟议运河或铁路计划相邻的每块土地的信息，包括土地和建筑物的使用，以及所有者、承租人和占有者的姓名。铁路方案信息涉及农村铁路线中点两侧 100 码（91.4 米）以内和城市铁路线两侧 10 码（9.14 米）以内的地块。如果一块土地的任意部分在该覆盖范围之内，那么它就被包括在内，但无法提供关于这块土地大小的信息。一些地块由田地组成，另一些则是几栋农业或工业建筑所在地，还有一些则由较小的单元组成，如厕所或鸡舍。地块信息按教区沿路线出现的顺序排列。当铁路沿着教区边界运行时，那么就会提供边界两侧的地块信息。

原始材料的主要优点有以下几个方面。

- 地理覆盖面很有代表性，因为存在许多铁路计划——而推广的计划比实际建造的多得多。虽然大多数计划服务于工业区和河谷，但农村地区也得到很好的服务。通过适当选择方案，有可能为选定研究的特定地区提供相对全面的土地覆盖信息。
- 信息跨越了一个世纪。从 1830 年开始，铁路得到了广泛的推广，紧接着就是运河的修建，并且一直推广到 19 世纪末。因此，我们可以随时间变化跟踪女性所有权。
- 许多社会群体被包含在内：铁路发展影响如此广泛，以至于它影响到所有社会和经济群体，从最富有的土地所有者到农村屋舍的所有者都在其中。
- 信息是可靠的，因为这些文件具有法律地位，并且受到议会和公众的审查。
- 这些信息不仅将地块与所有者联系起来，还将地块与占有者和承租人联系起来。这使得我们可以了解到女性是想成为房产的占有者还是承租者。相比之下，关于 19 世纪土地持有量的大部分信息只是将单块土地与占有者联系起来，这使得调查变得困难（Lindert，1987）。

- 人们针对所有权提出了多重主张，通常包括提供有关受托人的信息，如遗嘱、婚姻和解和慈善机构的信息。这为理解土地所有权的社会、法律和制度背景提供了宝贵的见解。
- 每个教区的信息可以与铁路经过的相邻教区的信息联系起来。这或许能揭示在某一特定教区拥有土地的女性是否也拥有相邻教区的土地。因此，与从纯粹的教区来源（如地契地图）获得的信息相比，使用全国性的信息来源给我们提供了更广阔的所有权视角（Wall，1984）。
- 消息来源还提供了其他类型所有者的详细信息，如男性和机构。人们通常认为，土地所有权模式中最重要的差异是男女之间的差异，但有可能男女之间和机构之间的差异同样重要。

8.2 文献综述

很少有关于女性土地所有权的历史研究。大多数以前的研究要么侧重于最富有的个人土地所有者，这些人主要是男性，要么将土地所有权的研究当作更广泛的女性财产研究的一部分。

基于土地所有者提供的信息，19世纪对土地所有权的研究，被许多同时代的人认为是不准确的。格莱德（Glyde，1855）在对萨福克郡57899英亩土地所有权的研究中发现，只有2365英亩土地为女性所有，其中只有两人拥有200多英亩土地。德比郡的厄尔（Earl）批评了基于1861年人口普查的土地所有权统计数据，认为这些信息具有误导性，因为指定的土地所有者是自我选择的，其中一半是女性（Sanderson and Roscoe，1894）。为了澄清这一情况，地方政府委员会代表议会于1873年完成了《英国土地业主》，随后由约翰·贝特曼（John Bateman）进行了重新评估、修改和更新（Great Britain, Local Government Board，1875；Bateman，1883）。

鲁宾斯坦（Rubinstein，2006）使用了1873年申报表中的信息，连同遗嘱认证记录和所得税数据，检验财富的集中情况。他主要关注富有男性的土地所有权，但在附录中也添加了女性所有者的名单。柯林斯和哈文登（Collins and Havinden，2005）研究了伯克郡和牛津郡1500~1914年的大地产所有权，他们用《维多利亚郡县历史》和《英国传记辞典》的信息补充了1873年《回归》中的信息。谢伊和特鲁（Shea and Trew，2007）则使用铁路参考手册来考察新推选的铁路董事和股东是否拥有其铁路通过路线上的土地。这些研究中几乎没有女性出现，研究的设计方式也意味着只有富有的女性有机会出现。

另一组研究使用与遗嘱相关的信息，并涉及了地方或区域案例研究。它们提供了中等收入女性继承和购买用于居住或商业目的的自由保有不动产以及购买不动产以提供租金收入的直接证据。所有的研究都与18世纪末或19世纪上半叶有关。伯格（Berg，1993）研究了伯明翰和谢菲尔德的女性，大卫杜夫和霍尔（Davidoff and Hall，2002）研究了伯明翰和埃塞克斯两处；欧文斯（Owens，2000）研究了斯托克波特，莱恩（Lane，2000）则研究了莱斯特郡的两个城镇。欧文斯（Owens，2006）也检查了英格兰银行的遗嘱登记。此外，西利格尔（Seeliger，1996）使用了1650~1900年的庄园和地契记录，以寻找汉普郡社会经济地位最低的女性拥有土地的证据。

库姆斯（Combs，2006）对女性土地所有权的研究最为集中。她使用遗产税、继承税登记簿，分析了利兹、利物浦和伦敦的60名中低层女店主。她测试了1870年《已婚女性财产法》给予女性金融资产的更大保护是否使这些女性增加其金融资产并减少其资产档案中包括土地在内的不动产数量。将在该法案出台之前结婚的30名女性留下的财产与该法案出台之后结婚的30名女性留下的财产进行比较，她发现，平均而言，不动产持有量确实出现了预期的减少。

巴克尔（Barker，2006）利用当地贸易目录、报纸、法院记录、日记和私人信件，展示了18世纪末和19世纪初，曼彻斯特、谢菲尔德和利兹的中低层女商人是如何在普通法的约束下独立于男性家庭成员（包括丈夫）行事的。凯（Kay，2003）借鉴了太阳火灾保险公司档案中的保险政策，证实了女性寄宿管家能将商业成功与社会尊重结合在一起，而对商业名片的平行研究显示，女性是一系列零售企业的所有者和管理者（Kay，2006：152）。菲利普斯（Phillips）也用火灾保险记录来调查伦敦的女商人，而多伊（Doe）则调查了女性作为英国港口船主的角色（Phillips，2006；Pullin，2001；Doe，2009）。这些研究确定餐饮业、零售业和住宿业相关工作是女商人特别喜欢的职业。

这些文献共同表明了一些值得进一步研究的问题。

- 尽管一些地方案例研究质疑这一观点，但人们经常声称，女性拥有较少的土地所有权，尤其是寡妇和单身未婚女性。
- 据称，所有权水平低往往归因于普通法对女性行使财产权的限制。一方面，如果这是正确的，那么1870年和1882年的立法变化应该会导致女性土地所有权的变化；另一方面，家庭习俗，加上法律信托和权益法的日益适用，或许意味着普通法对财产所有权的影响不如所声称的那样大。
- 女性可能不希望拥有太多土地，即使她们可以自由拥有，因为她们不愿意冒险（Cromie and Haynes，1988）。与债券等有固定利率收入不同，土地收入可能不确定且容易波动。因此，如果有选择，女性可能更喜欢投资政府债券，而不是投资土地。然而，女性对风险的厌恶很难与1720年南海泡沫事件和1844~1855年铁路建设狂潮期间女性投机者的角色相匹配（Laurence，2006；Carlos and Neal，2004；Hudson，2001）。

- 女性拥有土地的传统可能由来已久。一方面，不断变化的社会观念可能鼓励女性不断寻求经济独立，从而拥有更多的所有权。另一方面，19世纪资本市场的扩张、股份银行的发展和省级证券交易所的扩大可能鼓励了金融投资。
- 女性的职业选择可能影响了她们对土地的所有权。如果女性希望拥有她们工作的场所，而不是从他人那里进行租赁，这会使职业和所有权之间产生联系。在这种情况下，女性所拥有的包括住宅或零售场所在内的土地的所有权可能最多，或者为家禽饲养等活动提供机会。
- 女性的居住偏好也可能影响了她们所拥有土地的位置。虽然一些女性拥有住房可能为获得租金收入，但另一些女性可能还是会选择自住。在女性更偏爱的地区，或者在女性偏好的租户人群可能居住的地区，她们拥有的住宅所有权可能更多。文学资料，如盖斯凯尔夫人著的《克兰弗》，表明女性可能偏好集镇或上流人士集中的郊区（Gaskell，1853：175-176）。

8.3 使用原始材料测量关键变量

铁路计划覆盖了整个国家，到1900年为止，英国几乎每个城镇和村庄都离火车站不到5英里。我们选择了英国的四个地区进行详细研究——两个在北部，两个在南部：牛津郡及其周围郡县主要是农业区；杜伦郡是农业和矿业的综合体；西约克郡主要是工业区，而伦敦地区（米德塞克斯郡和周边县）主要是行政区和商业区。

本章的分析是高度分类的。我们研究了由专业铁路勘测人员确定的各个地块。典型的农村地块是一块田地，典型的城市地块是一栋房子和一个花园。土地被分割成各个地块，每个地块都各归其主。这避免了与更高聚集水平相关的一系列问题，包括土地单位（例如农场或不动产）也许需要进一步分割以确定归属，以及有多重用途。文献按顺序列出地块，从线的一端开始，到另一端结束。选择线是为了达到每十年每个区域至少 400 个地块的目标。为满足这一要求，选择线以提供整个世纪该区域具有代表性的地理覆盖面。

目前没有证据表明铁路推行者对女性拥有土地不怀偏见。铁路需要建得尽可能笔直和水平，这样一旦起点和终点被确定，路线就不会轻易改变。从 19 世纪 40 年代开始，甚至连贵族也不能阻止铁路横穿他们的土地。也没有证据表明，在铁路建设方面，女业主扮演"推行者"的角色：事实上，1830 年铁路先行者利物浦和曼彻斯特铁路最顽固的反对者恰恰是两个女性住房投机者（House of Commons，1825）。

一旦为研究选择了一个方案，我们就使用所有可用的地块，直到目标地块的数量得到满足。在许多情况下，为了包含特定范围的所有地块，目标地块还会增多。该数据库是在 SPSS 中使用了 23966 行和 64 列构建的。每个地块都有完整的记录。此外，涉及女性所有者或租赁者的所有地块，完整记录了所有者、承租人和占有者的姓名。同样的信息也记录在从所有地块中随机抽取 10% 的样本中，女性业主则不参与其中，因为我们将该样本用作女性业主的对照组。个人姓名被记录在一个单独的定性数据库中，所有教区、乡镇等的名称也是如此。

总体而言，为了实现统计分析的目的，我们构建了五种主要类型的变量，它们涉及：

- 所有权；
- 地块用途；
- 教区特征；
- 时间依赖；

- 互动（例如，地块用途和教区特征之间的联系）。

所有相关信息以二进制进行量化，因此，所有权特征、地块用途和时间依赖因素都表示为虚拟变量。一些定性信息也被用于案例研究，但是本章没有讨论它们。

女性的所有权。主所有权变量是一个二进制虚拟变量，如果一个女性有一个地块的所有权，它取值为1，否则为0。女业主根据其地位及其共同业主的数量和类型进一步细分（见下文）。

地块用途。地块用途分为17个主要类别：住房、零售、农业建筑、各种农业用地、林地、生活用地、荒地和/或公共用地、水域、道路、公用设施、采矿、采石、铁路、运河、公共建筑、工业和其他杂项。如果原始材料提供了足够数量的观测项（通常每个区域10个）以使它们满足统计目标，那么则进一步使用另外7个附属类别：住房又分为洋房、村舍、公寓或庭院，农业用地又分为耕地、草地和牧场。有些地块会有多种用途。

教区特征。这项研究之所以纳入了教区特征，是为了调查女性是否显示出对投资特定类型地区的偏好。此处五个教区特征都是连续变量：

- 人口密度：这与城市化有关（见下文）；在密度很大的地方，它也可能与贫困和社会剥夺联系在一起；
- 户均人口：这是一个显示可能的人口过度增长的指标；尽管它也可能反映了大房子被进一步分成了不同的独立住处；
- 20岁以下人口比例：唯一可用的年龄分布指标；
- 出生在郡外的人口比例：可测算向该郡移民的数量；
- 女性在人口中的比例：通过将这一比例与教区女性拥有的土地比例进行比较，可以评估女性拥有的土地比例较高是否与教区女性居民比例高有关。

计算教区变量的信息来自1843年《答案和回复摘要》(**Parliamentary**

Papers，1843）中的枚举摘要。本摘要基于1841年的人口普查，后者恰恰在铁路建设热潮之前，因此这一研究中使用的许多方案在当时才被首次提出，它包含了未包括在人口普查报告中的人口信息。使用特定年份的教区信息避免了空间变化造成的影响和时间变化造成的影响之间的混淆。将教区数据与参考资料中的信息联系起来需要格外仔细，以防其中一个来源将教区细分为了城镇、教堂等项目，而另一个却没有。

本研究的城市地区是指人口密度高、总人口超过15000人、文化设施较为齐全的教区或相邻教区的区域。城市地区相当于拥有大量零售、法律、银行和娱乐设施的城镇。城市化由两个虚拟变量所描述。如果教区的某个部分位于中心1英里以内，城市中心性取值1，否则取值0，而城市边缘性的定义类似于1英里以上5英里以下的距离。例如，在伦敦，圣保罗大教堂被指定为市中心，人口非常多但文化设施有限的伦敦东区教区则没有被确定为单独的城市地区。《菲利莫尔地图集》（*Phillimore Atlas*）被用来确定伦敦的各个教区属于中心区还是外围区（Humphery-Smith，2003）。

19世纪，许多教区的土地只被少数人拥有，这可能会影响外来者购买土地的能力。

尽管在参考书中有迹象表明在某些方面仅有少数人有土地所有权，但也不能确定这些是不是米尔斯和其他人定义的"封闭"教区（Lane，2000；完整的讨论见Mills，1980；Banks，1988）。庄园主有时在一个教区拥有很大比例的土地。因此，庄园女主人的存在可能会在某些教区产生高水平的女性所有权。这些女性也可能对教区其他土地的占有施加相当大的影响。然而，对于许多教区来说，我们还是很难确定在参考书编纂时是否有女性庄园主。庄园的所有权在整个19世纪都在减少，也许正因如此，记录其实是不完整的。本章所进行分析的数据是从一个小样本的教区复制的，这个教区有庄园的信息。结果证实，女性庄园所有权是某些教区的一个重要特点，但由于涉及的教区较少，其所带来的更广泛影响还不能确定。[1]

时间因变量。将铁路计划的日期囊括在内是为了评估长期趋势。有关铁路建设热潮的虚拟变量旨在确定1843~1846年的投机时期女性的土地所有权是增多还是减少。另外两个虚拟变量则与1870年和1882年的《已婚女性财产法》相关联，囊括它们则是考虑因其法律地位发生变化，女性拥有土地的倾向可能会逐步变化。不同于铁路建设热潮的虚拟变量，其目的不是识别法案颁布时期的峰值信号，而是识别法案的持续效应。由于每一个法案都有自己的虚拟变量，研究可以分析这两个法案之间的时期，即1870~1882年，并与前后的时期进行比较。

应该强调的是，在虚拟变量的值发生变化时，女性所有权的变化不能明确归因于当时发生的任何一个具体事件。因为总有可能是在同一时间发生的其他事件导致了这种变化。为了确定促成变化的真正原因，通常需要从女性的日记或信件中获得额外的信息，尤其是她们与银行家和律师的通信。这是统计推断中解决"遗漏变量"这一一般问题的一个特例，但它与时间虚拟因变量的使用非常相关。

累计铁路里程是一个跟踪铁路系统增长的连续性的时间因变量。它基于路线里程，同时包括单轨和双轨线路。这个变量有助于说明其他铁路公司使用的地块比例的增加，这些铁路公司的线路与拟议方案的线路相交。[2]

交互变量。引入的交互变量是由两个虚拟变量相乘而得到的：住房使用和城市化。该变量有助于检验这样一个假设：女性在城市地区拥有土地是因为她们也希望住在那里（要么住在自己的房子里，要么住在附近的其他房子里）。

变量总结在表8.1中。

表 8.1　土地用途、教区和所有权特征及其他变量的首字母缩写

首字母缩略词	含义、地块的举例
AGBL	农业建筑：谷仓、牛棚、鸡舍、猪舍、屠宰场、马厩
AGLD	农业用地概述：耕地、公共地、田地、草地、市场花园、草地、苗圃地、开阔地、牧场、马铃薯地
COTT	指定的村舍
CRWD	累计铁路里程，即从哪一年的方案开始铺设的铁路里程
DATE	提取该地块的铁路、运河或收费公路方案的日期
DOML	家庭用地：分配地、花园、温室、果园、围场、公园、物理花园、游乐场、棚子、灌木林
FMWA	第一部《已婚女性财产法》案。标识为1871年以前或1871年以后的地块
HSEG	普通住房：农舍、宅地、住宅、小屋、庄园、宅邸、物业单位、收费站
HOUS	指定的房屋：农舍、宅地、房屋、小屋、庄园、大厦、收费站
INDS	工业：通风管、酿酒厂、砖厂、木匠、牲畜市场、烟囱、苹果酒房、煤场、计数房、干燥窑厂、锻造厂、细木工厂、港口、石灰窑、麦芽房、磨坊——玉米/水、陶器、粉盒、打印机、绳索、锯木厂、石场、仓库、称重房、码头、车轮匠、车间
MIQU	组合的采矿（煤或金属）、采石和砾石坑
MISC	其他独立单元：拱门、建筑用地、城墙（约克）、围墙、花园/庭院、娱乐地、小屋、海德公园、液压夯、岛屿、公园、骑士桥兵营、厨房、未指明的土地、厕所、拟建铁路、班车、剧院（正在建造）、洗衣房/厨房
PBTW	教区/乡镇20岁以下人口的百分比——年轻人
PFEM	教区/乡镇内女性的百分比
PIMM	教区/乡镇的移民百分比，即不是在该县出生的人
POPD	教区或乡镇的人口密度，即每英亩的平均人数
PPHS	教区或乡镇每所房子的人口，即每所房子的平均人数
RAIL	铁路：电车道、货车道
RETA	零售：烤房、啤酒房、酿造房、摄影工作室、公共房屋、骑术学校、商店、工作室、手术室、茶园
RMAN	铁路狂热计划1843-6
ROAD	道路：桥梁、着陆场、通道、收费公路、私人道路
SMWA	第二部《已婚女性财产法》。标识为1882年或1883年之前或之后的地块
UCEN	城市中心，位于一个有15000名居民的城镇中心1英里范围内，为伦敦教区改造

续表

首字母缩略词	含义、地块的举例
UDIF	城市分化，地块具有一般住房用途，是城市的中心或外围
UPER	城市外围地带，离一个有15000名居民的城镇中心1英里但不到5英里，为伦敦教区改造
UTIL	公用设施：煤气、煤气表、蒸馏室、下水道、电线杆和电线、水
WAST	废物：指定废物、普通废物、奶牛普通废物、瀑布废物、荒野废物、高沼地废物、高地废物
WATR	水：涵洞、沟渠、排水沟、喷泉、沼泽、磨坊大坝/池塘、水泵、水库、大海、化粪池、溪流、河流、抽水马桶、豆瓣菜床、堰、井
WOOD	木材：矮林、柳树床、种植园、木材

8.4 模拟女性拥有特定类型土地的倾向性

鉴于第 8.2 节中提出的研究问题，以及第 8.3 节中提出的数据的可用性，基本的处理方式是将女性的土地所有权与一系列地块特征联系起来。任何地块的特征都包括它的用途、它所在教区的人口统计特征、记录当日的时间因变量的值以及交互变量的对应值。

一些研究问题可以简单地用描述性统计数据来回答。从女性拥有土地的总百分比中可以很好地看出女性的土地所有权是否很多。同样，通过比较前几十年的所有权和后几十年的所有权，可以轻松地判断这种趋势。

然而，为了进行更细微的观察，进行回归分析是合适的（Wooldridge，2006：862 页）。因变量是一个二元变量，表明女性是否拥有给定地块的所有权：自变量或解释性变量是地块特征。利用回归分析，随着时间的推移，土地变得更加住宅化、商业化和工业化，教区变得更加城市化（或在许多情况下变得更加郊区化），从而有可能改变女性的所有权。

如果女性有高度的自我意识，那么她们会选择想拥有的任何类型的土地。她们如果对某些地块用途和地点有独特的偏好，这些偏好可能会随着文化态度或法律地位的改变而改变。然而在实践中，女性面临着来自男性和机构（如王室、教会、大学、慈善机构）的土地竞争。女性需要足够的财富来超越他们。

　　土地市场中存在交易成本，但随着时间的推移，它会趋于均衡。在均衡市场中，地块将归那些最看重它们的人所有。在均衡状态下，女性将倾向于拥有相对于男性和类似财富的机构而言她们最喜欢的土地类型。即使涉及继承的土地，只要不涉及财产，情况也是如此。一个对她所继承的土地缺乏重视的女性可以卖掉该土地，将所得投资于金融资产。上述回归模型假设解释变量是外生的：虽然这些变量影响女性的所有权，但女性的所有权并不影响它们。鉴于19世纪有固定的土地储备，而且女性很少或根本无法控制立法，很明显，时间因变量确实是外源性的。此外，除了女性庄园所有权之外，女性所有权似乎不太可能对教区人口产生重大影响。因此，一旦女性在土地市场中占有重要地位，土地的使用性质可能会发生变化，所以我们主要关注的问题是土地使用。目前尚没有证据表明女性会改变她们购买或继承的土地的用途，或者卖家为了吸引女性买家而改变土地用途。

　　由于因变量是二进制的，所以使用Probit或Logit回归更为恰当，本研究选择了Logit回归。拒绝普通最小二乘（OLS）回归的一般原因是它预测的因变量值或许会小于0或超过1。然而，在本章中使用Logit回归的一个更强有力的理由是，Logit模型中使用的潜在变量与土地的均衡价格溢价相对应。

　　我们对每个区域分别进行了回归估计。"区域回归是基于相似人群"这一假设在统计上被否定了。这一结果应该是合理的，因为它表明每个地区都有一个独特的土地市场和独特的价格结构。由于每个地区都有大量观察结果，因此，尽管所解释的女性所有权变化的总体比例并不大，但还是取得了统计上的显著结果。

因此做如下假定：

- x_{hij} 为第 h 区域中的第 j 个地块的第 i 种特征的值（对于给定铁路方案，时间因变量对每个地块具有相同的值）；
- y_{hj} 是一个二元变量，表明 h 区的第 j 个地块是否拥有女性所有者；
- z_{hj} 是 h 区第 j 个地块的女性价格溢价：它衡量一名女性准备为所涉地块支付的超过非女性（男子或机构）支付的最高价格。

女性的价格溢价根据地块特征而变化。假设地块特征会产生额外的影响，那么，

$$z_{hj}=a_h+\sum_i b_{hi}x_{hij}+u_{hj} \quad (i=1,\cdots,N) \tag{1}$$

其中 a_h 是确定女性所有权基本水平的区域常数；b_{hi} 测量第 i 个特征对第 h 区域价格溢价的影响；u_{hj} 是影响 h 区域第 j 个地块价格溢价的随机变量。这个变量包括影响溢价的所有不可观察的因素。

所有 u_{hj} 都是独立分布的，并且和累积分布函数 $F(u)$ 遵循相同的数理分布规律。

一位女性只有开价高于其他非女性对手才能获得该地块：

$$\text{如果 } z_{hj}>0, \; y_{hi}=1$$
$$\text{否则 } =0 \tag{2}$$

这可以推断出一位女性在 h 区域拥有第 j 个地块的概率为 $F(z_{hj})$。

这使得我们可以使用最大似然估计来估计参数 a_h 和 b_{hi}。

相比之下，在 OLS 下，假定女性对一块土地的所有权由地块特征直接决

定，不涉及价格竞争的干预：

$$y_{hj}=z_{hj} \tag{3}$$

Logit 和 OLS 的不同之处在于，前者采用了一种阈值方法，在这种方法中，价格机制创造了一个临界点，非女性所有者被女性所有者取代，而 OLS 则假设地块特征和女性所有权之间存在持续的线性关系。如上所述，Logit 方法在经济理论中有更强的基础。然而，与 OLS 系数不同，它不能直接作为衡量边际影响来解释。

Logit 的另一个局限性是实用性。OLS 估计可以通过对数据集的线性运算得出，但 Logit 却涉及了一些可能无法收敛的非线性计算——这在本研究中有时会发生，因为我们使用了大量虚拟变量。虽然 Logit 是首选的估计方法，但 OLS 仍然是一个有用的备选：当 Logit 估计收敛时，比较 OLS 和 Logit 结果表明，在这一情况下，OLS 为 Logit 提供了一个很好的近似。虽然估算系数的值不能直接比较，但它们的符号和意义是可以比较的。Logit 回归的拟合优度有时通过对因变量（女性所有权）值进行正确预测的占比来评估。然而，这种方法产生的预测结果受操作中用于分离二元结果的概率临界水平的较大影响。如果正向结果（女性拥有所有权）的实际概率不到 20%，用于预测的临界水平是 50%，那么就有可能无法正确预测女性拥有所有权的情况；另外，由于几乎每个零值结果都将被正确预测，整体拟合优度可能看起来很好。因此，通过将临界概率与实际概率更紧密地匹配起来，可以实现更有价值的评估；在上述情况下，这将提升正确预测正向结果的可能性，但也会提升错误预测负向结果的可能性。而我们几乎可以肯定的是，这会使整体表现明显变差。因此，在这项研究中，预测的成功与否不能用来评估拟合优度（Tunali, 1986; Wooldridge, 2006: 589、867）。

8.5 结果

描述性统计

描述性统计数据显示，平均而言，女性拥有 12.4% 的地块。然而各地区实际差异很大，牛津郡 14.7% 的地块由女性拥有，约克郡和达勒姆约为 12%，伦敦仅为 8.9%。[3]

表 8.2 显示，女性的所有权根据地块使用情况系统地发生变化，各地区之间的变化模式略有不同。为了明确特定地区的女性在多大程度上拥有某些类型的土地，我们制定了具体化的指数。该指数是女性在某一特定用途上拥有一块土地的倾向（所有具有该用途的土地归女性所有的比例）与女性拥有任何土地的平均倾向（所有土地归女性所有的比例，无论其用途如何）的比率。我们为每个区域计算了单独的指数，如表 8.3 所示。指数 1.0 表示没有偏好，高于 1.0 表示具有偏好，低于 1.0 表示女性避免使用该种地块。

在牛津郡，女性更喜欢洋房、别墅、普通住宅用地，零售用地和工业用地。牛津郡的 17 块零售地块中，有 13 块于 1845 年位于切尔滕纳姆，包括未指明的商店和面包房。两名女性是从事贸易的自住者：玛丽亚·怀特拥有一栋洋房、一家商店和一家酿酒厂，玛丽·希尔拥有一家商店、一栋洋房和通道。

约克郡女性倾向于拥有农业建筑和零售地块，伦敦女性更喜欢村舍、零售地块和公用事业用地。伦敦女性也喜欢农业建筑，因为她们需要养马。还一些女性拥有采石场。杜伦女性更喜欢洋房、普通住宅用地和铁路（铁路与女性拥有的煤矿相连）。

为了检验女性所有权和教区特征之间的关系，我们计算了皮尔逊零阶相关性（见表 8.4）。人口密度高的教区吸引了除杜伦以外的所有地区的女性。在约克郡和杜伦，每栋房子都有大量的居民，这极大地阻碍了房屋所有权的确定。牛津郡和约克郡的女性避开年轻人多的教区，而被高移民率和女性比例高的教区所吸引。牛津郡的女性被城市中心教区吸引，约克郡的女性被城市外围教区吸引。然而，杜伦和伦敦女性则躲开了这种外围教区。

表 8.5 考察了女业主的地位。在所有四个地区，至少 39% 的女性独自或与其他女性拥有土地。当然，在某些方面她们存在显著的区域差异。

表 8.2　在何种程度上，某些类型的地块用途对女性的吸引力高于男性或机构——四个地区妇女参与土地所有权和土地使用情况表

单位：%

地区	牛津郡		约克郡		杜伦郡		伦敦	
地块用途	地块	女性所有者使用的地块	地块	女性所有者使用的地块	地块	女性所有者使用的地块	地块	女性所有者使用的地块
HSEG	11.5	20.4	23	12.6	5.8	14.4	41.9	9.6
HOUS	7.5	19.0	17.6	11.7	4.6	18.0	38.8	8.8
COTT	3.9	22.7	4.7	13.5	1.1	1.9	3.0	19.2
RETA	0.8	29.3	1.5	15.2	0.5	0	5.1	11.5
AGBL	4.3	16.4	4.5	18.1	6.2	11.3	6.0	14.8
AGLD	58.2	12.4	50.2	13.3	62.5	11.1	28.3	8.5
WOOD	3.0	10.8	1.5	9.5	4.9	12.1	1.1	6.7
DOML	19.1	23.8	11.4	11.7	11.7	16.3	25.1	7.0
WAST	1.1	19.0	0.7	11.1	1.3	15.6	0.7	0.0
WATR	11.8	12.5	8.2	14.3	9.7	13.9	6.5	8.3
ROAD	21.7	11.1	12.8	11.4	14.3	11.1	12.3	5.1
UTIL	0.5	3.0	0.3	4.3	0.7	6.3	1.8	11.8
RAIL	0.6	2.4	0.8	5.1	1.8	14	0.9	5.1

续表

地区	牛津郡		约克郡		杜伦郡		伦敦	
地块用途	地块	女性所有者使用的地块	地块	女性所有者使用的地块	地块	女性所有者使用的地块	地块	女性所有者使用的地块
INDS	1.6	19.5	2.3	11.6	1.1	13.2	3.7	6.4
MIQU	0.6	14.3	0.5	3.0	0.5	7.7	0.1	25.0
所有地块	—	14.7	—	12.4	—	12.0	—	8.9

注：牛津郡包括伯克郡、白金汉郡、格洛斯特郡、北安普敦郡、沃里克郡和乌斯特郡的部分地区。约克郡包括东西骑。达勒姆包括约克郡和诺森伯兰郡的北骑部分地区。伦敦包括埃塞克斯、赫特福德郡、肯特郡，米德尔塞克斯和萨里郡。

表8.3 女性土地所有权的适应性指数（根据地块用途制作）

解释变量：地块用途	区域			
	牛津郡	约克郡	杜伦郡	伦敦
	适应性指数			
HSEG	1.4	1.0	1.2	1.1
HOUS	1.3	0.9	1.5	1.0
COTT	1.5	1.1	0.2	2.2
RETA	2.0	1.2	0.0	1.3
AGBL	1.1	1.5	0.9	1.7
AGLD	0.8	1.1	0.9	0.9
WOOD	0.7	0.8	1.0	0.8
DOML	1.6	0.9	1.4	0.8
WAST	1.3	0.9	1.3	0.0
WATR	0.9	1.1	1.2	0.9
ROAD	0.8	0.9	0.9	0.6
UTIL	0.2	0.3	0.5	1.3
RAIL	0.2	0.4	1.2	0.6
INDS	1.3	0.9	1.1	0.7
MIQU	1.0	0.2	0.6	2.8

表 8.4 女性拥有土地和教区特征之间的皮尔逊零阶相关性

地块特征	区域			
	牛津郡	约克郡	杜伦郡	伦敦
POPD	0.088 (0.000)	0.030 (0.008)	-0.041 (0.005)	0.078 (0.000)
PPHS	0.012 (0.286)	-0.037 (0.001)	-0.050 (0.000)	-0.008 (0.594)
PBTW	-0.053 (0.000)	-0.049 (0.000)	-0.002 (0.876)	0.022 (0.154)
PIMM	0.126 (0.000)	0.032 (0.005)	0.004 (0.763)	-0.017 (0.253)
PFEM	0.113 (0.000)	0.059 (0.000)	0.031 (0.032)	-0.028 (0.066)
UCEN	0.071 (0.000)	0.014 (0.226)	0.018 (0.212)	0.016 (0.295)
UPER	0.000 (0.978)	0.030 (0.010)	-0.071 (0.000)	-0.039 (0.011)

表 8-5 对女性所有人的地块所有权进行比较性区域分析（女性拥有地块的百分比）

单位：%

地块特征	区域			
	牛津郡	约克郡	杜伦郡	伦敦
共有产权结构				
独享或与女性共享	57.8	39.4	39.4	55.1
同名男性	11.5	31.5	23.3	16.8
丈夫	8.2	21.5	24.3	1.8
丈夫及其他人	7.8	16.8	10.8	1.8
信托	15.1	10.7	13.0	20.5
称呼				
夫人	8.6	7.4	6.8	24.9
寡妇	2.1	1.2	0.0	0.3

在北部（约克郡和杜伦郡），20% 以上的女性业主与丈夫共同拥有房产，超过 23% 的女性与同名男子共用房产，后者可能是丈夫、父亲、兄弟或更远的亲戚。相比之下，在南方（牛津郡和伦敦），那里的女性独享或与其他女性共享所有权更为普遍，而与同名男子共同拥有房产的很少。这可能反映了地区文化差异。在伦敦和其他各郡之间也存在分歧，因为在伦敦女性与男性的房产共享率很低，尽管"夫人"这个头衔的使用相对来说比较普遍。

伦敦"夫人"群体比例高可能是因为这些女性丧偶并搬到首都以利用更多的文化和社交机会，并利用头衔保持自己的尊崇地位。在牛津郡，"夫人"这一称谓的使用更加矛盾，但也表明了该地区女性的独立性。

伦敦拥有最大比例的"信托"地块，而所有这些都发生在 1845 年以后。有 12 块土地属于婚姻信托，但绝大多数是为死后管理遗产而设立的信托。在伦敦样本中发现的大量信托可能反映了这样一个事实，即作为大都市，它更便于获得法律咨询。根据斯特宾（Stebbings，2002）的说法，信托在 19 世纪广泛使用，即使是工人阶层也是如此。当时人们大约 1/10 的财产是由信托机构管理的。根据莫里斯的描述（Morris，1994），大多数信托是通过遗嘱将财产留给遗孀或女儿，三名受托人则通常是男性。莫里斯举了利兹男子在 19 世纪 20 年代和 30 年代为遗孀和女儿建立这种信托的案例，男子建立信托的目的是保护自家企业，以便未成年人以后可以继承财产或防止金钱落入遗孀未来丈夫的手中。奥金（Okin，1983）和斯特维斯（Staves，1990）充分探讨了信托的复杂性，他们着重介绍了丈夫担任妻子信托的受托人这一情况。

回　归

对每个区域的回归是分别进行的，表 8.6 中报告的结果证实了存在相当大的区域异质性。

表 8.6 根据地块用途、教区特征和时间对拥有各地块所有权的女性倾向进行的比较性区域分析

地区	牛津郡	约克郡	杜伦郡	伦敦
回归类型	Logit	Logit	OLS	OLS
女性拥有所有权的地块百分比（%）	14.7	12.4	12.0	8.9
解释变量				
HSEG	-0.178 （0.097）	0.241 （0.023）		0.183 （0.000）
RETA	0.542 （0.068）		-0.131 （0.044）	0.038 （0.058）
AGBL		0.495 （0.001）		0.056 （0.003）
AGLD		0.514 （0.000）		
DOML	0.605 （0.000）		0.046 （0.003）	
WAST	0.700 （0.017）			-0.105 （0.040）
WATR	-0.323 （0.006）			-0.031 （0.094）
ROAD	-0.357 （0.000）		-0.027 （0.045）	-0.040 （0.004）
RAIL	-2.125 （0.037）			
INDS				-0.041 （0.076）
POPD			-0.008 （0.001）	0.001 （0.000）
PPHS	-0.200 （0.012）	-0.397 （0.000）		-0.022 （0.000）
PBTW	0.029 （0.019）			
PIMM	0.039 （0.000）	0.043 （0.000）		
UCEN		-0.179 （0.000）		

续表

地区	牛津郡	约克郡	杜伦郡	伦敦
UPER			-0.096 （0.000）	-0.027 （0.036）
UDIF				-0.201 （0.000）
DATE	0.012 （0.000）	0.014 （0.000）	0.004 （0.000）	0.001 （0.003）
RMAN		0.339 （0.000）		0.031 （0.054）
FMWA	-0.263 （0.037）	-1.921 （0.000）	-0.225 （0.000）	0.049 （0.002）
SMWA	-0.645 （0.000）	0.817 （0.007）		-0.117
恒量	-24.356 （0.000）	-26.561 （0.000）	-8.055 （0.000）	-1.470 （0.008）
观测数量（次）	7299	7539	4861	4267
R^2			0.049	0.045
调整的 R^2			0.048	0.042
F 统计值			35.637 （0.000）	13.501 （0.000）
χ^2	253.987 （0.000）	167.503 （0.000）		
CSR^2	0.034	0.022		
NR^2	0.060	0.042		

注：显著性水平（p 值）在估计系数下面的括号中。

分析侧重于系数的符号和意义，而非大小。Logit 回归只在两个区域收敛，因此在其他情况下报告了 OLS 回归的结果。对前两个区域进行的两种回归分析表明，尽管系数不具有直接可比性，但就符号和显著性而言，OLS 结果接近于 Logit 结果。为了便于解释，我们使用 10% 显著性的阈值向后消除了无关紧要的变量。大量的观察表明，尽管所解释的女性所有权的变化比例（以 R^2 或伪 R^2 衡量）相对较小，但总体回归是显著的。

人们发现，地块的位置不仅在区域一级很重要，在地方教区一级也同样重要，尤其是在所有权方面。总的结论是，女性的土地所有权集中在相对非犹太化的地区，当地设施良好，且又没有过度拥挤或大家族聚集的问题。区域模式表明，女性会根据当地的经济条件改变所拥有的土地的类型，而不是在任何地方都偏爱具有相同用途的地块。

住房用途与合适住房所在教区类型之间的关系使得更难理清住房的具体作用。约克郡和伦敦的女性更喜欢拥有住房，但牛津郡的情况并非如此，因为牛津郡的这一系数为负，且仅在10%的水平上显著。然而，牛津郡的女性确实非常喜欢某些教区的特征，这表明住房质量对她们很重要，她们尤其是避开那些房均人数过多的教区，这也是几个地区的女业主共有的特点。大量移民进入教区也推动了牛津郡和约克郡的女性更多地占有土地所有权。

在1843~1866年的铁路建设热潮期间，约克郡和伦敦的女性中拥有土地的人数激增，这表明这些地区的女性可能没有文献中建议的那么厌恶风险，并且可能在土地上投机。因为如果被铁路公司购买，土地的价值可能会提升（Green and Owens，2003；Maltby and Rutterford，2006）。

1870年后，即第一部《已婚女性财产法》颁布之日，牛津郡、约克郡和杜伦郡的女性土地所有权减少。然而，1882年的法案出台后，伦敦女性业主却更多地拥有土地所有权，这一发现与在研究中纳入了伦敦女性的库姆斯（Combs）的发现不同。结果表明，1882年法案的通过对女性的土地所有权产生了模糊的影响。在牛津郡和伦敦，这种影响明显是负面的，但在约克郡，这种影响明显是正面的，而在杜伦郡，这种影响并不显著。因此，这两项法案都很重要，总的来说，它们的效果是减少女性对土地的所有权。

时间趋势是所有变量中最一致的，它对所有地区的女性业主来说都是非常正向的。它表明了一种多区域、潜在的全国范围的长期企业风险管理趋势，即女性更多地拥有财产所有权，并提供了需要理解其他变化的背景。特别的是，需要在这一总体稳步上升趋势的背景下考虑两部《已婚女性财产法》所带来的变化。

8.6 结论及对未来工作的影响

总的来说，这项研究突出了 19 世纪女性土地和不动产拥有者的重要性。它修正了法律和社会局限性将女性的土地所有权限制在富有的寡妇和单身未婚女性手中的观点，并表明所有权范围比想象的要广泛得多。

现在有许多方法可以开展这项研究。由于数据来源的一个主要优势是它为研究带来可复制性，因此本章的方法可以用于研究其他地理区域。

人们应该对一些女性土地所有者进行案例研究。这将扩大关于女性业主和缺席业主的信息。还可以进行类似的调查，探究拥有土地所有权的女性是否与促进本研究中使用的各种铁路计划的临时委员会成员有关。这两项研究都涉及将研究范围扩大到人口普查记录和铁路公司的记录。研究者甚至有可能将一份所有权细节样本与一名曾为一家铁路公司购买土地的律师的文件进行核对，但这只有在此类业务记录已存放在县档案局或国家档案局的情况下才有可能。这样的案例研究也使我们可以调查研究中发现的这些女性是否也属于巴克尔（Barker，2006）或莫里斯（Morris，2005）所提供的利兹案例。人们甚至有可能对照为一家铁路公司购买土地的律师文件检查所有权细节的样本，但这只有在商业记录已经存放在县档案局或国家档案馆的情况下才有可能。此类案例研究也将有可能调查在这项研究中发现的女性是否属于巴克尔或莫里斯研究的利兹女性。

信托的信息可以细分为不同的类别——指定婚姻、一般夫妻、死后、精神病委员会等——以提供更多信息。然而，总的来说，有信托的地块数量相对较少，只有当样本得到相当大的扩展时，才有可能提供统计上可行的信息。将研究扩展到其他地区和/或每个地区细化为更多的地块也将使庄园研究得以扩展。

致 谢

我感谢我的主管简·汉弗莱斯（Jane Humphries）的指导和批评，感谢克里斯·达伊和马克·史密斯的（Chris Day and Mark Smith）鼓励。如果没有各郡档案局的宝贵建议，这项研究是不可能完成的。本章的早期版本曾在 2011 年剑桥经济历史学会年会上以及牛津的各种研讨会和讲习班上发表。

注 释

1. 参考书通常给出了庄园的所有权信息。如果没有，我们就查询了相关的维多利亚郡县历史与当地的名录和历史记录，但是有时这不能成立：见弗里亚（Friar, 2002）。

2. 资料来源包括米切尔和迪恩（Mitchell and Deane, 1962）；议会文件（1852）；议会文件（1854）；议会文件（1900）。这项研究中最早的铁路是孤立的地方线路，因此议会的统计数据是足够的。即使列出的第一条铁路是 1825 年，早期马拉的电车轨道只有在升级到正常铁路状态时才被添加到统计数据中。

3. 本章给出的案例均来自卡森（Casson, 2013）。

参考文献

Banks, Sarah (1988), Nineteenth- century Scandal or Twentieth- century Model? A New Look at "Open" and "Close" parishes, *Economic History Review*, New Series, 41(1), 51-73.

Barker, Hannah (2006), *The Business of Women: Female Enterprise and Urban Development in Northern England 1760-1830*, Oxford: Oxford University Press.

Bateman, John (1883), *The Great Landowners of Great Britain and Ireland* (repr. 1971, ed. David Spring), Leicester: Leicester University Press.

Berg, Maxine (1993), Women's Property and the Industrial Revolution, *Journal of Interdisciplinary History*, 24(2), 233-50.

Carlos, Ann, M. and Larry Neal (2004), Women Investors in Early Capital Markets, 1720-1725, *Financial History Review*, 11(2), 197-224.

Casson, Janet Penelope (2013), *Women and Property: A Study of Women as Owners, Lessors, and Lessees of Plots of Land in England during the Nineteenth Century as Revealed by the Land Surveys Carried out by the Railway, Canal and Turnpike Companies*, Oxford University, DPhil submission.

Collins, Ted and Michael Havinden (2005), Long Term Trends in Landownership, 1500-1914: Berkshire and Oxfordshire, *Oxonensia*, 70, 27-49.

Combs, Mary Beth (2006), Cui Bono? The 1870 British Married Women's Property Act, Bargaining Power, and the Distribution of Resource within Marriage, *Feminist Economics*, 12(1-2), 51-83.

Cromie, S. and Haynes, J. (1988), Towards a Typology of Female Entrepreneurs, *Sociological Review*, 36(1), 99-107.

Davidoff, Leonore and Catherine Hall (2002), *Family Fortunes: Men and Women of the English Middle Class*

1780-1850, rev. edn., Abingdon: Routledge.

Doe, Helen (2009), *Enterprising Women and Shipping in the Nineteenth Century*, Woodbridge: Boydell Press.

Friar, Stephen (2002), *The Local History Companion*, Stroud: Sutton.

Gaskell, Elizabeth (1853), *Cranford* (repr. 2007), London: Bloomsbury.

Glyde, John, Jn. (c.1855), *Suffolk in Nineteenth Century: Physical, Social, Moral, Religion and Industrial*, London: Simpkin Marshall.

Great Britain, Local Government Board (1875), *England and Wales (Exclusive of the Metropolis): Return of Owners of Land, 1873*, 2 Vols, London: Eyre and Spottiswoode for HMSO.

Green, David, R. and Alastair Owens (2003), Gentlewomanly Capitalism? Spinsters, Widows, and Wealth Holding in England and Wales, c.1800-1860, *Economic History Review*, New series, 56(3), 510-36.

House of Commons (1825), *Proceedings of the Committee of the House of Commons on the Liverpool and Manchester Railroad Bill*, Session 1825, London: Thomas Davidson.

Hudson, Sarah (2001), *Attitudes to Investment Risk amongst West- Midland Canal and Railway Company Investors, 1760-1850*, Coventry: University of Warwick, PhD thesis.

Humphery- Smith, Cecil, R. (ed.) (2003), *The Phillimore Atlas and Index of Parish Registers*, 3rd edn, Chichester: Phillimore.

Kay, Alison, C. (2003), A Little Enterprise of Her Own: Lodging-house Keeping and the Accommodation Business in Nineteenth-c entury London, *London Journal*, 28(2), 41-53.

Kay, Alison, C. (2006), Retailing Respectability and the Independent Woman in Nineteenth- Century London, in R. Beachy, B. Craig and A. Owens (eds.) *Women Business and Finance in Nineteenth-c entury Europe*, Oxford: Berg, pp. 152-66.

Lane, Penelope (2000), Women, Property and Inheritance: Wealth Creation and Income Generation in Small English Towns, 1750-1835, in Jon Stobart and Alastair Owens (eds) *Urban Fortunes: Property and Inheritance in the Town 1700-1900*, Aldershot: Ashgate, pp. 172-94.

Laurence, Anne (2006), Women Investors, "That nasty South Sea affair" and the Rage to Speculate in Early

Eighteenth-c entury England, *Accounting, Business & Financial History*, 16(2), 245-64.

Lindert, Peter, H. (1987), Who Owned Victorian England?: The Debate over Landed Wealth and Inequality, *Agricultural History*, 61(4), 25-51.

Maltby, Josephine and Janette Rutterford (2006), "She Possessed Her Own Fortune": Women Investors from the Late Nineteenth Century, *Business History*, 48(2), 220-53.

Mills, Dennis R. (1980), *Lord and Peasant in Nineteenth Century Britain*, London: Croom Helm.

Mitchell, B. R. and Phyllis Deane (1962), *Abstract of British Historical Statistics*, Cambridge: Cambridge University Press.

Morris, R. J. (1994), Men, Women, and Property: The Reform of the Married Women's Property Act 1870, in F. M. L. Thompson (ed.), *Landowners, Capitalists, and Entrepreneurs: Essays for Sir John Habakkuk*, Oxford: Clarendon Press, pp. 171-191.

Morris, R. J. (2005), *Men, Women and Property in England, 1780-1870: A Social and Economic History amongst the Leeds Middle Classes*, Cambridge: Cambridge University Press.

Okin, Susan Moller (1983), Patriarchy and Married Women's Property in England: Questions on Some Current Views, *Eighteenth-C entury Studies*, 17(2), 121-38.

Owens, Alastair (2000), Property, Will Making and Estate Disposal in an Industrial Town, 1800-1857, in Jon Stobart and Alastair Owens (eds) *Urban Fortunes: Property and Inheritance in the Town 1700-1900*, Aldershot: Ashgate, pp. 79-107.

Owens, Alastair (2006), Making Some Provision for the Contingencies to Which Their Sex is Particularly Liable: Women and Investment in Early Nineteenth-century England, in Robert Beachy, Beatrice Craig and Alastair Owens (eds) *Women, Business and Finance in Nineteenth-c entury Europe*, Oxford: Berg, pp. 20-35.

Parliamentary Papers, 1843 (496), Abstract of the Answers and Returns made pursuant to Acts 3 & 4 Vic. c.99, and 4 Vic. c.7, intituled respectively "An Act for taking an Account of the Population of Great Britain", and "An Act to amend the Acts of the last Session for taking An Account of the Population". Enumeration

Abstract, MDCCCXLI, Part 1, England and Wales.

Parliamentary Papers, 1852 (21), Accounts and Papers, Railways, 1852, XL Ⅷ, Comparative Summary of Traffic upon Railways of England and Wales, Scotland and Ireland.

Parliamentary Papers, 1854, Reports from Commissioners (20), Railways; Woods and Forests: Local Acts (Preliminary Inquiries), Session 31 January-12 August 1854, Vol. XXXVII.

Parliamentary Papers, 1900, LXXVI, Accounts and Papers: Railway: Returns for England and Wales, Scotland, and Ireland for the year 1899.

Phillips, Nicola (2006), *Women in Business 1700-1850*, Woodbridge: Boydell Press.

Pullin, Nicola (2001), "*Business is Just Life*": *The Practice, Prescription and Legal Position of Women in Business, 1700-1850*, Royal Holloway, University of London, Ph.D. thesis.

Rubinstein, W. D. (2006), *Men of Property: The Very Wealthy in Britain since the Industrial Revolution*, rev. 2nd edn, London: The Social Affairs Unit.

Sanderson, Sir, T. H. and E. S. Roscoe (eds.) (1894), *Speeches and Addresses of Edward Henry, XVth Earl of Derby K.G.*, London: Longmans, Green.

Seeliger, Sylvia (1996), Hampshire Women as Landowners: Common Law Mediated by Manorial Custom, *Rural History*, 7(1), 1-14.

Shea, Gary, and Alex Trew (2007), Dynamic Financial Conditions and Economic Growth in the UK, *Economic History Society, Annual Conference, Abstracts*, Exeter, 239-40.

Staves, Susan (1990), *Married Women's Separate Property in England 1660-1833*, Cambridge, MA: Harvard University Press.

Stebbings, Chantal (2002), *The Private Trustee in Victorian England*, Cambridge: Cambridge University Press.

Tunali, Insan (1986), A General Structure for Models of Doubes Election and an Application to a Joint Migration/Earnings Process with Remigration, *Research in Labor Economics*, 8(B) (ed. Ronald G. Ehrenberg), pp. 235-83.

Wall, Richard (1984), Real Property, Marriage and Children: The Evidence from Four Pre-industrial Communities, in Richard M. Smith (ed.) *Land, Kinship and Life-cycle*, Cambridge: Cambridge University Press, pp. 443-80.

Wooldridge, Jeffrey, M. (2006), *Introductory Econometrics: A Modern Approach*, 3rd edn., Mason, OH: Thomson South Western.

9 蒸汽技术在英国的传播
1859~1930 年的犁耕机

简·梅美德

Jane McCutchan

9.1 引言

长久以来人们认为英国农村是"锄头农业"的产物，2012年伦敦奥运会开幕式的组织者称其为"绿色和宜人"（Boyle，2012）。在进入伦敦东部的奥林匹克体育场时，观众们将看到一幅代表传统田园风光的面画：草地、田野和河流，假扮的农民在耕地，活灵活现的动物在吃草——包括12匹马、3头牛、2只山羊、10只鸡、10只鸭子、9只鹅、70只绵羊和3只牧羊犬。随后这一面画发生了变化，以代表工业革命的到来。但这场盛会除了卷起草皮外，几乎没有提供任何线索向观众说明农业是如何实现这一转变的，即英国是如何从田园牧歌式的"锄头农业"社会，转而成为能够养活在工厂辛勤劳作的人们的工业社会。

到1840年，农民们开始效仿工厂，使用非农场生产的煤作为能源。当蒸汽机取代马匹时，煤产生的能量被用于田间耕作。然而，为公路运输等其他用途供应马匹仍是农场业务的一部分，并且由于农民可以自己培育马匹，这一供应被认为是可持续的。与此不同的是蒸汽机，其价值会逐渐贬值，最终磨损至报废。

支持使用蒸汽动力的论据首先是成本问题，但是在霍华德（Howard，1867）能够发表声明之前，有相当多的技术挑战必须克服。霍华德在他公司的贸易目录中声称，适用于蒸汽耕作的牵引发动机，即犁耕机，可以在更短的时间内更有效地和以更低的价格完成更多的工作——以及其他未实现的任务，例如，挖掘更易碎的重质土地、挖掘得比以前更深以及处理不适合使用马匹的工作。表9.1比较了马匹和犁耕机的成本和收益，例如，马很灵活，可以用于其他目的，而犁耕机又大又笨重，沿着狭窄的乡间小路驾驶它们前往田间通道是一个挑战。

本章探讨了1859~1930年英国农业蒸汽机械化的影响。19世纪农业蒸汽机械化相关信息的缺乏意味着它没有像工厂机械化和蒸汽动力在其他领域（如铁路）的使用那样受到广泛和系统的对待。它在主流经济史文献中相对被忽视，但受到了农业历史学家和技术历史学家的关注。诺沃拉等（Nuvolari et al., 2011）利用卡内斯基和罗贝（Kanefsky and Robey，1980）最初编制的发动机清单的更新版本，对18世纪英国早期使用蒸汽机的时间、速度和范围的区域性变化做出了新的估计。柯林斯（Collins, 1996）讨论了1840~1939年英格兰和威尔士的电力供应和农业生产力；布朗（Brown，2008）和杜威（Dewey, 2008）描述了蒸汽机械化的演变和经济影响。蒸汽动力曾被广泛应用于农场、土地复垦和排水设计，人们开发了各种固定式、便携式和牵引式发动机，如表9.2所示。

表9.1　犁耕机和马匹的比较效益和成本

	犁耕机	马匹
功率	高功率破土和深挖（黏土等重质土易碎且多孔）；能够拉动重型机械（马匹需要大型团队和笨重的马具）	对普通田间耕作的轻质土有效
燃料	煤炭价格昂贵（如果通过铁路运输，价格更低）；全年可用	需要燕麦和干草等饲料，冬天无法获得新鲜饲料
住宿/存放	棚屋	马厩
利用	开始前需要点火时间，并在一天结束时需要清除火和煤炭沉积物	一醒来就可以工作；马厩里的马粪可以用作肥料
	一旦启动，持续运行会更好，但这会使午休等变得困难，从而可能需要换班人员	定期停下来休息
机动性	对于大门、农家庭院的拐角等来说体型过大	灵活的
广泛用途	犁耕机可以在固定模式下用于其他目的，为此可以安装不同的组件	天生具有多种功能（例如，用于运动、娱乐、拉推车和车厢）
价格	非常高	适中，且马会自我繁殖
维护	需要给磨损零件定期上油和做预防性维护	容易生病
劳动力	需要能够熟练驱动和维修的劳动力	经验丰富的小工
经济性	快速覆盖大面积土地，因此在大型地块上才能得到有效利用；另一种选择是由一个独立承包商和几个客户一起使用	缓慢覆盖土地，小农场比较适合

本研究中使用的蒸汽犁耕机的关键数据来自约翰·福勒公司（John Fowler & Co.）未出版的商业记录，这些记录与其他农业工程师的记录一起保存在雷丁大学的英国农村生活博物馆（MERL）。蒸汽犁耕俱乐部（SPC）的罗伯特·奥利弗（Robert Oliver）使这项研究成为可能，他在7年的时间里煞费苦心地梳理了福勒档案中的单个犁耕机记录，并将其用于学术研究。

9.2 发展蒸汽动力：犁耕机的演变

1866年，英国皇家农业协会（Royal Agricultural Society of England）的检查员进行了一次旅行，调查用便携式发动机进行蒸汽耕作的情况，他们的报告描绘了农场中马匹、"便携式"犁耕机和自动犁耕机使用和交接的情况（Read，1867）。马匹将便携式蒸汽机拉到位以运行"环形犁耕系统"，这适用于小型、形状不规则的田地。记录显示，树木和树篱最终被拔除以扩大田地面积，从而便于以动力更强的自动犁耕机取代"便携式"犁耕机。

海宁和泰勒（Haining and Tyler，1970）描绘了环形系统是如何工作的（见图9.1）：

> 发动机和便携式起锚机排成一行，用楔子堵住，这样绳索就可以绕着场地来回运行，从而完成了线路。犁被安装在与发动机相对的田地角落的路线中，绳索通过起锚机被拉至田地的宽度。每次横移（犁沟的宽度）后，几名工人将拐角导轮移向发动机，然后发动机将多余的绳索收回并开始下一次横移。

图9.1 福勒蒸汽犁耕机运行的环形系统

当福勒为他的"双发动机系统"申请专利时，采用该系统的农民称，在新的土地上可以种植的面积以及作物的种类和数量都显著增加了（Read, 1867）。然而，这些强大却被弗劳德和麦克洛斯基（Floud and McCloskey, 1981）描述为"失败"的，单缸和双缸蒸汽犁耕机恰恰是农业蒸汽革命中嘶嘶作响、窃窃私语、呼啸而过的巨人。砍伐了树木，拔除了绿篱，发动机帮助人们开垦新的土地并提高了生产力。两个缠绕的发动机在对角上工作，交替拉动犁穿过田野；发动机不工作时放出绳索，同时移动到位准备回程。尽管可以选择任何一种犁具，但是最终贸易目录中的雕版画选择了绘制福勒平衡犁（见图9.2）。

9 蒸汽技术在英国的传播：1859~1930年的犁耕机

表9.2　农业蒸汽机的类型

类型	技术说明	功能	附件
静止的	马力：低 - 中		
横梁发动机	大型发动机，通常是内置的	泵送	斗式挖掘车轮
活塞式压缩机		碾磨	打磨石
卧式发动机	带有水平气缸和曲柄轴支架的小型发动机，其支架附在矩形底板上；锅炉和煤通常储存在不同的场地中	谷仓使用	脱粒机、破碎机、粉碎机、切根机等
垂直发动机	几乎都是单缸式，曲柄轴进行支撑；能放置于有限的空间内	谷仓使用	同上
早期便携式	带轮立式发动机	在任意有需求的农场	锯台
便携式	卧式机车式火管锅炉和火箱，单或复合汽缸，6~8英尺高的烟囱；有轮子，但必须由马拉马力：中等，为6~8~10	谷仓、堆场、田地作业	打谷机；锯台 环形系统的犁耕装置 犁、起锚机，由皮带或者发动机的联轴驱动，锚、绳索、绳索搬运、滑轮
牵引	任何自动发动机	—	—
饱和蒸汽	马力为8,10,12,14,16	重作业	烟箱过热器
过热蒸汽	马力为20,25,30	超级重作业	单个或双个卷绕滚筒
犁地发动机	适用于蒸汽犁耕机的牵引机	田地耕作	犁耕装置
单缸犁耕机	曲轴通过活塞和连杆在曲轴偏置臂上的作用，推动活塞转动；链条，斜轴或齿轮驱动模式	开沟排水、耕作、栽培、拔树桩和篱笆	反、平衡犁 挖沟犁 中耕机 宿营车 洒水车
双缸犁耕机	低压和高压气缸并行使用	同上	单卷筒，成对工作的发动机。同上

图 9.2　福勒犁具的"双发动机组"

9.3　资料来源：犁耕机数据库

识别和获取资源

我们从 ACCESS 在 MERL 和其他地方获取的大量初级和次级材料中，收集了关于单缸和双缸发动机蒸汽犁耕机组的生产数据。这些材料包括出版的文献、期刊和公司分类账，它们描述了每个犁耕机的制造日期和类型，并记录了买方的姓名和地址。表 9.3 中列出了原始材料的关键内容。

公司订货本种类繁多，条目数以千计，很难在文本中找到犁耕机的销售数据。例如，塔斯克斯（Taskers）以制造桥梁、牵引发动机、蒸汽车和公路运输设备而闻名，它是唯一一家没有开展出口贸易的公司。

小型制造商生产的犁耕机数量很少，可以被认为是"定制的"。但它们不仅有助于推动发动机技术的进步，也极大地激发了其他产业的发展，例如，伯勒尔（Burrell）用"直接牵引"犁耕机进行的实验没有成功，但推进了钢索牵引犁发明和应用的进程。

麦克拉伦（McClaren）的商业记录在一场火灾中被销毁，因此我们查阅了蒸汽动力爱好者艾伦·杜克（Alan Duke）在 MERL 的杜克档案中汇编的内容。杜克的列表还包含车辆许可记录中的信息。公司分类账和杜克的转录都是手写的，所以存在不清晰的问题。而这些次级材料提供了在公司总产出中找到犁耕机记录的关键线索。我们还对 10% 的随机样本与原始文件进行了交叉核对以确认准确性。

数据库结构

为了更好地了解犁耕机设备的特性，例如，其特征是否为内置，是否可以添加附件，以及是否针对特定机器或能够交换使用，针对犁耕机规格按以下关键词进行了收集和检索：

- 生产发动机的公司；
- 生产日期；
- 发动机号；
- 气缸规格；
- 马力；
- 关键变体（修改）；
- 1859~1930 年二手机器销售的日期和来源（如已知）；
- 就出口发动机而言，目的地和国家；
- 供应和安装的新锅炉的详细信息；
- 由于缺乏信息，价格没有包括在内。

研究中包括的农业工程公司代表了 1859~1930 年英国制造钢索牵引犁耕机的公司。记录过程历时三个月，走访了不同的档案馆。汉普郡议会考古部给予我们许可，以查看存放在温彻斯特的一个工业仓库中的塔斯克斯订货本。

这些数据被转移到了EXCEL数据表上进行统计分析。我们将郡名进行了标准化处理以便于分类。直接出口的发动机则被分配给一个单独的组。对于名称明显已知的郡，我们填写了缺失的内容，例如诺森伯兰蒸汽犁耕机公司，或者名称已知的镇，例如贝德福德。此外，为了分类，我们还创建了几个新的"伪"县：

- 空白：无法确定该县，如"战争"或交货地址缺失；
- 福勒：发动机返回工厂，转售或用于如演示或实验的其他目的；
- 展示：发动机在出售前被送去参加农业展览；
- 爆炸：发生灾难性的锅炉爆炸或其他的完全损失，从而自某一日期起将该发动机从研究中剔除；
- 出口：用于出口的发动机。

表9.3 英国犁耕机制造商：档案来源

公司	郡	MERL	Lincoln	Suffolk	Hants	VLA	Alan Duke	SPC	原始资料存在
约翰·艾伦	牛津郡	X						X	
埃夫林·波特	肯特郡		X				X	X	X
查尔斯·伯勒尔及儿孙	诺福克郡						X	X	
约翰·福勒	西约克郡	X						X	X
理查德·加勒特及儿孙	萨福克郡			X			X	X	
理查德·霍恩斯比及儿孙	林肯郡			X			X	X	X
麦克拉伦	西约克郡					X	X	X	
罗比	林肯郡							X	
塔斯克斯	汉普郡				X			X	X
沃利斯·史蒂文斯	汉普郡	X					X	X	
R.J. 怀尔德	柏克斯郡							X	

注：MERL：雷丁大学，英国农村生活博物馆；
Lincoln：林肯郡档案室，林肯；
Suffolk：萨福克郡档案局，伊普斯威奇；
Hants：汉普郡议会档案馆，温彻斯特；
VLA：车辆牌照局；
Alan Duke：艾伦·杜克论文，英国农村生活博物馆，雷丁大学；
SPC：英国档案馆蒸汽犁耕俱乐部。

缺失数据

有一些生产日期是缺失的，因而我们按制造商和发动机序列号排列发动机来插入这些日期，以便可以确定序列中相邻发动机的日期。缺失的日期可以被高度准确地重现：例如，早期福勒／吉特森序列中的 924K 福勒犁耕发动机的制造日期缺失，但是 923K 福勒和 925K 福勒都是在 1861 年制造的，因此缺失的日期被推断为 1861 年。有 58 台发动机的日期是这样推算出来的，即所有生产出的发动机的 2.3%。

结果

表 9.4 显示了 1859~1930 年英国生产者生产的犁耕机的修订数据。这张表将数据库中得到的新估值与仅来自早期文献中的估值进行了比较。该数据库为福勒犁耕机提供了第一个确定的数字，并向上修正了塔斯克斯发动机的数量。

当按生产日期分析新数据时，很明显生产可以分为三个阶段。图 9.3 中的国内市场和出口说明了这一点。

表 9.4 英国生产者生产的犁耕机的修订估值

公司	早期公开的估值 总销量	新估值 总销量	新估值 国内销量	新估值 出口销量
约翰·艾伦／牛津大学 SPC	7	7	7	0
埃夫林·波特	291	291	161	130
查尔斯·伯勒尔及儿孙	198	198	65	133
约翰·福勒	不同	6013	2146	3867

续表

公司	早期公开的估值	新估值		
	总销量	总销量	国内销量	出口销量
理查德·加勒特及儿孙	32	32	2	30
理查德·霍恩斯比及儿孙	36	36	33	3
麦克拉伦	258	258	42	216
罗比	1	1	0	1
塔斯克斯	6	13	13	0
沃利斯·史蒂文斯	1	1	0	1
总计	830+ 福勒	6849	2469	4380

资料来源：数据库。

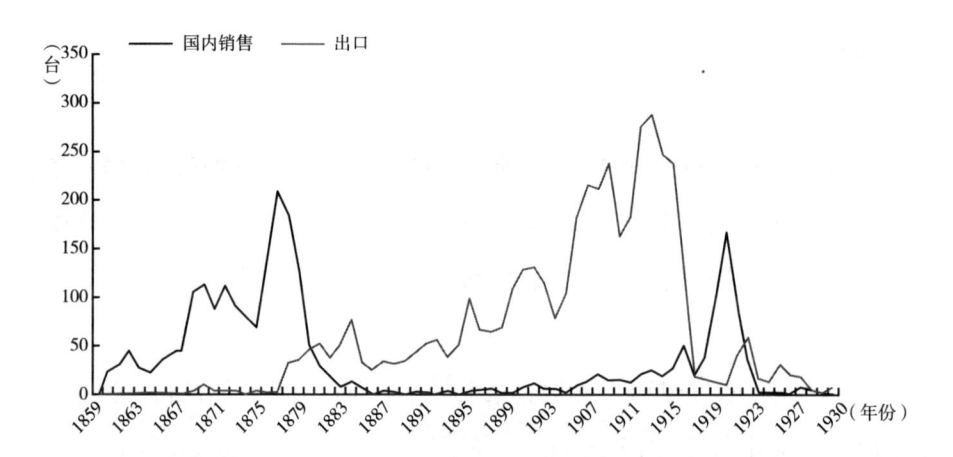

图 9.3　1859~1930 年犁耕机产量（国内销售和出口）

资料来源：数据库。

- 1859~1879 年：这是国内市场的主要生产时期。
- 1880~1915 年：海外贸易的主要时期，直到第一次世界大战期间出口低于国内销售额。
- 1916~1930 年：在英国政府通过集约耕作方式提高国家粮食生产自给自足的契约法的推动下，产量猛增。但随后由于汽油驱动的拖拉机取代了蒸汽动力，该行业在 1928 年迅速消亡。

各时期国内和出口市场的总产量见表9.5。表9.6使用福勒发动机的数据，更详细地分析了从国内市场到国外市场，再到国内市场的转换。它显示了每个市场在每个时期的平均年产量，以及每个时期出口产品的比例。

表 9.5　1859~1930 年英国生产的犁耕机总数

单位：台

	1859~1879 年	1880~1915 年	1916~1930 年	总数
国内	1638	376	455	2469
出口	150	3981	249	4380
总产量	1788	4357	704	6849

资料来源：数据库。

表 9.6　福勒发动机国内和出口销售重要性的变化

时段	平均年产量			出口占比（%）
	国内	出口	总额	
1859~1879 年	78.00	7.14	85.14	8.39
1880~1915 年	10.44	110.58	121.02	91.37
1916~1930 年	30.33	16.60	46.93	35.37
1859~1930 年	34.29	60.83	95.12	63.95

9.4　国内市场生产的时间序列分析

本章的剩余部分聚焦在英国蒸汽犁耕机的使用上。出口需求与国内需求非常不同：它受移民经济体出口主导型农业扩张的剧烈影响，包括加拿大和澳大利亚的粮食出口，以及埃及的棉花出口。因此，如上所述，二者的时间剖面非常不同。

表 9.1 强调了蒸汽动力和畜力之间的竞争关系。在 19 世纪，当蒸汽动力机器于 1859 年投入农业中时，像萨福克矮马这样的重型马成为它既定的竞争对手，而不是从前人们使用的牛。蒸汽机是昂贵的一次性购买品，因此融资可能会很困难。定性证据表明，许多早期的发动机被卖给了拥有大型房地产的富有业主，而他们只是希望炫耀自己的发动机是新奇玩意；有些人似乎是热衷于农业改良的人，还有些则是变成农业爱好者的退休城市银行家和商人。然而，随着蒸汽犁耕机使用的不断增多，农业承包商成为更重要的需求来源：一些较大的承包商组建了发动机车队，这些蒸汽机车在他们所在的地区用于出租。承包商通常让自己的员工来操作和维护发动机。因此，随着蒸汽机的普及，它们与马匹之间的成本竞争不断加剧。

如表 9.2 所示，犁耕机只是农场所使用的蒸汽动力中的一种：便携式发动机和牵引发动机也被用于脱粒、锯切和一般运输，但它们没有涵盖在本研究内。

与犁耕机不同，由于可以在农场中繁殖生长，马匹的获取成本就显得相对低。

然而正如它的额定马力所示，一台蒸汽机可以代替好几匹马。同时马匹的使用成本很高，因为它们需要喂养和建设马厩，还需要定期休息。马的使用成本可以用燕麦的价格来表示，燕麦是动物饲料中最昂贵和最必需的一种，而蒸汽犁耕机的使用成本可以用煤的价格来表示。操作蒸汽机需要一种不同于马匹管理的技能，但尚没有工资数据可以较好地反映出这种技能差异。

任何市场的价格和产出都取决于影响该市场供求的一系列外生因素。如上所述，由于价格数据不完整，我们的分析仅限于蒸汽机的产量。尽管人们对蒸汽机和马匹的需求是相互依赖的，但本章的重点仅在于发动机的产出，因此使用的分析技术是基于由普通最小二乘法（OLS）估算的单方程回归。

对图 9.3 的研究表明，解释发动机生产的时间剖面的主要挑战在于如何解释 1878 年和 1919 年的峰值，以及这中间的低生产水平——当时生产主要用于出口。1878 年的峰值可以用一个标准扩散模型来解释，在这个模型中，任何一年新发动机的采用都与现有的发动机存量正向相关（后者随着时间的推移而增加）。而对发动机的潜在需求仍未得到满足，这与现有的发动机存量负相关，与任何刺激潜在需求的因素正相关。这个扩散模型可以用一个二次时间趋势来表示，其中产出与时间正相关，与时间的平方负相关，从而使得产出曲线表现为一个倒 U 形，在产出所受的正负力平衡时，达到峰值。

该图还显示，除了 1870 年前后的短暂平稳期外，1878 年峰值两侧的上升和下降大体平滑。解释这一点最简单的方法是从持续冲击的角度来看，即任何冲击对需求或供应的影响会持续好几个时期。这表明回归应该包含解释变量中的滞后项。此外，不可见的冲击也可能表现出持续性，这说明因变量的滞后值（过去的产出水平）也应包括在回归中（见第 1~3 章）。

如果通过拟合二次趋势来解释扩散过程，那么就需要选择外生变量来反映潜在需求的变化。这是对与外生因素相关的发动机目标存量的需求，而不是对某时期产量的需求。在这种观点下，任何时期扣除了扩散因素的产出，都可以通过目标存量的变化加上更换发动机的需求来解释。更换发动机的需求很难进行分析，为了开展研究，我们假设其可以忽略不计，并将重点放在解释目标存量的变化上。

假设影响目标存量的解释变量如下所示。
- 受益于蒸汽动力的农业产出的价格。这些是需要田间耕作的作物：小麦、大麦、燕麦和马铃薯。马铃薯是六/七轮轮作模式中一种重要的经济作物（马铃薯、小麦、甜菜、小麦、种子、小麦；或马铃薯、小麦、燕麦或大麦、青黑麦、豌豆或种子，最后收获大麦、种子或小麦）。价格取自克拉克（Clark，2004）。

- 不受益于蒸汽动力的农业产出的价格。自然的替代品选择是羊毛，因为养羊是牧场的主要目的，而牧场需要从可耕地生产中获取的土地。羊毛的价格也取自克拉克（2004）。
- 蒸汽耕作而非马匹养殖中所大量使用的投入品的价格：煤的价格取自丘奇（Church，1986）。
- 马匹养殖而非田间耕作中所需大量使用的投入品的价格：如上所述，自然选择的是燕麦的价格。请注意，燕麦的价格在分析中有双重作用，即作为提供给食品加工者和普通家庭的产出，以及重型马匹所有者的投入。由于燕麦的高价格既会刺激土地的产量提升，又会鼓励这种生产以蒸汽机取代马匹，因而理论上，这些作用应该相互加强。
- 为购买蒸汽机进行融资的资本成本。由于蒸汽机是高度耐用的资产，因此按标准新古典经济理论来看，融资最合适的资本成本应该是长期利率。然而在19世纪下半叶的大部分时间里，长期利率是低而稳定的，因此其变化很小。而如银行利率这样的短期利率则波动性更大。较高的短期利率可能会促使农民推迟购买直到利率下降，而较低利率则可能鼓励他们提前购买；因此，短期利率在影响购买时机方面可能比长期利率更重要，并且它还会进一步影响产出的时间剖面。
- 影响需求的其他因素。社会的日益繁荣可能会影响人们对农产品的需求：如果人们吃得更多，可能会增加需求，但如果他们吃得更好，例如从面包转向肉，又可能会减少需求。人口增长会增加需求。原则上，我们还应考虑外国对英国农产品的需求，但在此研究期间，农产品出口相对较低，而进口占据主导地位。正如英国国内生产总值所反映的那样，英国经济的日益繁荣和不断增长的人口对耕地农业的影响会体现在英国总收入的变化之中。银行利率和国内生产总值都是使用英格兰银行历史数据序列（2013年）来衡量的。

上述所有价格都被视为外生变量。正如第2章所解释的那样，由于竞争性价格通常是内生的，因而可能会存在争议。然而，我们此处使用的并非蒸汽机本身，而是其他商品的价格。

虽然其中一些商品的价格本身可能会受到农业采用蒸汽动力的影响，但与之相关的是过去所采用的，而不是目前采用的蒸汽动力。此外，蒸汽犁耕机从未在为犁提供动力的市场上获得过高度的主导地位，因此过去的生产对当前价格的影响都不是很大。我们在附录中详细解释了回归方法的推导过程，回归结果见表9.7。由于回归方程包含长达三年的滞后期，任何一年的缺失观测都会导致四个自由度的缺失。其中有两年缺少准确的生产数据（因为某些发动机的生产日期没有记录），但是我们可以使用上述方法对缺少的产出进行插值处理。表9.7报告了没有遗漏观测的结果和有遗漏的结果。如下所述，除了燕麦的价格外，结果对变化的反应相当稳定。

表9.7报告了估计系数，以及用概率值表示的显著性水平。按照第3章中设定的示例，与每个变量相关的滞后用滞后一个周期的水平，以及滞后两个周期（或者依产出的情况设为三个周期的滞后）的水平变化来表示。因此，当前产出分别对以下内容进行回归：一个恒量，产出的滞后水平和滞后的变化，相关价格（煤、大麦、小麦、燕麦、马铃薯和羊毛）的滞后水平和滞后的变化，当前和滞后的国内生产总值，以及当前银行利率。由于假定银行利率只是微调了无论如何都会发生的购买的时机，因而这里的回归不包括银行利率的滞后。

结果如下所示。

- 产出有很大的惯性，但这种惯性与过去的产出水平对当前产出水平的影响无关，而是与过去产出变化对当前产出水平的影响有关。

- 二次趋势的线性和平方分量都是显著的，并且具有预测迹象。这证实了国内市场犁耕机的产量在某种程度上是需求驱动的扩散过程。

- 煤炭价格在这里并不重要。人们经常断言，对蒸汽动力的需求是由煤炭价格的下降所驱动的，但就算这个判断适用于某些时期，那也应该是在18世纪，而不是煤炭价格已经不再下降的19世纪晚期。犁耕机受益于优质动力煤，而铁路和航运业对这种煤也都有巨大的需求。尽管19世纪后期英国新开了一些矿井，但这些矿井大多是深矿井，运营成本很高，而且只有动力煤价格高时才具有商业价值。煤矿的劳资纠纷导致煤炭价格周期性上涨，然而，这些纠纷似乎也与蒸汽发动机产出的波峰和波谷之间不无联系。因此由于各种原因，煤炭价格的波动似乎无法解释蒸汽机产量的波动。

- 正如预期的那样，大麦价格的滞后水平对蒸汽机产量有显著的积极影响，而小麦价格的滞后水平有意想不到的消极影响。尽管如此，滞后一年的小麦价格变化却产生了显著的积极影响。总的来说，这个结果与大麦和小麦价格都会影响蒸汽机需求的观点是一致的，但二者影响的方式的确不同。

- 燕麦价格的影响没有明确的模式。如果燕麦能替代马力的成本以及对耕地产品的需求，那么将会产生巨大的积极影响。若没有显著的积极影响则表明蒸汽机和马匹之间的替代对相关燃料成本的表现可能没有标准新古典经济理论所说的那么敏感。这间接支持了这样一种观点，即英国的犁耕机在某种程度上是富裕地主的"玩物"，他们购买的动机仍是希望提高他们在郡中的社会地位，而不是提高他们地产的盈利能力。但这并不意味着出口市场也是如此。

- 国内生产总值的变化不太重要，但银行利率却具有预测的负面影响，尽管影响的大小对观测结果的遗漏／插值很敏感。

表9.7 1859~1914年国内犁耕机年销量的时间序列回归

解释变量	存在缺失观测	存在插入观测
恒量	-478.129*** (0.000)	-517.710*** (0.000)
销量滞后1年	-0.065 (0.512)	0.001 (0.993)
销量变化滞后1年	0.741*** (0.000)	0.710*** (0.000)
销量变化滞后2年	0.457*** (0.000)	0.324*** (0.006)
销量变化滞后3年	0.201** (0.041)	0.159 (0.138)
时间	6.793*** (0.003)	6.174** (0.011)
二次时间	-0.142*** (0.000)	-0.105*** (0.002)
煤炭价格滞后1年	-0.255 (0.513)	-0.498 (0.174)
煤炭价格的变化	0.237 (0.387)	0.052 (0.851)
煤炭价格变化滞后1年	-0.297 (0.386)	-0.522 (0.220)
大麦价格滞后1年	90.466*** (0.001)	97.831*** (0.000)
大麦价格的变化	-9.461 (0.437)	5.847 (0.610)
大麦价格变化滞后1年	-73.661*** (0.000)	-63.323*** (0.000)
小麦价格滞后1年	-35.533*** (0.009)	-26.637** (0.047)
小麦价格的变化	-10.529* (0.069)	-5.475 (0.356)
小麦价格变化滞后1年	37.770*** (0.000)	25.760*** (0.006)
燕麦价格滞后1年	74.615 (0.199)	57.403 (0.373)

续表

解释变量	存在缺失观测	存在插入观测
燕麦价格的变化	102.373 （0.780）	74.798* （0.099）
燕麦价格变化滞后 1 年	-10.998** （0.014）	-58.745 （0.186）
马铃薯价格滞后 1 年	7.285** （0.014）	1.638 （0.588）
马铃薯价格的变化	2.883** （0.028）	2.619** （0.038）
马铃薯价格变化滞后 1 年	-1.836 （0.189）	0.582 （0.638）
羊毛价格滞后 1 年	12.059*** （0.000）	10.439*** （0.000）
羊毛价格的变化	7.365*** （0.000）	5.839*** （0.010）
羊毛价格变化滞后 1 年	-6.669*** （0.004）	-6.333*** （0.005）
国内生产总值滞后 1 年	0.048 （0.365）	0.071 （0.197）
国内生产总值的变化	0.025 （0.532）	0.063 （0.222）
国内生产总值变化滞后 1 年	0.112*** （0.007）	0.095** （0.025）
银行利率	-4.742** （0.029）	-0.064** （0.025）
R^2	0.988	0.978
调整的 R^2	0.967	0.951
F 统计值	45.533 （0.000）	35.709 （0.000）
DW	2.363	2.691
观测数量（次）	44	51

注：显著性水平以怀特稳健标准误差为基础：*** 在1%的水平上显著；** 在5%的水平上显著；* 在10%的水平上显著。

尽管大部分拟合度是由滞后的产出变量来解释的,但总体来看,回归的拟合度仍然很高。DW统计的结果是可接受的,但也表明了即使使用了相当广泛的滞后,残差中仍然存在一些正向的序列相关性。这意味着作用于蒸汽发动机市场的冲击是非常持久的。

9.5 蒸汽机在英国的空间扩散

通过横截面分析可以对犁耕机需求有更多的了解。这是因为我们可能识别出被提供了犁耕机的所有者,从而明确它们最初被使用的位置。我们也可以在发动机的整个工作周期中追踪它们的使用情况,但是本研究不提供这种分析。

根据销售给每个郡的发动机的累计产量,我们可以建立1879年蒸汽犁耕机的各郡存量概况。绘制这种分布图显示出了该国东南部以及沿东海岸大部分地区直到北部杜伦郡的存量集中情况。在英格兰中部,甚至远至斯塔福德郡和诺丁汉郡也可以找到蒸汽发动机的踪迹。但在威尔士、苏格兰和西南部(威尔特郡和萨默塞特郡除外)却没有。1871年的一系列郡特征是根据1871年的人口普查报告与《英格兰和威尔士农业史》相关卷中的表格编制的。

表9.8 郡档案:摘要信息

按游民划分的英国农业区域	郡	郡规模(英亩)	1859~1879年犁耕机国内销量(台)	与伦敦的距离(英里)	与曼彻斯特的距离(英里)	1871年乡村人口(千人)	1875年用于农业的马匹数(千匹)
1	剑桥郡	525152	38	62	167	114	19
1	萨福克郡	947681	35	78	215	214	32
1	埃塞克斯郡	1060549	122	38	202	171	32
1	赫特福德郡	391141	34	26	193	81	11

续表

按游民划分的英国农业区域	郡	郡规模（英亩）	1859~1879年犁耕机国内销量（台）	与伦敦的距离（英里）	与曼彻斯特的距离（英里）	1871年乡村人口（千人）	1875年用于农业的马匹数（千匹）
1	贝德福德郡	295582	25	56	152	92	9
1	Hunts	229544	19	66	146	39	7
1	诺福克郡	1354301	25	114	188	265	41
2	林肯郡	1775457	123	141	86	268	48
2	东约克郡	838970	35	214	100	93	23
2	肯特郡	1039419	121	41	240	177	25
3	萨里郡	478492	30	33	197	44	11
3	萨塞克斯郡	936911	39	61	261	178	21
3	汉普郡	1070216	59	66	215	144	22
3	伯克郡	451210	61	44	156	110	12
3	诺丁汉郡	525076	48	127	73	72	14
3	莱斯特郡	514164	8	100	103	78	12
4	拉特兰郡	95805	0	100	110	20	2
4	N'hants	630358	44	66	136	154	14
4	沃里克郡	563946	51	95	100	106	15
4	牛津郡	472717	30	59	156	109	13
4	巴克斯郡	466932	35	43	168	81	12
4	米德尔塞克斯郡	180136	6	10	196	NA	4
5	什罗浦郡	826055	19	160	70	154	19
5	伍斯特郡	472165	44	132	106	80	14
5	赫里福德郡	391141	2	133	123	85	13
5	蒙茅斯郡	368399	NA	127	143	50	6
5	格洛斯特郡	805102	39	101	142	137	18
5	威尔特郡	865092	53	113	190	151	18
5	萨默塞特郡	1047220	27	166	208	230	22
5	多赛特郡	632025	37	126	234	116	13
5	德文郡	1657180	3	196	236	249	35

9 蒸汽技术在英国的传播：1859~1930年的犁耕机

续表

按游民划分的英国农业区域	郡	郡规模（英亩）	1859~1879年犁耕机国内销量（台）	与伦敦的距离（英里）	与曼彻斯特的距离（英里）	1871年乡村人口（千人）	1875年用于农业的马匹数（千匹）
5	康沃尔郡	873600	3	284	319	160	22
6	N'umberland	1249299	75	316	178	94	14
6	杜伦郡	622476	45	269	126	42	11
6	北约克郡	1359600	19	234	69	137	26
6	西约克郡	1685409	33	186	43	164	33
7	坎伯兰郡	1001273	6	307	116	99	14
7	威斯特摩兰郡	485432	2	234	62	38	4
7	兰开夏郡	1219221	12	219	58	105	22
7	柴郡	707078	0	192	48	103	13
7	德比郡	658803	12	129	59	55	13
7	斯塔福德郡	728468	43	141	40	107	15

资料来源：英格兰各郡的面积来自《大英百科全书》（1890年）第8卷第220页的"1871年人口普查"；

各郡到伦敦的距离（如1860年的）是用谷歌距离计算器算出来的；玉米种植面积的百分比来自柯林斯（Collins, 2000）；

小麦种植数据来自1871年3月27日出版的《农业协会杂志和农民纪事》，引自柯林斯（Collins, 2000）；

大麦种植：约翰（1989），数据来自Mark Lane Express；
燕麦种植：约翰（1989），数据来自Mark Lane Express；
马铃薯种植：《年度农业统计和收益》（MAFF 1866-1914）；
各郡用于农业的马匹数，来自阿夫顿和特纳（2000）；
关于游民的区域分类见约翰（1989）引用的克雷吉（Craigie）（1833）。

表9.8根据郡的位置、规模、蒸汽发动机数量、乡村人口和马匹存量对数据进行了总结。此外，还获取了特定作物种植面积的信息。此处的综合数据只覆盖了39个英国郡，包括白金汉郡、米德尔塞克斯郡和蒙莫斯郡。

本研究对横截面线性回归进行了估计，以分析郡的农业特征对犁耕机密度的影响，后者以每百万英亩发动机的存量来衡量。我们的基本假设是犁耕机的采用受种植作物的性质（由土壤的性质决定）和该郡与主要市场间距离的影响。确定了两个主要市场：一个位于东南部，以伦敦为中心，另一个位于西北部工业区，以曼彻斯特为中心。如果能够分解到郡级以下，那么分析中就可以包括更多的中心。我们对每个中心使用了两种距离进行度量：各郡镇距市场中心的距离，以及标示郡镇是否在市场中心50英里内的虚拟变量。这样做就能够考虑到一种可能性，即未采用蒸汽动力耕作的土地距离市场中心相当近。农村人口包括在研究之内，既作为当地劳动力供应的衡量标准，也作为当地粮食需求的衡量标准。据推测，较高的农村人口密度可能会产生混合效应，即一方面它可以刺激大规模农业发展并推动蒸汽动力耕作，另一方面它也可以提供能与马匹耕作相结合的廉价劳动力。此外，用于农业耕作的马匹数量也包含在内，且我们同样预计它会产生混合效应。一方面，较高的马匹密度可能反映出当地的条件并不适合蒸汽发动机，但另一方面，它也可能反映出活跃的农业部门为蒸汽动力耕作提供了空间。这两个变量都不是理想的解释变量，但是可用于描述郡域农业的数据实在相当有限，其余的变量都与不同作物的耕地比例相关。

　　回归结果有三种形式，取决于耕作是仅使用复合虚拟变量（列A）、仅使用分解变量（列B）还是使用了两者的组合（列C）进行测量，结果如表9.9所示。就到市场的距离和耕作类型而言，结果还是相当明确的。总的来看，高水平的耕作，尤其是高水平的小麦耕作，是最重要的影响。距离伦敦50英里以内这项因素也至关重要。这两种效应都是正向的，系数相对较大。就统计意义而言，似乎没有什么其他的因素也是显著的了。然而我们应该注意的是，在任何情况下，这里都没有预测到对农村人口或马匹数量的强烈影响。R^2的统计数据显示，小麦耕作和靠近伦敦这两项总共解释了1879年各郡之间一半以上的差异。

　　小麦在这些横截面回归中的强正向结果与小麦在时间序列分析中更为模糊的结果形成了对比，但是这两个结果并不矛盾。时间序列结果与小麦的价格相关，而横截面结果与小麦的种植量相关。从短期来看，由于根据市场价格的变化调整农业技术和区域耕作方式会存在滞后，这两者之间的联系可能很弱。因此，空间格局可能表现出长期的空间平衡，而生产的时间剖面则可能表现为扩散的动态、早期蒸汽动力采用者追求地位以及短期财务状况这三者对购买时机的影响。

表 9.9　1859~1879 年按郡划分的犁耕机销售横截面回归

解释性变量	A：仅限整体耕作	B：仅限耕作类型	C：整体耕作和耕作类型
恒量	26.214 （0.406）	-66.744 （0.328）	-72.551 （0.243）
1871 年耕作的农业用地比例超过 50%	32.733** （0.037）		21.182 （0.179）
1871 年种植小麦的耕地比例		2.556** （0.021）	1.984* （0.061）
1871 年种植大麦的耕地比例		0.695 （0.349）	0.748 （0.293）
1871 年种植燕麦的耕地比例		-0.147 （0.860）	-0.234 （0.773）
1871 年种植块根作物的耕地比例超过 20%	4.138 （0.777）	21.874 （0.117）	14.355 （0.401）
1866 年种植马铃薯的耕地比例	-0.436 （0.954）	-1.188 （0.915）	0.691 （0.953）
每英亩的马匹	-0.052 （0.903）	0.241 （0.607）	0.294 （0.525）
每英亩的农村人口	1.291 （0.586）	2.260 （0.451）	2.577 （0.452）
距离伦敦的英里数	-0.057 （0.586）	-0.099 （0.313）	-0.055 （0.610）
距离伦敦 50 英里以内	40.753** （0.020）	51.269*** （0.006）	47.078** （0.022）
距离曼彻斯特的英里数	-0.008 （0.930）	0.007 （0.943）	0.019 （0.848）

续表

解释性变量	A：仅限整体耕作	B：仅限耕作类型	C：整体耕作和耕作类型
距离曼彻斯特 50 英里以内	7.448 （0.776）	10.496 （0.705）	16.071 （0.581）
R^2	0.538	0.594	0.619
调整的 R^2	0.394	0.428	0.443
F 统计值	3.751 （0.003）	3.587 （0.003）	3.516 （0.004）
观测数量（次）	39	39	39

注：显著性水平以怀特稳健标准误差为基础：*** 在1%的水平上显著；** 在5%的水平上显著；* 在10%的水平上显著。这里包括了除白金汉郡、米德尔塞克斯郡和蒙莫斯郡以外的所有英国郡，前者由于缺少一些数据而被剔除。

9.6 结论和对进一步研究的影响

本章介绍了首个关于在英国生产和使用的蒸汽犁耕机的全面和确定性的数据库。蒸汽犁耕机行业有时被认为是失败的，但这一判断似乎为时过早。蒸汽机是维多利亚晚期和爱德华七世时期英国的一项重要出口产品，也是支持移民经济体为发展大规模出口型农业而开发大草原和灌木的一项关键技术。从移民经济体向英国的进口最终破坏了英国大量集约可耕地的经济基础，但在英国农民挖掘蒸汽犁耕机的潜力之前，这种情况还没有发生。1859~1879 年，国内市场的生产持续增长，仅在 1870 年前后略有中断。尽管决定犁耕机需求的主要因素相当清楚，但我们仍有更多的工作要做以进一步解释某些问题。例如，与伦敦相邻近对采用蒸汽动力的影响可能是由于在伦敦地区发现了重黏土，而这使得蒸汽动力在马匹无力耕作的土地上显得尤其有用。土壤的渗透性也是一个需要进一步研究的问题。此外，还应更多地关注蒸汽机在块根作物种植中的应用，因为其中一些作物被用于养活伦敦和其他主要城市中心的人口。

　　铁路网的通行性也可能是有利于伦敦附近蒸汽动力发展的一个因素。从四面八方汇聚到伦敦的主线，加上郊区铁路网的早期发展，意味着伦敦附近的许多农场离铁路网非常近。众所周知，许多蒸汽牵引发动机是通过铁路运输的，在某些情况下，它们是在站点间靠近农场的地点而不是在车站处卸载的。除飞轮和烟囱，以及车轮可能事先被拆卸，在到达目的地时重新固定，其余的部分则完全在组装好后发货。它们在工厂被吊到"井车上"并用链条锁住：例如 1862 年，泽特兰勋爵的 99 号福勒犁耕机（939K）通过约克和纽卡斯尔铁路线被送到约克郡北部的里士满。事实上直到 1892 年，西南地区的铁路干线网基本上是宽轨距的，而所有主要的发动机制造商都只能使用标准轨距的线路，因此这可能是阻碍蒸汽犁耕机向西南地区扩散的一个原因。此外，运输基础设施不仅方便了发动机的交付，也为给发动机提供动力的煤炭的交付提供了便利，它还为农产品提供了进入市场的通道。

　　营销策略也需要被考虑到。蒸汽犁耕机的生产商似乎非常熟悉扩散的概念，同时也深谙有影响力的人所给予的示范和口头推荐是极为重要的。这就可以解释为什么当地舆论领袖很早就采用了这种机器：他们很可能被制造商们瞄准，并享受了优惠的条件。像福勒这样的大型工程公司会通过农业展览会上的展示和贸易柜台来推销它们的犁耕机。它们赢得的奖项——在贸易目录中清楚列出，则为其出席提供了证据。尽管其业务向北一直拓展到了东海岸的纽卡斯尔和苏格兰西海岸的艾尔，但福勒似乎也瞄准了位于英格兰中部和西北的利兹工厂附近的市场。所有这些与扩散模式相关的问题都在后续研究中进行探讨。

附录：犁耕机产出的时间序列模型推导

这是一种需求驱动而非供给驱动的模式。需求是通过将留存的犁耕机存量局部调整到目标犁耕机存量来确定的。目标存量则取决于外生因素，如投入和产出价格。

存量-流量关系意味着产出等于总投资，其中总投资是净投资和折旧之和。净投资是指从上一年末到本年末资本存量的变化，而折旧是指上一年末未能持续到本年末的存量金额。折旧通常被认为与留存的存量成比例。我们令 y_t 为 t 年底时 PEs 的存量（周期为一年）（$t=1,\cdots,T$）。令 q_t 为 t 年期间 PEs 的产量，再设 d 为 PEs 存量的成比例折旧率；从而

$$q_t=(y_t-y_{t-1})+dy_{t-1}=y_t+(1-d)y_{t-1}$$

为简单起见，假设 $d=0$，然后有：

$$q_t=y_t-y_{t-1} \qquad (1)$$

式（1）表示，如果能解释 y_t 的时间路径，那么也能解释 q_t 的时间路径。

令 x_{jt} 为第 t 年的第 j 个外生变量的值（$j=1,\cdots,M$）。t 年末的目标存量是 y_t^*，其中

$$y_t^*=a+\sum_j b_j x_{jt} \qquad (2)$$

产出的需求以目标产出和留存产出间的差异为基础。由于不确定性和／

或调整成本，农民计划在任意给定时期仅消除 $k(0<k\leq1)$ 比例的差异；k 被称为部分调整因子。调整还包括随机冲击 v_t：

$$y_t=y_{t-1}+k(y^*_t-y_{t-1})+v_t$$
$$=ky^*_t+(1-k)y_{t-1}+v_t \tag{3}$$

对数据的初步分析表明，产出具有很高的序列相关性，这意味着随机冲击的影响可能会持续几个时期。因此，假设 v_t 遵循一阶自回归过程是适当的：

$$v_t=hv_{t-1}+u_t \tag{4}$$

其中 $h(0\leq h<1)$ 是持久性因子。假设 u_t 是连续不相关的，而 v_t 不是。于是像往常一样，假设 u_t 与任何外生变量都不相关（有或没有滞后）。

将式（2）代入式（3），并将结果代入式（4）可以得到：

$$y_t=(1-h)ka+(1-k+h)y_{t-1}-h(1-k)y_{t-2}+k\sum_j b_j x_{jt}-hk\sum_j b_j x_{jt-1}+u_t \tag{5}$$

求解辅助方程：

$$\lambda^2-(1-k+h)\lambda-h(1-k)=0$$

结果表明，当假设的参数限制 $0\leq h<1, 0<k\leq1$ 成立时，系统是稳定的。应用式（1）得到：

$$q_t=(1-h)ka+(h-k)y_{t-1}-h(1-k)y_{t-2}+k\sum_j b_j x_{jt}-hk\sum_j b_j x_{jt-1}+u_t \tag{6}$$

式（6）是一般式的特例：

$$q_t=\alpha+\beta_1 y_{t-1}+\beta_2 y_{t-2}+\sum_j \gamma_{1j} x_{jt}+\sum_j \gamma_{2j} x_{jt-1}+u_t \qquad (7.1)$$

其中：

$$\alpha=(1-h)ka \qquad (7.2)$$

$$\beta_1=h-k \qquad (7.3)$$

$$\beta_2=-h(1-k) \qquad (7.4)$$

$$\gamma_{1j}=kb_j \qquad (7.5)$$

$$\gamma_{2j}=-hkb_j \qquad (7.6)$$

通过在滞后存量，以及外生变量当期值与一年滞后值上对产出进行回归，式（7.1）可以由OLS进行估计。我们可以加入线性和二次时间趋势，以帮助捕捉遗漏变量的影响，这些变量的滞后不需要包括在回归中。

参考文献

Afton, B. and M.E. Turner (2000), The Statistical Base of Agricultural Performance in England and Wales, 1850-1914, in E.J.T. Collins (ed.), *Agrarian History of England and Wales, Vol. 7: 1850-1914*, Cambridge: Cambridge University Press, pp. 1757-2140.

Bank of England (2013), *Statistical Interactive Database*, www.bankofengland.co.uk/boeapps/iadb/BankStats (January 2013).

Boyle, Danny (2012), *Green and Pleasant*, London: London Olympic Games Press Office.

Brown, Jonathan (2008), *Steam on the Farm, A History of Agricultural Steam Engines 1800 to 1950*, Ramsbury: Crosswood Press.

Church, Roy (1986), *The History of the British Coal Industry, Vol. 3: 1830-1913: Victorian Pre-eminence*, Oxford: Clarendon Press.

Clark, Gregory (2004), The Price History of English Agriculture, 1209-1914, *Research in Economic History*, 22, 41-123.

Collins, E.J.T. (1996), Power Availability and Agricultural Productivity in England and Wales 1840-1939, *Discussion Paper Series*, Reading: University of Reading.

Collins, E.J.T. (2000), Rural and Agricultural Change, in E.J.T. Collins (ed.), *Agrarian History of England and Wales, Vol. 7: 1850-1914*, Cambridge: Cambridge University Press, pp. 72-233.

Craigie, P.G. (1883), On Statistics of Agricultural Production, *Journal of the Royal Statistical Society*, 46, 40-2.

Dewey, Peter (2008), *Iron Harvests of the Field: The Making of Farm Machinery in Britain since 1800*, Lancaster: Carnegie.

Floud, R. and D. McCloskey (eds.) (1981), *The Economic History of Britain since 1700, Vol. II, 1860 to the*

1870s, Cambridge: Cambridge University Press, p. 182.

Haining, J. and C. Tyler (1970), *Ploughing by Steam: A History of Steam Cultivation over the Years*, Hemel Hempstead: Model & Allied Publications.

Howard, J. and F. (1867), Catalogues for Steam Cultivation.

John, A.H. (1989), Statistical Appendix, in G.E. Mingay (ed.), *Agrarian History of England and Wales, Vol. VI: 1750-1850*, Cambridge: Cambridge University Press, pp. 972-1155.

Kanefsky, J.W. and J. Robey (1980), Steam Engines in 18th Century Britain: A Quantitative Assessment, *Technology and Culture*, 21 (2), 161-86.

MAFF (1866-1914), *Annual Agricultural Statistics and Returns*, London: HMSO.

Nuvolari, A., B. Verspagen and N. von Tunzleman (2011), The Early Diffusion of the Steam Engine in Britain, *LEM Working Paper Series*, Pisa: Santa Anna School of Advanced Studies.

Read, H. (1867), Reports of the Committees Appointed to Investigate the Present state of Steam Cultivation, *Journal of the Royal Agricultural Society of England*, Volume III, 2nd Series.

10 贪婪和犯罪
18世纪和19世纪中央刑事法庭盗窃记录所揭示的消费

萨拉·霍雷尔

简·汉弗莱斯

肯·斯奈斯

Sara Horrell

Jane Humphries

Ken Sneath

10 贪婪和犯罪：18世纪和19世纪中央刑事法庭盗窃记录所揭示的消费

10.1 引言

消费在解释工业化前后的经济增长问题中已变得越来越重要。事实上，简·德·弗里斯（Jan de Vries，2008）的"勤勉革命"赋予人们推动更大的市场导向和劳动力供应的力量，从而促进了新的，特别是东方商品的出现，以及由这些商品所引起的获取欲望。人们越来越努力，而且越来越长时间、越来越频繁地为了工资而工作，以赚取更多的钱来购买这些新奇的商品。新的正统学说把勤勉视为工业革命的先驱（Allen，2009）。

异国的商品确实变得更容易获取了。从17世纪末开始，欧洲从东方进口茶叶、糖、香料、瓷器和丝绸。"新织物"时代见证了更轻巧迷人的服装的诞生。房屋也被窗帘、新型家具（如从箱柜到抽屉的转变）和舒适的羽毛床垫所改造。钟表有助于计时，镜子修饰外貌和进行光扩散。随着人们把白镴和木制器皿换成陶器、玻璃器皿和金属餐具，用餐也成了一种新的体验。

毫无疑问，在现代早期出现过一场"舒适革命"，这一改良往往通过遗嘱认证清单的内容和价值得到证实。但是，一场由消费驱动的"勤勉革命"是否真的预示着工业革命还不能确定，问题仍然没有答案。

- 所有阶层和所有地理区域都参与了这种扩大的消费吗？特别是，那些在我们推测中更努力工作的人，即那些劳工、工匠、妇女和第三产业工人是否参与了这一消费热潮呢？此外，他们是否像模型中那样受到贪婪冲动的驱使？

- 相反，如果消费增长是由运输、技术和工艺的改善导致的价格下降促成的，那么这就意味着存在一种替代的潜在机制。

- 这些消费转变的时机与现代早期和工业时代的经济扩张时期相匹配吗？漫长的18世纪中处于斯密增长理论下的工业化也是如此吗？

遗嘱认证证据几乎没有为这些问题提供答案。尽管在立遗嘱人死亡时列出遗嘱清单的要求一直持续到1792年，但在1720年后留下的存货数量就迅速减少了（Cox and Cox，2000）。此外，即使在存货充足的时期，它们也基本上属于"中等阶级"（商人、工匠、小农场主）和更高阶层，而不是劳工们。但后者的勤勉劳作是所有将消费扩张与劳动力供给增加相联系起来的尝试的核心。更一般地说，有关库存的证据显示，城市地区精英阶层的财产所有权增加，但农村地区的相关人占有速度要慢得多（French, 2007; King, 1997; Overton et al., 2004; Shammas, 1990; Sneath, 2009; Weatherill, 1988）。此外，如果遗嘱认证完全忽略了那些作为勤勉假设核心的家庭，那么证据本身也应遭到质疑。

存货要求对记录的货物进行估价，但其准确性却不能确定，货物的质量、年限和其他细节通常未被说明。某种价值有时会被归因于房间或储藏柜中的一组物品。然而，这些估值表现出了在总成本不变的情况下，拥有的消费品数量的增加。这一现象意味着在价格下降，而非需求扩张中产生了贪婪（Shammas，1990）。无论如何，遗嘱认证证据尚不能解决消费在经济增长中的作用这一关键问题。

我们很难获取替代性的数据源。尽管自1792年，从戴维斯（Davies, 1795）和伊登（Eden, 1797）的工作开始，我们就得到了有关普通家庭的食物信息，但依然没有更大型的耐用品信息，也很少得到服饰的相关情况。几乎没有评论家对大众生活的舒适程度感兴趣，以至于描述他们是如何生活的。一直到19世纪中叶，工厂和城镇条件的提升才促使恩格斯（Engels, 1845）等人开始关注人们生活的这一方面。这种信息缺口困扰着所有试图证明新需求、更加勤劳和经济增长之间联系的研究者。

在这种条件下，我们创造性地使用了另一个信息来源。具体来说，我们利用伦敦的犯罪数据来揭示长期以来人们想要的消费项目。《中央刑事法庭记录》的数字化（中央刑事法庭，2012）以及将大部分定性账户转换成数据库的高超技巧，使得可以使用标准统计软件对数据进行计量分析，进而有助于我们利用这一来源对现有商品的趋势进行倾斜调查。

在研究覆盖的 1750~1821 年，中央刑事法庭记录了伦敦市和米德尔塞克斯郡发生的所有严重犯罪行为，这一带主要是泰晤士河以北地区，1680 年及以后其人口占伦敦城市人口的 60%（Shoemaker，1991）。作为当时的时尚中心，伦敦的各个大型商场展示了大量最新产品（Boulton，2000：325；Schwartz，2000）。而其他各省发展则相对滞后。如果英格兰和威尔士正在发生一场消费者革命，那么这两个地方的犯罪统计数据一定能反映这一事件。虽然赃物不能和消费相提并论，但它们确实体现出了需求和供应之间不断变化的联系。正如《社会趋势》总结的当时犯罪统计数据所说：

> 犯罪的性质可能会随时间推移而发生改变。有些犯罪，如入室盗窃，可能会保持不变，因为它涉及入室盗窃和货物盗窃。但案件中被盗物品的类型却会发生变化，反映出时尚、技术发展以及各种家用物品的吸引力和实用性。

（英国国家统计局，2002）

当时和现在一样，被盗财产的性质反映了投机或有计划的盗窃所取得的物品物存量，并揭示了盗贼的偏好，两者都暗含着当时的消费趋势。这些记录没有提供广大被盗人口所有权的准确信息，但它们确实说明了物品在何时变得容易获得，并记录了它们的一些关键特征。

我们的第一个任务是消除读者关于这一点的疑虑，并使得中央刑事法庭记录变得适合于补充消费信息。利用现有资源调查与最初收集和保留数据的目的无关的问题确实困难重重，并且可能存在明显的固有偏见。事实上，犯罪统计数据对时间变化的不典型性和易变性是非常敏感的。为了进一步使用这些数据，我们需要让自己确信它们能够符合研究目的。本章的大部分内容评估了这种适用性。此外，通过查看犯罪数据可以揭示出特定物品的消费信息，我们也报告了一些项目的结果。这些特定物品中的相当一部分是已知的：服饰。所得到的这些结果都将有助于确定我们方法的有效性。

10.2　信息来源：关键评估

有三个问题是中央刑事法庭记录是否适合作为消费趋势指标的关键。
- 文件和程序中记录的案件是可靠的起诉记录，还是有偏样本？
- 起诉是偷窃的可靠记录还是有偏样本？
- 被盗物品是否具有广泛的可用性和吸引力？抑或它们仅是根据特定特征，如便携性和易销售性而被选择的？

第一个问题涉及作为起诉记录的文件。自从它们成为历史学家最详细和广泛的资料来源之一，并被广泛用于犯罪调查和法律实践起，它们的优缺点就已是众所周知的了。这一信息来源中的权威，约翰·兰博（Langbein，2003）列举了三个潜在问题：
- 过分关注伦敦，使得任意相关的历史调查都会产生一种城市倾向；
- 存在一种转变，即从伊丽莎白时期盛行的小册子，转变为18世纪后期犯罪日历中更完整的准官方的记述；
- 随着17世纪10年代的简短报道被越来越详细的报道所取代，它们的范围和可靠性也在不断变化。

这些问题对试图利用这些文件将犯罪本身纳入历史视野或确立法院实践趋势的历史学家构成了严重障碍（Beattie，1986，2001；Devereaux，1996）。然而，我们的兴趣并不在于审判的实质或其对法律程序的揭露，而在于诉讼中包含的无关信息，这些信息可以用来创造性地揭开经济史上的谜团。那么这些资源的已知缺陷对我们的项目有什么影响？

- 在我们的研究中，向伦敦倾斜是件好事。如果说消费者革命发生在这个国家的时尚中心，则说明那里的大型商场展示了其他各省没有的新产品。皮卡迪利大街、圣詹姆斯大街和干草市场的新购物街展示了一系列新颖时尚的英国商品（Berg，2005）。伦敦的新商品几乎没有表现出任何会对消费者革命假设造成严重干扰的迹象。

- 来源的变化也不成问题，因为我们研究的重点是18世纪，那时的文件已经变得具有"准官方性"（Langbein，2003）。事实上，从1729年起，尽管有时很简短，但会议文件已经被作为在中央刑事法庭进行审判的完整记录（Beattie，2001）。

- 该序列的可变范围和可靠性也不是问题。在研究期间，诉讼程序依然以迎合中产阶级读者为主，并以此相应地选择案件。财务压力意味着，例如在1774~1777年，大部分案件，尤其是无罪判决，都被粗略地记录在"短文"账户中以控制规模，从而降低出版成本（Shoemaker，2008）。由于朗本的研究兴趣在于司法发展，而其中的压缩报告可能会产生严重的误导，因此他曾警告研究者不要"利用这样不完整的数据进行定量分析"（Langbein，2003：185）。但是我们关心的是每种犯罪的普通特征，所以即使是短文报告也足够了：它们详细说明了罪行、赃物、物品估价和被盗前的所有权。我们着手调查的基础正是，这一时期被起诉的盗窃案件的报告基本上是完整的。

这就引出了第二个问题，这个问题涉及偷窃是否被起诉与一些因素相关联。18世纪和19世纪初法律程序导致犯罪历史学家得出结论：犯罪活动的潜在水平仍然是未知的（Beattie，1986：199；Hay，1982）。在罪犯作为起诉对象出现在记录中之前，必须经历不同的阶段。必须发生推定为犯罪的案件；被指控的犯人必须由受害方负责逮捕并带到治安法官面前；行政长官必须确定罪行的性质并给出适当的回复。只有这样，并且当罪行被认为足够严重时，才会起草一份起诉书，由高等法院巡回法官在巡回法庭上审理该案件（Beattie，1986；Shoemaker，1991）。将案件提交至法院所需的财务和机会成本往往相当大，且都落在受害者身上。因此，这种提起诉讼的不利因素可能表明，只有很少的盗窃案，且一般是最严重的案件，才会被起诉。事实上，休梅克（Shoemaker，1991）在对1660~1725年米德尔塞克斯和威斯敏斯特地方法庭的研究中发现，尽管从技术上讲大多数盗窃本应被视为重罪，如果被举报就应该受到起诉，但受害者往往对归还财产或得到一些赔偿感到满意。代替起诉的是强制被指控的犯罪人在丧失保证金的情况下出庭签发担保书，或以罚款、鞭打实行即审判决，抑或采用短暂拘留在感化院的方式。而这些都不会作为可起诉的罪行留在历史记录当中。

当时错综复杂的法律程序表明，对于通过起诉记录来审计消费品库存的方式，即便不持完全怀疑态度，我们也应保持警惕。例如，在被盗财产登记册中观察到的物品类型可能会偏向于那些更有能力和更愿意起诉的人所拥有的物品。幸运的是，首都的法律管理方式一定程度上缓解了这些问题。虽然伦敦和米德尔塞克斯治安法官每年召开八次治安会议，处理轻罪和妨害治安罪案件，但他们很少处理盗窃指控。即使是轻盗窃罪（价值不到1先令的为轻罪而非重罪）也很少在庭审中被起诉。几乎所有盗窃案件都移交给了中央刑事法庭的法官，其结果就是"伦敦财产犯罪起诉和审判的所有数据都可以从中央刑事法庭的记录中获得"（Beattie，2001）。

然而，起诉倾向的变化仍然是该观测记录存在的一个问题。影响起诉率的有四个因素：被捕的可能性；起诉费用；有罪判决的可能性，这本身取决于对具体罪行的普遍态度；公众对惩罚的接受程度。这些因素在漫长的18世纪都发生了变化。

随着时间的推移，逮捕犯罪嫌疑人和找回失窃财物的概率提高了。促成变化的因素包括：

- 更好的通信：报纸和越发有效的邮政系统对被盗财产和嫌疑人进行宣传描述，并为追回财物或逮捕嫌疑人提供广告奖励；
- 18世纪早期小偷追捕者的启用（通常存疑）；
- 1700年起受到资助后，街道照明设施得到改善，守夜人进行更好的监督和检查；
- 亨利和约翰·菲尔丁（John Fielding）于1748年招募的警察队伍的前身——弓街护卫队的建立；
- 18世纪下半叶成立的起诉协会，能够逮捕嫌疑犯并分担起诉费用。

所有这些都增加了嫌疑人被拘留的可能性，而17世纪后期对治安法官进行规范的各项举措则有助于提高起诉的可能性（Beattie，1986）。

费用分配的变化也鼓励了起诉。1752年的一项法案规定，在被判重罪的情况下，国家可报销一些费用。18世纪60年代，据估计萨里郡巡回法庭大约有1/3的检察官证人得到了劳务费用，这比其他团体劳工得到费用补偿的概率更高（Beattie，1986；King，1984）。1778年，援助得到了进一步扩大，因此无论判决如何，费用都可以支付给那些"贫困的人"，因此萨里郡近2/3的合格案例在1792~1794年都获得了补偿费用（Beattie，1986）。1818年贝内特（Bennet）法案扩大了这种法律援助的范围。这些变化可能导致所有级别犯罪的起诉率都有所增加。此外，对于首都经常发生的"犯罪浪潮"的担忧可能也鼓励了起诉和有罪判决。与这些趋势相反的是，人们对适当惩罚的认知却发生了转变。

在英王复辟后，基本上有两种类型的犯罪：重罪和轻罪。每一种都与一种特定的惩罚形式有关，分别是死刑和公开鞭打。犯罪也根据他们是否有资格从神职人员身份中得利进行分类。如果被告是神职人员，那么神职人员的身份允许对其死罪进行宽大处理，这一规定后来被更广泛地推广至学者。但社会对神职人员从中得利的担忧削弱了法律的威慑作用，促使许多财产犯罪在18世纪初被重新归类为非神职收益的。抢劫、侵入家宅和入室盗窃往往涉及人身暴力和财产损失，通常被认为足够严重应处以死刑，因此需剥夺神职人员的权利。但从住户、商店、仓库、船只或工厂盗窃，偷盗牲畜等"较轻"的罪行也变得不可饶恕，法院收紧了罪犯脖子上的绳索。轻微盗窃罪仍然是非死罪的。似乎许多处理盗窃案件的检察官觉得死刑处罚太重，因此要么不进行起诉，要么将指控降级，直到有替代死刑的处罚方式（Beattie，1986）。但侵入家宅和入室盗窃罪的起诉级别一直持续到19世纪（Beattie，1986）。

随着时间的推移，这些变化会系统地影响被盗物品的类型吗？尽管逮捕重刑者可能变得更容易，但守夜人的勤勉和路灯的使用可能有助于发现更多的小偷小摸，从而对被盗物品类型的总体影响仍不确定。诉讼成本的补偿奖励可能会鼓励社会底层的人进行起诉，但早在17世纪40年代和50年代，劳动者就经常被给予补偿成本（King，1984）。此外，犯罪历史学家认为，从复辟时期开始，正义对所有人都适用的观点就渗透到了整个社会。到18世纪中叶，普通人可能会对一半的罪行进行起诉（Shoemaker，1991）。1743~1753年，萨里郡每季度的起诉中，14%是由劳工提起的，26%是由工匠提起的，6%是由妇女提起的（Beattie，1986）。我们无法确定成本补偿是否改变了诉讼当事人的社会构成（Beattie，1986），因此对我们的项目来说，这些变化重要的是影响了观察到的赃物构成。人们越来越不喜欢把绞刑作为一种多用途的惩罚方式，这可能总体上抑制了起诉，但公众仍然坚决支持将侵入家宅和入室盗窃定为死罪。当代评论认为这些罪行往往是由"职业"窃贼所为，所以他们很少得到公众的同情。[2] 事实上，加强治安管理和监视并不能阻止越发猖獗和类型多样的盗窃行为（Beattie，1986）。总的来说，尽管起诉可能并不反映犯罪的潜在水平，但与其他形式的盗窃相比，对侵入家宅和入室盗窃案件的起诉趋势受18世纪各类变化的影响较小，对这些重罪提起诉讼的人其社会构成似乎也没有发生大的或系统性的变化。

然而，即使被记录为失窃的物品代表了一段时间内的一致样本，特定物品本身是否也是选定的样本？被盗物品是否因其可运输性和便于继续销售而被选中？早期伦敦的商品交换涉及各种各样的安排部署。一端是销售新商品的新兴零售点，另一端是经常做二手生意的小贩（Lemire，2006）。在这两者之间，又有街头卖家、市场商铺、经销商、当铺、在其他人家或客栈举行的拍卖，以及直接的易货交易。由于现金和硬币可能很少，一些商品会被作为交换媒介，许多工人至少部分地通过额外津贴或卡车货运进行非现金支付。赠予品或遗产也可能需要转换成其他商品。尽管当局试图进行监管，但非正式和未经许可的交易依然存在。例如，在18世纪末，人们对"伦敦一些地区每天下午都有大量无执照的小贩和老经销商聚集在一起"感到担忧（Lemire，2006：247）。酒馆，尤其是对赃物来说，更是成为一个受欢迎的市场，分布在城市的每个街角。1796年，帕特里克·科尔昆（Patrick Colquhoun）估计，伦敦大约有6000家特许公共住房（Lemire，2006）。狡猾的店主明知故犯地购买，转售茶叶和烟草等赃物，而被盗的衣物则很容易被送到当铺。城市提供了足够的机会使非法获得的各种商品进入这个由正式和非正式交易渠道以及永久和暂时渠道组成的错综复杂的网络。

谁会购买这些商品呢？历史学家认为购买二手物品代表了消费主义的涓滴效应或模仿效应（Lemire，1988）。时尚在进步，富人舍弃的成为穷人继承的风格。在18世纪的英国，商店、当铺、集市、市场和客栈都有巨大的二手服装市场，行商也参与其中。二手交易经常与新产品销售重合。伦敦的特定区域会进行专门性销售，例如蒙莫斯街、罗斯玛丽小巷和衬裙巷。贫困劳动者经常在当铺、市场摊位和污水处理厂附近购买服装，而不是上层阶级经常光顾的时髦零售店。中产阶层的人更倾向于进行服饰改造、翻新和修饰以紧跟时尚。除了服装以外，其他商品走的路线略有不同，并进入了更广阔的市场。二手家居用品，如亚麻布、瓷器和家具有着很大的市场。一些商店既卖新货也卖二手货,有时还接受旧商品与新商品的交换。家具和书籍通过拍卖机构或专门的图书销售商进入市场。这类商店不仅迎合了因生活需要而受压迫的贫困阶层,也受到了那些寻找"便宜货"并具有"聪明"消费头脑的中产阶级的青睐(Stobart,2006)。精英们甚至购买了那个时代的耐用品,如经常通过专业市场购买二手马车。节俭可能是促成这种购买行为的主要原因,但聪明消费理念也发挥了作用。其他物品,如大批被盗的铅、木材、茶叶和糖的目的地还不太确定,但关于额外津贴和非货币支付形式的讨论表明,大部分都被用以同制造商和店主交易来换取现金(Lemire,2006)。大多数商品都能找到销路,并大多卖给了普通人。

赃物的特征可能不仅反映了其吸引力,也反映了其便携性。在某种程度上,被偷的东西取决于盗窃的类型,例如,一个扒手只能拿走随身携带的东西,但是入室行窃者和其他窃贼则有更多的选择。令人惊讶的是,也许他们很少局限于容易搬运的物品,事实上盗贼团伙、有组织的犯罪甚至投机行为都可能将整栋房子洗劫一空。一名受害者曾报告了包括他窗户上的窗帘在内的所有东西是如何被洗劫的。另一名受害者则称,她被五名男子锁在地窖里,与此同时他们搬走了她店里的所有东西。坎特伯雷大主教的宫殿也曾在1788年被抢走了一大批银盘(Beattie,1986)。入室行窃是职业窃贼惯常使用的方法,因为它往往具有高额的回报(Beattie,1986)。因此,很多床、床垫、桌子和地毯都是从人们的家中转移至转售市场的,同时还有些较小的物品,如衣服、家用亚麻布、珠宝和玻璃器皿。梅休(Mayhew)(仅稍晚)就侵入家宅和入室盗窃的叙述生动地描述了窃贼的工作,这与认为盗贼会根据财产吸引力和价值进行系统筛选财产的观点完全一致。在描述中,盗贼们装备精良、组织严密,通常从房屋顶层开始,穿过大楼,毫不犹豫地打开仆人的钱箱,评估银盘和其他贵重物品的价值,平静地打包大量衬衫和丝绸手帕(Mayhew,1861)。具有吸引力的战利品,其大小并没有什么遏制作用:"如果战利品体积庞大，他们会用一辆运货马车或出租马车，或一辆小贩的手推车，随时准备听从信号的指挥将其运走"（Mayhew，1861）。

总的来说，被盗财产反映了人们拥有的以及他们想要的物品。随着时间的推移，这些物品种类的变化也体现了其实用性和吸引力。中央刑事法庭的记录可用于记载社会各阶层人民拥有的物品的变化，并可映射出商品从特殊和时尚到普通和过时的转变趋势。

10.3 数据的初步分析

本章的重点是考虑侵入家宅和入室盗窃的赃物。[3] 之所以集中讨论这些盗窃形式，是因为如上所述，对侵入家宅和入室盗窃的起诉不太可能受到法律制度变化的影响。此外，从人们的房子里拿走的东西表明了他们所拥有和渴望的商品的种类。我们还可以避免因其他类型盗窃定义的改变或犯罪性质的不确定性而形成的一些陷阱。例如，扒窃要求小偷"秘密地"偷一先令或以上的物品，并不为人所知。后一项要求在1808年被取消，并导致了更多的扒窃案件。商店行窃是指价值5先令或更多的物品从商店被盗走，但1820~1821年起诉数量的下降反映出人们不愿意执行法定死刑，并使得这项法律在1823年被修改。到了1827年，当这一区别得以消除时，重大盗窃（死罪）包括价值1先令或更多的物品盗窃，价值一先令以下为轻微盗窃（非死罪），这可能进一步鼓励检察官降低被盗物品的价值。在"从特定地点盗窃"的案件中，有时会对非法性产生怀疑。例如，传统的额外津贴在17世纪90年代前后被重新定义为偷窃，使得码头工人在卸货后获取糖和烟草的行为被定为犯罪。同样，用于出租的住所通常家具齐全，在当地当铺抵押床上用品和窗帘可能是来自偷窃，但若（最终）打算赎回它们，情况可能就有所不同（Styles，2006）。在18世纪末和19世纪初，侵入家宅和入室盗窃加在一起通常只占所有被起诉盗窃案件的不到 10%，在更早的时候这个比例甚至更低（见表 10.1）。

我们关注了 1750 年 1 月至 1821 年 1 月的入室盗窃案件。所选择的开始日期，与在现有遗嘱认证证据逐渐消失的背景下，从早期工业化中识别消费模式的需要有关。19 世纪 20 年代罗伯特·皮尔爵士（Sir Robert Peel）开始重构刑法，分类和范围的不连续性决定了对这一截止日期的选择（Beattie，1986）。到 19 世纪 50 年代，中央刑事法庭的主要工作在于定重罪。[4] 我们用每十年作为两个连续年的数据来收集足够大的入室盗窃案件样本（见表 10.1）。总共有 780 起犯罪案件，涉及约 4542 件个人被盗物品。通过对所选年份所有侵入家宅和入室盗窃案件中包含的信息进行计算机化，可以获得对盗窃行为进行起诉的每一件被盗物品的信息，从而确保记录了所有被盗财产。

表 10.1 经济状况和盗窃起诉

年份	盗窃总数（所有类型）	侵入家宅和入室盗窃案件的数量（件）	房屋/入室盗窃占总盗窃的百分比（%）	伦敦人口（千人）	房屋/入室盗窃占人口的百分比（x1000）	面包价格	战争/和平与否
1750~1751	849	51	6.0	675	7.6	4.9	1739~1748 奥地利王位继承战刚结束
1760~1761	576	15	2.6	732	2.0	4.7	1756~1763 七年战争
1770~1771	1145	123	10.7	789	15.6	5.75	和平
1780~1781	875	75	8.6	846	8.9	5.6	1775~1783 美国独立战争
1790~1791	995	94	9.4	903	10.4	6.5	和平
1800~1801	1555	127	8.2	960	13.2	12.45	1793~1815 拿破仑战争
1810~1811	1624	155	9.5	1017	15.2	14.2	1793~1815 战争
1820~1821	2633	140	5.3	1074	13.0	10.1	和平

注：摘自 Wrigley（2011）关于 1750 年和 1800 年的内容。对中间年份进行了插值处理；摘自 Mitchell（1988）每 4 磅面包的美元价格。前两年的平均价格用于记录面临的困难程度。

中央刑事法庭记录中关于每笔盗窃所盗取物品的细节是相当丰富的。例如，1790 年 5 月 26 日，法院得知：

> 伊丽莎白·阿斯克（Elizabeth Asker）被指控于 1789 年 3 月 18 日晚上 9 点左右进入托马斯·英格利希（Thomas English）的住宅，并盗窃了三件价值 14 英镑的棉袍，四件价值 10 英镑的棉质衬裙，两件价值 10 英镑的黑色丝绸斗篷，以及一件价值 2 英镑的儿童斗篷。[5]

家住大伯爵街七号的托马斯·英格利希和他的妻子安讲述了他们是如何在傍晚时分解雇了他们仅雇用三个星期的仆人伊丽莎白·阿斯克，以及她是如何在晚上回来盗走他们的财产的。两名警察拘留了阿斯克，两名当铺老板作证伊丽莎白试图把衣服卖给他们。最终伊丽莎白·阿斯克被认定有罪，并被阿舒尔法官（Mr Justice Ashurst）判处死刑。

对于每一个案件，我们都在数据库中记录了审判发生的年份、中央刑事法庭的识别号码、盗窃是通过侵入家宅和入室盗窃发生的，以及是否有一件以上的物品被盗。然后我们记录了被告的一些细节：年龄和性别；以及财产的前所有人的信息：年龄、性别、地址、身份或职业，以及其他详细信息。对于每件被盗物品，我们都会记录下其名称、材质、数量（例如，一件长袍或六把勺子）以及每一件的价值（以十进制英镑计算），在每起入室盗窃案中，最多可记录 30 件物品。

因此，对于上述托马斯·英格利希的盗窃案，被盗物品的详细情况根据案件标识符记录如表 10.2 所示。

- 351 -

表 10.2 被盗物品详情

单位：件，英镑

项目	数量	材料	价值	每一项的价值
长袍	3	棉布	14	0.233
衬裙	4	棉布	10	0.125
斗篷	2	丝绸	10	0.25
儿童斗篷	1	凸花条纹布	2	0.10

请注意，同一犯罪中多个相同物品的盗窃仅被计算一次。因此，在数据集中，上述四件被盗衬裙的分量与数据库中另一件被盗衬裙的分量相同。也就是说，在被盗物品总数中，多个相同的物品仅算一件。

除了记录特定犯罪案件中盗窃的所有细节，我们还单独列出了数据集中被盗的各个项目。因此，我们设置了子情况一栏：案例标识符，第二（第三等）个被盗物品，被盗物品的类型、数量、材料，以及每件物品的价值。这种副本使我们能够选择希望分析数据的级别。我们可以选择犯罪案件，并集中精力，例如，谁的物品被盗以及被盗的物品类型，或者使用子案件信息，选择一种物品类型，例如礼服，并查看数据集中每件被盗礼服的价值和制作材料。[6]

账目在陈述被盗物品制作材料的程度上各不相同。在 18 世纪，3/5 到 4/5 的被盗物品都有此类描述，但是到了 19 世纪 20 年代，这一比例已经下降到略高于 10%。报告中指出了物品是由黄金、白银或是宝石制成的，但对其他金属、织物以及其他材料的描述却更少了。这可能反映出随着新材料的出现，准确确定该物品的材料变得更加困难，但也可能反映出压缩诉讼程序的意愿。斯泰尔斯（Styles，2007）观察到这种变化与中央刑事法庭文件上关于被盗衣物的报告相关，但他在北部地方法案报告中找到了支持后一种解释的材料。

一些历史学家认为，刑事诉讼的水平，甚至犯罪本身的水平，都与潜在的经济环境有关（Beattie，1986；Hay，1982；Shoemaker，1991）。他们声称，盗窃起诉的逐年波动与高粮价正相关，与小偷小摸的增加也有关联。有人认为，它们还与战争存在负相关性，因为战争刺激了工业扩张和高就业率，而敌对行动的平静尤其在城市地区导致复员和劳动力市场饱和，从而推动犯罪率上升。其他人则对这种经济关系持怀疑态度（Innes and Styles，1986）。他们认为，鉴于实际被起诉的盗窃数量很少，检察官行为的变化可能会像罪犯行为的变化一样容易引起明显的波动（Innes and Styles，1986）。例如，战时起诉率低可能是因为这一时期可以提供兵役作为惩罚的替代办法，如果适用于惯犯，则可能会对实际观察到的起诉数量产生重大影响。相反，有犯罪倾向的士兵回归，可能也是出现战后犯罪浪潮的原因之一。所谓的高价格和犯罪之间的关系也受到了批评：这很可能是统计上的假象，是因为犯罪者并没有足够的钱收买检方（King，1984）。起诉书是否反映了潜在的犯罪水平以及与经济状况的关系仍不确定，但比起这些联系，我们对于经济状况的假定影响是否会给我们观察到的被盗物品和被盗者的社会阶层带来任何系统性偏见有着更大的关注。在样本期内，高价格和复员可能会导致盗窃案件增加。如果这牵涉到穷人从社会更底层的人那里进行偷窃，就可能会把低价值的商品带入人们的视野。然而，同时代的人更认为许多扒手和入室行窃者往往会偷窃高价值的物品，并在专业团伙中工作。同样，惯犯从军队中归来可能会增加高价值盗窃案件的数量，抵消第一种影响。因此我们很难识别系统偏差。

根据表10.1，侵入家宅和入室盗窃与伦敦人口有很高的相关性，当然其他因素也很重要。[7]除了拿破仑战争之外，侵入家宅和入室盗窃事件明显遵循战时犯罪率较低、平时犯罪率较高的规律。[8]在19世纪初收成不好、小麦价格高的年代，盗窃率高是显而易见的。[9]在使用回归分析来理清这些影响时，结果显示只有面包价格和1770~1771年的虚拟变量是入室盗窃的显著决定因素。这意味着部分被起诉的盗窃案的变化具有经济基础，这可能会影响我们观察到的时间推移间被盗物品的范围。特别是从1800年起，由于面包价格走高，我们可能会发现更多低价值的盗窃案件进入诉讼程序。而在和平年代，当更多专业罪犯在工作时，会有更多高价值的物品被盗取。这两种效应都可能会增加盗窃数量，但在1820~1821年被盗物品的平均价值得到相互抵消。我们可以通过考虑每年被盗物品的平均价值来调查这个问题。[10]

如前所述，从中央刑事法庭的记录中我们很容易得到物品的估价。在每份起诉书中，必须给出被盗财产的价值，且通常由所有人和法庭书记员确认。这些都是二手价值（代表当前价值和购买二手货的大多数人通常支付的价格），但它们并不涉及任何系统性偏见。对原告来说，无论是增加还是减少价值都没有明显的好处，尽管被告可能更希望将价值降低到一定门槛以下，以改变盗窃类型及由此产生的处罚力度。斯泰尔斯（Styles，2007）表明，诉讼程序中给出的各种服装项目的数值与其他地方记录的数值相似。人们的确有理由质疑二手物品的价格是否能够代表物品的实际价格。据推测，它们反映了盗贼预期收到的价格，事实上，可能比经济史学家通常不得不使用的价格（如批发或机构价格）更好地反映了对各类物品人们通常支付的价格。在被盗的4542件物品中，只有423件没有具体价值。[11]

基于此期间的经济形势，我们将上述关于价值的观测与一段时间内被盗物品价值的预期趋势联系起来。我们比较了每十年中的两个数值：基于样本观察是来自战争或是和平时期，以及以当时面包价格被盗物品的预期价值；所有被盗物品的平均价值（表10.3）。相关系数表明被盗物品的实际价值和预期价值之间没有关系。[12]尽管经济因素可能影响了盗窃数量，但它们对被盗物品的价值没有显著影响。我们认为这一检验是比较稳妥的，因为这些数据似乎可以描述消费主义和可获得商品的趋势，且其他因素也不会被忽略。

表10.3 被盗物品的预期价值和实际价值之间的关系

年份	被盗物品的预期价值	所有被盗物品的平均值（每件）
1750~1751	高的	0.22
1760~1761	中等	0.24
1770~1771	高的	4.55
1780~1781	中等	1.11
1790~1791	高的	0.82
1800~1801	低的	2.18
1810~1811	低的	5.31
1820~1821	中等	2.14

注：被盗物品的预期价值给定为高值3、中值2和低值1。皮尔逊相关系数为-0.353（不显著，0.39，双尾检验）；斯皮尔曼秩相关系数为-0.504（0.20，不显著，双尾检验）。

10.4 从服装盗窃案件中洞察消费者偏好

为了分析这些记录，了解它们揭示的消费主义以及技术和品位在需求扩张中各自发挥的作用，我们将重点放在一大类物品上：服装。在我们的数据集中，有1942种不同类型的衣服被报告为失窃；[13] 这占据了选定年份中央刑事法庭记录中侵入家宅和入室盗窃案件中所有失窃物品的42%。在解释18世纪50年代到70年代中期消费扩张时，服装被认为是物质文化中最重要的一类（Riello，2006）。服装是一个为大众所熟悉的类别，因此我们的目的是说明中央刑事法庭中记录的盗窃是如何在风格和材料上遵循时尚的，并以定量的方式研究这些趋势，而不是单纯复制斯泰尔斯（2007）的作品中对服装、时尚和文化的综合研究。

时尚是显而易见的（见表10.4）。虽然传统的物品，如直筒连衣裙、围裙、长袜在1750~1751年被盗走，但我们也可以观察到有更时尚的物品被盗窃，如手帕。长袜之所以吸引小偷的注意，是因为它们从手工制作变成了作坊制作的，因此质量更好，更容易销售，而手帕，当时的时尚配饰，被盗原因可能在于它们鲜艳的颜色和新颖的材料（Fine and Leopold，1993；Styles，2007）。需要注意的是，"时尚"往往体现在变化的配饰——丝带、围巾、鞋带和带扣上——而不是服装的整体风格变化上。在18世纪70年代，我们注意到被盗取的服装类型发生了显著的变化。这些被盗衣服紧随时尚潮流，包括斗篷、马甲、袖套、披肩、衬裙，同时小配饰，如衣领、面纱、大褶边和小褶边也变得越发重要。而靴子和鞋子被盗太过频繁，也许是因为人们买得起不止一双鞋（Riello，2006）。到18世纪末，伦敦的经济环境变得更加严峻（Allen，2009）。尽管盗窃案显示出传统服饰被盗案件有所缩减，但被盗的时尚物品依然较多。披肩和围巾继续被盗取，而已经过时的男子假发和袖套这样的东西则不再"受青睐"。19世纪，新的服装时尚出现在失窃物品清单上：长裤、夹克衫、衬裤（内衣）、雨伞、皮上衣、针织短上衣和配饰。

被盗物品的价值（见表10.4）通常随着时间的推移表现出显著的稳定性，尤其是没有变化的服装，如长袜、便帽、直筒连衣裙和衬衫。而像马甲、围裙、马裤、斗篷和鞋子这样的物品，其价格却也保持了相对稳定。有一些证据表明，随着服饰不断在新的时尚潮流中被替代，其估价也会越来越低，比如披肩和袖套；不同种类的服饰，估价会有所不同，比如手帕和长袍；质量有所提高的类别，估价会有所提高，比如外套和鞋子。因此，估值的趋势似乎是一致且合理的。

制作服装的材料也很具启发性（见表10.5）。衬衫和工作服始终是由亚麻制成的，棉花并没有进入内衣生产领域。[14] 尽管也包括越发流行的平纹细布在内的其他布料，但显而易见，围裙主要也是亚麻布制成的。衬裙由各种各样的材料打造,但是织物、凸花条纹布、法兰绒、印花棉布和棉布是长期以来最受欢迎的布料。新的材料和时尚风格在长袜、长袍和手帕方面表现得最为明显。虽然以精纺毛料制作的长袜自始至终都是被盗窃的重点,丝绸偷盗也出现在时尚意识强烈的18世纪后期,但这两者都很快被棉布所取代。类似地,从1790年起,制作长袍的布料顺应了从亚麻(大概是印花的)到丝绸和棉布的时尚转变趋势,棉布、印花棉布和平纹细布长袍开始占据优势。[15]男式服装表现出更大的稳定性,尽管出现了一些极其时尚的材料。马裤通常由标准的羊毛布料或皮革制成,但天鹅绒、本色棉布、灯芯绒、克尔塞呢和纬起绒布从1790年起就开始出现。马甲的材料也从1770年1月开始由织物转向亚麻布,然后从1780年1月又转向棉布。然而,外套仍然是由织物制成的。手帕表现出极大的多样性,但是资料显示丝绸和亚麻布又一次逐渐被平纹细布所取代,而棉布从17世纪70年代开始进入手帕市场。

表10.4 入室行窃中被盗的物品(服饰)

类别	1750~1751	1760~1761	1770~1771	1780~1781	1790~1791	1800~1801	1810~1811	1820~1821
短裙	—	—	4	1	2	—	1	2
衬衫	7	2	30	13	17	20	23	25
围裙	7	7	29	24	19	14	8	13
长袜	11	5	24	27	26	29	22	21
马裤	3	2	18	5	15	13	10	17
便帽/兜帽/软帽	4	4	10	10	17	8	11	9
礼帽	3	2	20	2	4	6	10	11
外套	5	4	26	9	12	25	17	25
马甲	2	2	24	10	9	12	45	18
直筒连衣裙	7	8	11	10	10	5	10	11
长袍/罩袍	5	6	38	30	22	41	31	34
披肩/斗篷	1	1	13	18	9	4	6	5

续表

类别	1750~1751	1760~1761	1770~1771	1780~1781	1790~1791	1800~1801	1810~1811	1820~1821
妇女胸衣	2	2	2	1	3	2	1	—
鞋子/靴子	2	1	16	6	8	21	14	19
衬裙	2	8	23	28	17	22	14	12
手套	2	—	1	2	1	7	2	1
男子假发/假发	1	—	2	—	1	—	—	—
夹克衫	—	—	—	—	1	5	5	4
袖套	1	1	10	4	1	1	—	—
手帕	13	9	45	24	36	34	37	28
男士马裤/长裤	—	—	—	—	—	5	5	10
衬裤	—	—	1	1	—	1	1	3
阳伞/雨伞	—	—	—	—	—	—	—	5
皮上衣（女士夹克衫）	—	—	—	—	—	—	4	7
针织短上衣（男士短款外套）	—	—	—	—	—	—	1	5
披肩/围巾	—	1	10	1	11	12	8	14
配饰：衣领，面纱，大褶边，小褶边	3	1	10	1	1	3	3	7
其他配饰	—	1	3	2	6	7	7	4
睡袍	1	2	7	4	8	4	8	2
其他衣物	—	2	4	16	—	7	5	6

表10.5 一些经常被盗衣物的价值

类别	1750~1751	1760~1761	1770~1771	1780~1781	1790~1791	1800~1801	1810~1811	1820~1821
衬衫	0.15（2）	0.11（2）	0.41（25）	0.14（12）	0.15（17）	0.17（20）	0.20（23）	0.31（25）
围裙		0.06（2）	0.11（20）	0.13（24）	0.08（19）	0.10（14）	0.05（8）	0.03（13）

10 贪婪和犯罪：18世纪和19世纪中央刑事法庭盗窃记录所揭示的消费

续表

类别	1750~1751	1760~1761	1770~1771	1780~1781	1790~1791	1800~1801	1810~1811	1820~1821
长袜	0.07 (2)	0.06 (5)	0.12 (20)	0.11 (26)	0.09 (26)	0.07 (28)	0.11 (22)	0.08 (21)
马裤	0.34 (2)	0.15 (2)	0.67 (16)	0.60 (5)	0.28 (15)	0.54 (13)	0.47 (10)	0.45 (16)
便帽、兜帽	0.02 (1)	0.13 (1)	0.05 (5)	0.04 (10)	0.06 (17)	0.04 (8)	0.08 (11)	0.11 (9)
礼帽	0.13 (2)	0.25 (1)	0.25 (18)	0.01 (2)	0.17 (3)	0.07 (6)	0.19 (10)	0.25 (11)
外套	0.38 (2)	0.48 (2)	1.06 (19)	0.33 (9)	0.61 (12)	0.57 (25)	1.11 (17)	1.16 (25)
马甲		0.25 (2)	1.86 (20)	0.21 (10)	0.20 (8)	0.12 (12)	0.21 (15)	0.35 (18)
直筒连衣裙	0.17 (3)	0.11 (2)	0.10 (9)	0.14 (10)	0.09 (10)	0.10 (5)	0.26 (10)	0.14 (11)
长袍/罩袍	0.03 (2)	0.60 (2)	0.37 (25)	0.56 (30)	0.35 (22)	0.40 (41)	0.34 (31)	0.48 (34)
披肩、斗篷			0.36 (9)	0.71 (17)	0.54 (9)	0.34 (6)	0.38 (4)	0.32 (5)
女士胸衣		1.00 (1)	0.40 (2)	1.50 (1)	0.27 (3)	0.54 (2)	1.00 (1)	- (-)
鞋子、靴子	0.14 (1)		0.15 (15)	0.26 (6)	0.22 (8)	0.24 (21)	0.42 (14)	0.32 (19)
衬裙		0.05 (1)	0.45 (12)	0.27 (28)	0.22 (17)	0.20 (22)	0.09 (14)	0.13 (12)
手套	0.05 (1)		0.20 (1)	0.05 (2)	0.02 (7)	0.05 (7)	0.08 (2)	0.03 (1)
男子假发/假发			0.43 (2)		0.25 (1)			
夹克衫					0.25 (1)	0.18 (1)	0.31 (5)	0.18 (4)
袖套			0.04 (7)	0.03 (4)	0.01 (1)	0.01 (1)		
手帕	0.17 (7)	0.18 (6)	0.08 (31)	0.08 (24)	0.06 (36)	0.05 (34)	0.15 (36)	0.11 (0.28)

注：在每个单元格中，每个项目的值（英镑）首先出现，然后是括号中的估值数。

- 359 -

表 10.6 一些经常被盗衣物的制作材料

类别	1750~1751	1760~1761	1770~1771	1780~1781	1790~1791	1800~1801
衬衫	亚麻（棉布）	亚麻	亚麻（棉布，印花棉布）	亚麻	亚麻（法兰绒）	亚麻（棉布，印花棉布）
围裙	亚麻（棉布，羊毛）	亚麻（上等细布）	亚麻，平纹细布（织物，上等细布，荷叶边）	亚麻，平纹细布（织物，纱布，上等细布）	亚麻，平纹细布（仿驼毛呢）	平纹细布（亚麻，棉布）
长袜	精纺毛料（羊毛，纱线，螺纹，棉布）	（精纺毛料，丝绸棉布）	精纺毛料，丝绸，棉布，螺纹（亚麻，纱布）	棉布，丝绸，亚麻，精纺毛料（螺纹）	棉布，丝绸，精纺毛料（螺纹，平纹细布）	棉布，精纺毛料，丝绸，螺纹
直筒连衣裙	亚麻	亚麻（粗亚麻布）	亚麻	亚麻	亚麻	亚麻
长袍	亚麻（仿驼毛呢）	亚麻（仿驼毛呢）	棉布，亚麻，丝绸填充物（仿驼毛呢，平纹细布，缎子，斜纹布）	亚麻，丝绸，棉布，填充物（印花棉布）	织物、亚麻，棉布，印花棉布，平纹细布（丝绸，填充物，凸花条纹布）	棉布，平纹细布，丝绸（亚麻，缎子）
衬裙	—	印花棉布（羊毛，凸花条纹绸缎）	凸花条纹布，填充物，法兰绒，丝绸，印花棉布	凸花条纹布，填充物，法兰绒，棉布，印花亚麻布（丝绸，毛织品）	凸花条纹布，丝绸，亚麻（上等细布，棉布）	凸花条纹布（法兰绒，缎子，平纹细布，印花棉布，棉布）
手帕	丝绸亚麻（纱布，蕾丝棉布，平纹细布）	亚麻（棉布）	亚麻，丝绸，平纹细布（纱布，蕾丝棉布，上等细布）	亚麻，平纹细布，丝绸（纱布，棉上等细布）	织物，天鹅绒，灯芯绒（皮革，克尔塞呢，本色棉布）	丝绸，平纹细布，棉布
马裤	织物（皮革）	织物	织物，丝绸，皮革	皮革，天鹅绒	织物，天鹅绒，灯芯绒（皮革，克尔塞呢，本色棉布）	皮革（天鹅绒，灯芯绒）
马甲	（织物）	（织物）	棉布，丝绸，亚麻（天鹅绒，法兰绒）	棉布，毛织凸花条纹布（亚麻）	（丝绸，亚麻，织物，天鹅绒，棉布，凸花条纹布，本色棉布）	（丝绸）
外套	（织物，天鹅绒）	织物	织物，毛织品，（亚麻，天鹅绒）	织物	织物（凸花条纹布）	织物

注：制造东西的材料往往不会记录在 1820~1821 年的诉讼中。括号中的内容表示该衣物仅有一件是由此类材料制成的。

棉布的优势显然与生产的同时代变化相关。1779年Cromptons' Mule发明了一种更便宜、更精细的棉纱，这促使一种全棉布料实现了低价生产（Mokyr，1990）。棉布的吸引力主要在于它对印花的适应性，以及可以复制丝绸上的鲜艳颜色和复杂图案的能力（Styles，2007）。在这方面，技术发明也有所帮助。贝拖雷（Berthollet）在1784年改造了漂白技术，查尔斯·坦南特（Charles Tennant）在1799年发明漂白粉后将这一技术进一步改进。托马斯·贝尔（Thomas Bell）的金属印刷滚筒（1783年）使得图案能够印刷在成品布上（Mokyr，1990）。此外，大概是对需求压力的回应，1774年禁止穿纯棉衣服的法案被废除，而这也对棉布的进一步运用起到了一定的作用。亚麻也经历了一些生产上的变化，1810年前后拿破仑战争期间引入了强力纺纱系统（Mokyr，1985），但是还没有确凿的证据表明这导致了直筒连衣裙和衬衫价格的下降，因为它们的价格在个别年份发生了上涨（见表10.5）。事实上，考虑到对用不同材料制成的物品的估价，使我们能够在所观察到的变化中突出需求相对于生产因素的重要性（见表10.7）。例如，1780年后棉袜的转变并没有伴随着价格的下降。类似地，棉衬裙仍然比那些用填充物、法兰绒或凸花条纹布制成的衬裙更贵，棉袍价格也高于亚麻长袍。[16]只有在手帕价格下跌的趋势中，我们确实看到了新技术的应用促使棉布相对于其他材料具有了价格优势。

表10.7　按制作材料分类的各种服装的价值

	1750~1751	1760~1761	1770~1771	1780~1781	1790~1791	1800~1801
长袜							
精纺毛料	0.067	—	0.059	—	0.051	—
棉布	—	—	0.033	—	0.068	—
长袍							
亚麻	0.03	0.80	0.22	0.40	0.28	0.25

	1750~1751	1760~1761	1770~1771	1780~1781	1790~1791	续表 1800~1801
丝绸	—	—	0.51	0.76	0.33	0.93
棉布	—	—	0.35	0.76	0.32	0.23
平纹细布	—	—	—	—	0.93	0.87
印花棉布	—	—	—	0.10	0.52	—
衬裙						
填充物	—	—	0.33	0.26	0.28	0.11
凸花条纹布	—	—	0.18	0.24	0.13	0.17
法兰绒	—	—	0.05	0.08	0.04	0.07
棉布	—	—	—	0.36	0.56	0.20
手帕						
丝绸	0.11	0.08	0.11	0.11	0.11	0.10
亚麻	0.05	0.04	0.07	0.05	0.07	—
平纹细布	0.25	—	0.12	0.14	0.06	0.06
棉布	—	—	0.03	0.02	0.02	0.03
外套						
织物	0.25	0.48	1.30	0.35	0.71	0.72

10.5 结论

1750年1月到1821年1月的中央刑事法庭记录中记载的入室盗窃案件已经被证实可以揭示特定商品的流行趋势和影响面。被盗衣物类别的变化遵循了明显的时尚趋势，即新的款式出现了，旧的便从人们的视线中消失了，这一时期见证了皮衣的兴起和独立袖套的没落。服装材料的变化也是显而易见的，因为许多羊毛服装都被棉布和平纹细布服装所取代。但究竟是什么驱动了这些变化呢？事实上，消费者口味的转变和能够降低价格的生产技术的发明都发挥了作用。莫克尔（Mokyr，1990）有力地指出，新技术极大地降低了许多商品的价格，从而扩大了需求，而消费者则扮演了被动的角色。当然，这里提到的迷人服装的许多变化都与新技术的引入有关。然而，被盗物品的估价掩盖了价格下跌总是推动消费扩大的理念。尽管纺纱技术、漂白工艺和印花工艺有了巨大的改进，但棉布并不是制作礼服或衬裙的更便宜的材料。由贪婪驱动的"舒适革命"似乎也发挥了作用。根据这里提供的证据，18世纪下半叶消费品种类的扩张反映了消费革命与工业发展的相互作用。

注　释

1. 例如，请参见斯泰尔斯（Styles，2007）对服装部分的阐述。

2. 贝蒂（Beattie，1986）注意到了17世纪五六十年代和80年代在伦敦活动的大帮派。

3. 不管判决结果如何，我们都将所有被指控盗窃的案件纳入了研究范畴。许多审批之所以被放弃，是因为要么我们不知道财产的假定所有者是谁，要么就是他们没出现在审判中。就我们的目的而言，无论是否有罪，一件特定的货物被推定为失窃都足以表明它具有吸引力。

4. 非暴力盗窃占据了18世纪法院业务的80%以上；到20世纪初，这一比例降至5%左右（中央刑事法庭，2012）。

5. 中央刑事法院在线诉讼，www.oldbaileyonline.org。

6. 数据集是在SPSS中构建的，并且是非矩形的。

7. 盗窃和人口的皮尔逊相关系数为0.823，双尾检验在1%的水平上显著。

8.1770~1780年盗窃案的起诉率似乎很高,这可能是由于1763年和1780年出现的所谓犯罪浪潮,但也确实与18世纪末首都犯罪率激增的观点相一致(Beattie,1986)。

9.盗窃和面包价格的皮尔逊相关系数为0.799,双尾检验在2%水平上显著。

10.一件物品的平均价值是综合每件被盗物品确定的。也就是说,如果20个相同的勺子在入室盗窃案中被拿走,那么我们采用单个勺子的平均值。

11.在1750~1751年(69%)和1760~1761年(48%)被盗的物品中,很大一部分没有附上单个价值,但从1780~1781年起,这个遗漏问题减少到不足1%。

12.当使用被盗物品价值的中位数而不是均值时,这一点仍然成立。

13.请注意,这并不代表被盗衣物的总数,因为对于同类被盗物品,我们只计算一次。例如,在我们的数据库中5双长筒袜被盗只算一件物品。如上文的讨论。

14.针对棉布取代亚麻布来制作内衣这一观点更为全面的讨论和辩驳,参见斯泰尔斯(2007)。

15.斯泰尔斯(2007)对这一变化进行了全面描述。

16.斯泰尔斯(2007)还指出,在17世纪70年代和80年代,棉袍并不比亚麻袍便宜,因此他认为棉袍一定具有某种品质优势。

参考文献

Allen, Robert (2009), *The British Industrial Revolution in Global Perspective*, Cambridge: Cambridge

University Press.

Beattie, John, M. (1974), The Pattern of Crime in England 1660-1800, *Past and Present*, 62, 47-95.

Beattie, John, M. (1986), *Crime and the Courts in England, 1660-1800*, Oxford: Clarendon Press.

Beattie, John, M. (2001), *Policing and Punishment in London, 1660-1750*, Oxford: Oxford University Press.

Berg, Maxine (2005), *Luxury and Pleasure in Eighteenth- Century Britain*, Oxford: Oxford University Press.

Boulton, Jeremy (2000), London 1540-1700, in P. Clark (ed.), *The Cambridge Urban History of Britain, Volume 2*, Cambridge: Cambridge University Press, pp. 315-46.

Cox, Jeff and Nancy Cox (2000), Probate 1500-1800: A System in Transition, in T. Arkell, N. Evans and N. Goose (eds.) *When Death Us Do Part*, Oxford: Leopards Head Press, pp. 14-71.

Davies, David (1795), *The Case of Labourers in Husbandry*, London.

De Vries, Jan (2008), *The Industrious Revolution*, Cambridge: Cambridge University Press.

Devereaux, Simon (1996), "The City and the Sessions Papers; "Public Justice" in London, 1770-1800, *Journal of British Studies*, 35, 466-503.

Eden, Sir. F. M. (1797), *The State of the Poor: A History of the Labouring Classes of England. Volumes I-III*, London.

Engels, Friedrich (1845), *The Condition of the Working Class in England* (repr. 1987), Harmondsworth: Penguin.

Fine, Ben and Ellen Leopold (1993), *The World of Consumption*, Abingdon: Routledge.

French, Henry (2007), *The Middle Sort of People in Provincial England 1600-1750*, Oxford: Oxford University Press.

Hay, Douglas (1982), War, Dearth and Theft in the Eighteenth Century: The Record of the English courts, *Past and Present*, 95, 117-60.

Innes, Joanna and John Styles (1986), The Crime Wave: Recent Writing on Crime and Criminal Justice in Eighteenth-century England, *Journal of British Studies*, 25, October, 380-435.

King, Peter (1984), Decision-makers and Decision Making, *Historical Journal*, 27, 25-58.

King, Peter (1997), Pauper Inventories and the Material Lives of the Poor in the Eighteenth and Early Nineteenth Centuries, in T. Hitchcock, P. King and P. Sharpe (eds) *Cupidity and Crime* 267 *Chronicling Poverty. The Voices and Strategies of the English Poor, 1640-1840*, Bas-ingstoke: Macmillan, pp. 155-91.

Langbein, John (2003), *The Origins of Adversary Criminal Trial*, Oxford: Oxford University Press.

Lemire, Beverly (1988), Consumerism in Early Industrial England: The Trade in Second Hand Clothes, *Journal of British Studies*, 27, 1-24.

Lemire, Beverly (2006), Plebian Commercial Circuits and Everyday Material Exchange in England, c.1600-1900, in B. Blonde, P. Stabel, J. Stobart and I. Van Damme (eds) *Buyers and Sellers: Retail Circuits and Practices in Medieval and Early Modern Europe*, Studies In European Urban History, 9, BREPOLS, Belgium, pp. 245-351.

Mayhew, Henry (1861), *London Labour and the London Poor: The Condition and Earnings of Those That Will Work, Cannot Work and Will not Work*, London.

Mitchell, Brian (1988), *British Historical Statistics*, Cambridge: Cambridge University Press.

Mokyr, Joel (1985), Industrial Revolution, in J. Mokyr (ed.*) The Economics of the Industrial Revolution*, London: Allen & Unwin.

Mokyr, Joel (1990), *The Lever of Riches. Technical Creativity and Economic Progress*, Oxford: Oxford University Press.

Office of National Statistics (2002) *,Social Trends* No. 32, ed. Jill Matheson and Penny Babb, London: HMSO.

Old Bailey (2012), www.oldbaileyonline.org (accessed, most recently, 12 March 2013)

Overton, Mark, Jane Whittle, D. Dean and A. Hann (2004), *Production and Consumption in English Households 1600-1750*, Abingdon: Routledge.

Riello, George (2006), *A Foot in the Past: Consumers, Producers and Footwear in the Long Eighteenth Century*, Oxford: Oxford University Press.

Schwartz, Leonard (2000), London 1700-1840, in P. Clark (ed.) *The Cambridge Urban History of Britain, Volume 3*, Cambridge: Cambridge University Press, pp. 641-71.

Shammas, Carole (1990), *The Pre- Industrial Consumer in England and America*, Oxford: Clarendon Press.

Shoemaker, R. B. (1991), *Prosecution and Punishment: Petty Crime and the Law in London and Rural Middlesex, c.1660-1725*, Cambridge: Cambridge University Press.

Shoemaker, Robert Brink (2008), The Old Bailey Proceedings and the Representation of Crime and Criminal Justice in Eighteenth Century London, *Journal of British Studies*, 47(3), 559-80.

Sneath, Ken (2009), *Consumption, Wealth, Indebtedness and Social Structure in Early Modern England*, unpublished Ph.D. thesis, University of Cambridge.

Stobart, Jon (2006), Clothes, Cabinets and Carriages: Second- hand Dealing in Eighteenth Century England, in B. Blonde, P. Stabel, J. Stobart and I. Van Damme (eds.) *Buyers and Sellers: Retail Circuits and Practices in Medieval and Early Modern Europe*, Studies In European Urban History, 9, BREPOLS, Belgium, pp. 225-44.

Styles, John (2006), Lodging at the Old Bailey: Lodgings and Their Furnishings in Eighteenth Century London, in John Styles and Amanda Vickery (eds.) *Gender, Taste and Material Culture in Britain and North America 1700-1830*, New Haven, CT: Yale University Press, pp. 61-80.

Styles, John (2007), *The Dress of the People: Everyday Fashion in Eighteenth-century England*, New Haven: Yale University Press.

Weatherill, Lorna (1988), *Consumer Behaviour and Material Culture 1660-1760*, London: Routledge.

Wrigley, E. A. (2011), *Energy and the English Industrial Revolution*, Cambridge: Cambridge University Press.

索 引

A

阿夫顿　327

阿德里安·R.贝尔　127

阿尔弗雷德·马歇尔　037，085

埃尔文·费雪　085

艾伦·杜克　313，314

爱德华·贝斯利　112

爱德华四世　168

B

巴塞罗那　133~143，145，146，153~158，160

巴斯·范·列文　089

班纳　152

贝尔纳多·达万扎蒂　138

贝叶斯检验　147

贝叶斯信息准则　156

贝蒂　363

本杰明·海伍德　208，209

比恩　167，190

伯克郡　170~174，278，292，326

Box-Jenkins方法　022

布鲁日　133~146，153~158，160

布鲁斯·坎贝尔　167

不动产交易　018

部分储备银行　088

部分调整和适应性预期模型　026

C

测地线　204，210，211

查尔斯·坦南特　361

D

《答案和回复摘要》　282

大法官法庭的债务证书　123

大教堂　227，229，283

大数据　001，003，004，199

大萧条　085

大型数据集　003，199，201，216，217

定量数据　129，169，207

定性数据　004，202，210，281

丢失观测值　004

对数　009，011，014，020，021，042，066，071，085~087，114，118，120，121，131，132，147，148，152，182，202，235，265，266，270，289，327，333，340

多本法案　215

多重共线性　012，013，139，238

F

F统计量　009，010，152

方差分析　009

分类变量　019，182

峰度　017，137，138

峰态　138

佛罗伦萨的弗罗林　130

弗罗林　130，132，135，136

福勒犁耕机　315，331

G

概率论　007

管制价格回归残值间的相关性　054

工具变量　015

H

海伦·布莱德利　145

海曼·萨迪　129，145，146

合作研究　003

黑死病　122，167，168，171，172，179，228

亨利八世　085

亨利六世　168

互补性　035，038，042，050，062，063

互联网数据库的公开发布　003

汇票　090，092，123，131，132，138

货币规模　090，112

J

机构网络　216，218

基础设施　228~230，264，266，268，331

吉安吉亚利佐·维斯康帝　157

计量史学　004，005

家庭网络　199，201

价格收敛研究　035

价格数据　035~038，048，064，088，318

价格指数　035，041，085，088，089

简·德·弗里斯　339

简化形式的方程　015

交互变量　284，286

截断　018，029，134

截面数据　003，021

截面线性回归　327

解释变量　012~016，018~021，024，026，028，114，121，172，173，182，242，287，292，295，319，323，324，328

介数中心性　210，211，212，214

金本位　118，124

金币　091~093，112，113，115~119，122~124，

157

经济理论的重要性 010

经济历史学会 193，299

经济史中数据分析的基本概念 006

经济学模型 011，027，228

竞争性价格 055，321

矩阵化 201

聚类分析 211，213

军事测量图 239

郡法院 227

K

凯恩斯理论 086

坎特伯雷 089，348

库存持有 048

扩展的迪克-富勒检验 044

L

朗多·卡梅伦 112

里拉 140，157，158

理查德·休斯 212，214

理查德二世 168

利率 087，091，119，129，132，188，279，320~322，324

流通速度 086，087，091，116~119，121，124

伦敦生活项目 217

伦理网络 200

罗伯特·艾伦 088

罗伯特·奥利弗 309

罗伯特·皮尔爵士 350

M

马丁·艾伦 122

玛格丽特·耶茨 165

玛丽·希尔 290

玛丽亚·怀特 290

枚举摘要 283

蒙特卡洛实验 149

米尔顿·弗里德曼 085

面板数据集 003，028

名义数据 202，206

磨坊 005，175，180，181，185，188，229，285，286

N

Nightingale 123，126

拿破仑战争 350，353，361

内向中心性 210

拟合优度 039，049，056，058，061，117，289

农民 179，307，310，320，327，330，333

农业用地 005，167，168，174，175，177~179，190，282，285，329

P

帕特里克·科尔昆 347

皮尔逊零阶相关性 290，293

平稳性　021，023，073，129，147~149，155

Q

乔莱斯基分解　025，030

乔纳森·布伦德尔　206，209

乔瓦尼·迪·安东尼奥·达·乌扎诺　138，139

亲密中心性　210

去趋势化　022，043

确定性趋势　003，021，022，043

R

弱数量理论（WQT）　120

S

三角分解　025

三角函数　139

商业网络　005，200，201，206，211，213，215

社会经济理论　199，200，201

审查　029，118，276

失业　085，227

圣埃德蒙兹伯里　089

时间因变量　187，267，270，284，286~288

使用概率论方法确定推理过程　007

市场经济　036，037，038

受俸牧师　175，185，188，192，193

舒适革命　339，363

输入错误　004

数据的观测性质　006

数据生成过程（DGP）　008

苏格兰铸币厂　112

随机趋势（随机冲击的累积）　007

随机游走　022，064，066，116，148

损耗　090~093，112，118

T

t 分布　017，020

贪婪　337，339，340，363

讨价还价　064

通货紧缩　042，087，113，116

投机　048，279，281，284，297，341，348

托马斯·贝尔　361

托马斯·厄尔　208，209

托马斯·伦巴德　212，214

托马斯·米德格利　214，215

托马斯·帕克　209

托马斯·西曼　208

托马斯·英格利希　351

V

VAR 技术　047

W

外生变量　014，015，068，069，247，250，252，253，270，319，321，332~334

外向中心性　210

威廉·波兹　208

威廉·厄尔　209

威廉·罗斯科　215

威廉·尼尔森　214，215

威尼斯的达克特　130

X

"新织物"　339

享乐回归　181

消费　006，016，037，038，040，041，062~064，086，227，230，337，339~344，347，348，350，355，362，363

协商价格　064，065

谢琳·哈格蒂　197，213

修道院　040，227

虚拟变量　017，023，057，064，066，114，116，117，122，139，151，171，175，187，190，282~284，289，328，354

Y

《英国土地业主》　277

研究议程　003，058

一般随机冲击　066

一阶自回归　122，333

伊丽莎白·阿斯克　351

遗漏变量　014~016，122，284，334

遗嘱认证证据　339，340，350

异方差性　016，017，057，081，182

因变量　012~016，018~020，028，049，080，113，114，117，149，156，187，233，257，260，267，269，270，284，286~289，319

因果关系　003，012，039，226，230，269，270

银币　091~093，112，113，115~119，123，124，132，157，158

银行业　088

英格兰和威尔士农业史　325

英国传记辞典　278

英国地质观察　236

英国皇家农业协会　309

英国收支平衡　090

原始材料的数字化　003

约翰·贝特曼　277

约翰·布莱克本　212，214

约翰·菲尔丁　345

约翰·格雷森　208，209

约翰·哈格蒂　197，213，215

约翰·霍奇森　214

约翰·兰博　342

约翰·洛克　085

约翰逊·吉尔达　214

Z

詹姆斯·哈顿　214

詹姆斯·吉尔达　214

詹姆斯·帕西瓦尔　208

詹姆斯·威廉姆森　214，215

自相关　003，015~017，023，043，044，147，

149，270

证券经纪人　132

指数趋势　042，114

中世纪和近代早期数据库　159，160

中世纪外汇　127，129，133

庄园　005，040，129，168，175，185，188，192，193，228，235，278，283，285，287，299

庄园账户　129

自回归条件异方差性　017

租金　091，167，175，185，188，190，278，280

图书在版编目(CIP)数据

经济史中的大数据：研究方法和案例 /（英）马克·卡森（Mark Casson），（英）尼格尔·哈希姆扎德（Nigar Hashimzade）主编；白彩全，陈竹君，张妍译. —北京：社会科学文献出版社，2020.8（2024.5重印）
（量化经济史经典译丛）

书名原文：Large Databases in Economic History: Research Methods and Case Studies

ISBN 978-7-5201-6790-1

Ⅰ.①经… Ⅱ.①马… ②尼… ③白… ④陈… ⑤张… Ⅲ.①数据处理-应用-经济史-研究-世界 Ⅳ.①F119-39

中国版本图书馆CIP数据核字（2020）第102661号

·量化经济史经典译丛·

经济史中的大数据
——研究方法和案例

主　　编 /〔英〕马克·卡森（Mark Casson）
　　　　　〔英〕尼格尔·哈希姆扎德（Nigar Hashimzade）
译　　者 / 白彩全　陈竹君　张妍

出 版 人 / 冀祥德
责任编辑 / 高　雁　王楠楠
责任印制 / 王京美

出　　版 / 社会科学文献出版社·经济与管理分社（010）59367226
　　　　　地址：北京市北三环中路甲29号院华龙大厦　邮编：100029
　　　　　网址：www.ssap.com.cn

发　　行 / 社会科学文献出版社（010）59367028
印　　装 / 三河市尚艺印装有限公司

规　　格 / 开　本：787mm×1092mm 1/16
　　　　　印　张：24.25　字　数：320千字

版　　次 / 2020年8月第1版　2024年5月第5次印刷
书　　号 / ISBN 978-7-5201-6790-1
著作权合同
登 记 号 / 图字01-2019-1970号
定　　价 / 128.00元

读者服务电话：4008918866

版权所有　翻印必究